小売構造ダイナミクス

消費市場の多様性と小売競争

横山斉理 著

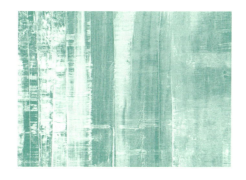

有斐閣

目　次

序　章　問題意識と本書の構成 ———————————— 1
　問題の所在　1
　研究対象と方法　2
　本書の内容と結論　2
　本書の構成　4
　本書の特徴　4

第1章　日本の小売構造の特質と研究の系譜 ———————— 9
　　　　　マクロデータの整理と既存研究から見る日本の小売市場の特質

第1節　グローバル化する小売市場 ………………………… 9
　グローバル化する小売業　9
　日本市場で苦戦する外資系小売業者　12

第2節　日本の小売市場の特質 …………………………… 13
　小売構造の推移（店舗数，年間販売額，従業者数，店舗面積）　13
　小売業態別の販売額シェアの推移　15
　日本における主要業態の市場集中度　16
　食品スーパーの市場集中度をどう捉えるか　17
　欧米先進国における食料品小売業の市場集中度　18
　日本の食品スーパー市場の占有率の分布　20
　日本の食品スーパー市場と欧米のグロサリー市場の比較　20
　非トップランク企業の存在感が際立つ日本の食品スーパー市場　21
　小　括　21

第3節　日本の小売構造に関する研究の系譜 ………………… 26
　海外における研究蓄積　26
　国内における研究蓄積　28
　小売（流通）構造およびその変動についての実証的研究　29

第4節　分析視点と課題 …………………………………… 30
　分析視点　30
　リサーチ・クエスチョン　31

第2章　小売構造と消費市場の相互作用 ———————— 35
　　　　　食料品を扱う業態において市場集中度が高まらない理由の考察

第1節　小売業を取り巻く要因 …… 35
外的環境　36
消費市場　36
就業構造　37
内部要因　37

第2節　食品小売業における市場集中の阻害要因 …… 38
仕入れの問題　38
品揃えの問題　38
非トップランク企業の強み　39
日本と欧米諸国の小売集中度の違いはなぜ生まれるか　41

第3節　市場集中度と多様性の関係 …… 41
消費市場の多様性　41
合理化と多様性　43
多様性再生産のロジック　44

第4節　企業戦略と多様性の関係 …… 45
小売企業戦略と消費市場の相互作用　45
画一化と多様性の相克　47
細かい差別化軸に基づく競争・棲み分け　47
非トップランク小売業による棲み分け　48

第5節　小売構造と消費市場の相互作用 …… 49
小売業の認識枠組み　49
次章の課題　51

第3章　小売市場内での小売業者間の競争 ── 53
学習を伴う創造的競争はいかにして可能か

第1節　小売競争を分析するための競争認識 …… 53
小売業における競争　53
競争の認識──構造とプロセス　54

第2節　商業・流通研究における競争認識 …… 56
石原（2000）の競争観　56
ミクロレベルでの小売競争に関する研究　58
論点の整理　59
同質化競争と創造的競争　60
本章の課題　60

第3節　事例分析──商業集積における小売競争のダイナミクス …… 61

対象事例　61
　　マルハチの概要　63
　　顧客獲得戦略　64
　　フレッシュ・フィールドの概要　65
　　顧客獲得戦略　66
　　競争状況下での情報取得，知識獲得プロセス　67
　　競争の帰結　69

第4節　考察──創造的競争の発生論理 …………………………………………… 69
　　発見事項　69
　　創造的競争が生じる条件　70
　　創造的競争の発生条件　71

第5節　小売市場内における小売業者間の相互作用 ………………………………… 72

第4章　本書の分析視点と定量分析の課題・方法 ─── 75

第1節　本書の分析視点 ………………………………………………………………… 75
　　小売構造のダイナミクスを促す要因　75
　　本書の分析視点　77

第2節　定量分析の課題 ………………………………………………………………… 78
　　定量分析の課題①　78
　　定量分析の課題②　81
　　本書の全体像　82

第3節　調査対象 ………………………………………………………………………… 83
　　調査対象カテゴリー　83
　　調査対象企業　84

第4節　調査データに基づくミクロ視点の分析の問題点と対処法 ………… 85
　　サンプルの代表性　85
　　サンプルの独立性　86
　　本書の調査の考え方　87

第5節　本書の方法論的スタンス ……………………………………………………… 88
　　本書の方法論的スタンス　88
　　発見事項の適応範囲 vs. 妥当性　88

第5章　顧客満足の規定因① ─── 91
　　　　　　統計アプローチ

iv

第1節　小売業の顧客満足 ……………………………………………… 91
　顧客満足研究　91
　顧客満足モデル　92
　期待不一致モデルはスーパーの顧客に適用可能か　92

第2節　本章の課題 ……………………………………………………… 95
　食品スーパーにおける顧客満足の規定因　96

第3節　顧客満足と小売ミックス ……………………………………… 97
　顧客満足と小売ミックスの関係　97
　顧客満足に影響を与える小売ミックス要素は何か　98

第4節　仮説構築 ………………………………………………………… 99

第5節　方　法 …………………………………………………………… 102
　調査対象　102
　調査方法　102
　測定尺度　103
　コモン・メソッド問題　104

第6節　分　析 …………………………………………………………… 105
　手続き　105
　探索的因子分析　105
　信頼性および妥当性の確認　106
　サンプルの独立性の確認　107
　統制変数　108
　分析モデル　109

第7節　考　察 …………………………………………………………… 110
　仮説検証　110
　結果の解釈　111
　支持されなかった仮説　112

第6章　顧客満足の規定因② ────────────── 117
集合論アプローチ

第1節　本章の課題 ……………………………………………………… 117
　前章の発見事項と課題　117

第2節　fsQCA の特徴 …………………………………………………… 118
　質的比較分析とは　118
　QCA の背景　118

QCA の現状——日本と世界　119
　　QCA の活用例　120
　　QCA と伝統的手法の方法論的立場の違い　120
　　因果関係の捉え方　121
　　必要条件と十分条件　123
　　既存の統計手法と比較した場合の fsQCA の優位性　123

第3節　命題の設定 ……………………………………………………… 125
　　再考——小売ミックスと顧客満足の関係　125
　　因果非対称性を想定した場合の顧客満足と小売ミックスの関係　126

第4節　方　法 ……………………………………………………………… 129
　　分析モデル　129
　　手続き　130
　　キャリブレーション（較正）の方法　130
　　原因条件と結果のキャリブレーション　131

第5節　分　析 ……………………………………………………………… 132
　　不完備真理表と完備真理表　132
　　高い顧客満足をもたらす条件組み合わせ　132
　　非常に高い顧客満足をもたらす条件組み合わせ　134
　　低い顧客満足をもたらす条件組み合わせ　135

第6節　考　察 ……………………………………………………………… 136
　　命題の確認　136
　　結果の解釈　137
　　統計的因果分析と fsQCA の結果の比較　138

第6章補論　fsQCA の具体的手続き　141

第7章　小売組織内での知識創造 ——————————— 149
　　小売店頭の知識創造モデル（r-SECI モデル）

第1節　知識研究の展開 ………………………………………………… 149
　　経営学における知識研究　149
　　流通研究における知識の扱い　150
　　流通業の組織能力研究の展開　151
　　論点の整理　152
　　本章の課題　153

第2節　知識概念の整理——暗黙知，実践知 ………………………… 155

経営学における暗黙知の登場　155
　　本章の知識認識——概念整理　155
　　知識を支える能力——学校知と実践知　156
　　形式知・暗黙知と学校知・実践知の関係　157

第3節　小売業の研究における知識 …………………………………………… 157
　　知識の特徴　157
　　小売業における知識の特殊性　158
　　小売業における店頭業務の役割　159

第4節　小売店頭の知識創造モデル——r-SECIモデル ……………………… 160
　　野中・竹内（1996）のSECIモデル　160
　　小売業における知識創造　160
　　知識創造における店頭の重要性　162
　　小売店頭の知識創造モデル（r-SECIモデル）　163
　　知識創造における店頭従業員の役割　164

第5節　店頭での知識創造を促す要因 ………………………………………… 165
　　r-SECIモデルにおける知識創造を促すポイント　165
　　状況に埋め込まれた学習と実践共同体　166
　　小売店頭における実践共同体　167
　　実践共同体の育成　168

第6節　店頭起点の知識創造の役割 …………………………………………… 169

第8章　店頭従業員の進取的行動 ───────── 173
　　現場での創造性とモチベーション

第1節　小売業の市場志向 ……………………………………………………… 173
　　小売業の市場志向研究　173
　　店頭従業員への注目　175

第2節　本章の課題 ……………………………………………………………… 176
　　成果の内容　176
　　店頭従業員の意識・行動　177

第3節　仮説構築 ………………………………………………………………… 178

第4節　方　法 …………………………………………………………………… 180
　　調査方法　180
　　測定尺度　181
　　コモン・メソッド問題　182

構成概念の妥当性　183
　　サンプルの独立性の確認　185
　　統制変数　186
　　分析モデル　187

第5節　分　析　188
　　仮説検証　188
　　直接効果と間接効果　189

第6節　考　察　190
　　支持されなかった仮説　190
　　貢　献　192
　　課　題　193

第9章　店頭従業員の能力獲得　195
　　　　個人要因と集団要因の影響

第1節　個人の能力獲得　195
　　個人の能力獲得における外部要因の影響　195
　　個人の能力獲得に関する研究の観点　196

第2節　本章の課題　198
　　組織行動論における能力獲得研究の課題　198
　　マーケティング論からの示唆　198

第3節　仮説構築　199

第4節　方　法　202
　　調査対象と分析方法　202
　　測定尺度　203
　　構成概念の妥当性の確認　205
　　コモン・メソッド問題　206
　　統制変数　207
　　集団レベル変数の検討　207
　　分析モデル　208

第5節　分　析　210
　　対応力に関する分析結果　210
　　顧客知識に関する分析結果　212
　　仮説の検証　215

第6節　考　察　216

対応力に関する分析結果の考察　216
　　顧客知識に関する分析結果の考察　217
　　分析結果のまとめ　218
　　貢　献　218
　　課　題　219

終　章　結論と展望 ─────────── 223

　　本書は何を明らかにしたか　223
　　本書の結論　224
　　学術的貢献　224
　　実務的貢献　226
　　政策への示唆　226
　　残された課題　227

あとがき　231

参考文献　240

索　引　250

本書のコピー，スキャン，デジタル化等の無断複製は著作権法上での例外を除き禁じられています。本書を代行業者等の第三者に依頼してスキャンやデジタル化することは，たとえ個人や家庭内での利用でも著作権法違反です。

序章

問題意識と本書の構成

問題の所在

　小売業は，生産から消費に至るまでの流通システムにおいて，企業と顧客が出会う場所であるという点で，きわめて重要な存在である。チェーン・オペレーションなどのイノベーションにより小売業者が大規模化して以降，流通システム全体を考える上で，小売業に着目する学術的・実務的な必要性は，ますます増しているといえるだろう。

　その小売業が，世界では国際化が進展し，衣料品専門店チェーンのようなグローバル小売業者や，総合的品揃えを行う多国籍小売業者[1]が本国市場以外の多くの国に進出している（Sternquist, 2007）。

　日本においては，低成長経済や市場の飽和化により小売競争が激化し，製造業から小売業にパワーシフトが起きているという背景の中で（髙嶋，2015），外資系のグローバル小売業者と多国籍小売業者の日本市場への進出状況は，明暗が分かれている。

　衣料品を主力とする外資系専門店チェーンのグローバル小売業者は日本市場に定着できている一方で，衣食住を主力カテゴリーとする総合的品揃えの多国籍小売業者は，巨大な資本を有し，すでに複数の国での事業展開に成功している企業ですら，なかなか定着できず苦戦している。つまり，グローバル小売業者は成功できているが，多国籍小売業者は成功できていないということである。

　この状況は，衣食住の中でも，とくに，食や住に関する日本の流通システムや消費市場が多国籍小売業者の進出国とは異なっていることを示唆している。この異質性はどういうもので，それはどこから生じているのだろうか。

研究対象と方法

　以上の問題意識のもとで，本書では，長らく学術的な関心を集めてきた日本の小売構造とそのダイナミクスに焦点を絞って議論する。

　まずは，本書で用いる小売構造が何を示すかを整理しておこう。小売構造には，規模構造（どのような規模の小売店舗で分布しているか），業種構造（どのような業種分布か），地域構造（どのような空間的分布か），形態構造（どのような業態分布か），が含まれるが（鈴木・田村，1980），本書では企業レベルでの規模構造に着目する。

　その理由は，小売業が大規模化して製造業から小売業へのパワーシフトが起きたことで小売業者の流通システム全体への影響力はかつてないほど高まっており，小売を起点とした差別化戦略や製品開発，サービス・イノベーションが生じる有力な場所となりうると考えられるからである。

　企業規模ベースの小売構造のダイナミクスとそれを生み出す要因を考察することで，企業の意思決定や政策立案の前提としてのマクロ動向が中長期的にどのように変動するのかの予測に役立つと思われる。

　議論の方法だが，本書では，マクロデータの整理から現状を把握し，先行研究のレビューからリサーチ・クエスチョンを提示し，それを受けて定性分析を含む概念的考察を行い，そこから分析視点および課題を提示し，定量分析を行う。具体的な内容と章構成は以下の通りである。

本書の内容と結論

　まず，第1章では，小売国際化という背景がある中で，日本の小売構造はどのような状況にあるのかをマクロデータの整理と先行研究のレビューから明らかにする。マクロデータの整理からは，日本のグロサリー市場の小売構造はトップランク以外の小売業者（非トップランク小売業者）によって特徴づけられることが明らかになり，先行研究のレビューからは，小売構造のダイナミクスは，外的環境，消費市場，就業構造，小売構造内の事業者の行動によって生じることが明らかにされ，残された課題として，小売構造とそれを取り巻く要因の相互作用を考える必要があることが指摘される。

　第2章では，第1章での検討を受けて，日本の小売構造がなぜそのような姿を見せるのかについて，小売構造と消費市場の相互作用[2]を議論する。議論の

結果，小売構造と消費市場はお互いに影響を与え合うが，その関係には，小売業者の戦略的行動が重要な役割を果たしていることが指摘される。具体的には，長期的に見た場合，小売業者の標準化戦略は消費者選好を画一化に向かわせるのに対し，適応化戦略は消費者選好を多様化に向かわせることが指摘され，標準化戦略と適応化戦略のパフォーマンスは，消費市場が画一化あるいは多様化している程度に依存することが指摘される。

第3章では，第2章で議論した，小売構造と消費市場の相互作用を促す働きをすると考えられる小売市場内での小売業者間の競争について議論する。議論の結果，小売競争には画一化をもたらす同質化競争と多様化をもたらす創造的競争が存在し，創造的競争には情報や知識の獲得が伴うこと，創造的競争が発生するためにはいくつかの条件が存在することが明らかにされる。

ここまでがマクロ視点の概念的検討で，これらを受けて，第4章では，本書の分析視点，課題，方法を提示する。本書の分析視点は，小売業者間で創造的競争が行われることで消費者選好の多様性が維持・再生産され，マクロレベルでの消費市場と小売構造の相互作用が生じ，小売構造にダイナミクスをもたらす，というものである。

この一連の動きの中で中心的な役割を果たすのは，日本の小売市場においては，第1章で指摘された非トップランク小売業者である。そのため，第4章以降の本書の課題は，非トップランク小売業者の競争基盤を検討することになり，具体的には，次の2点に定められる。第1は，非トップランク小売業者はどのような点で小売市場において競争優位を構築できているのか，第2は，非トップランク小売業者の組織はどのようにして小売市場において競争優位を構築できているのか，である。

第5章と第6章では，非トップランク小売業者の競争優位を明らかにするために，小売競争の帰結である顧客満足に焦点を当て，それに影響を与える要因を定量的に分析する。分析には，2種類の異なる特徴をもつ解析手法（統計的因果分析＝第5章，質的比較分析＝第6章）が用いられる。顧客満足に影響を与える要因を分析した結果，非トップランク小売業者の競争優位は4つの小売ミックス要素から生み出され，その組み合わせにはいくつかのバリエーションが存在することが明らかにされる。このことは，消費者の選好の多様性を示唆するものである。

第7章から第9章では，非トップランク小売業者の組織はどのようにして小売市場において競争優位を構築しているのかを探求する。

第7章では，第5章および第6章での解析により明らかにされる，非トップランク小売業者の強みを生み出す重要な要素であるサービス的側面を担う店頭従業員は，いかにして店頭で知識創造しているのかを考察する。具体的には，小売業者の知識創造に関する概念的な検討を行い，店頭従業員による業務実践が知識創造につながるという，小売店頭の知識創造モデル（r-SECIモデル）を提示し，その組織的意義を確認する。

第8章では，店頭での知識創造の前提となる店頭従業員の店舗内での自律的な業務活動（進取的行動：proactive behavior）に影響を与える組織的要因を構造方程式モデルによる因果経路の分析により明らかにする。

第9章では，店頭従業員の能力獲得に影響を与える組織（集団）的要因および個人的要因を階層線形モデルによる因果関係の分析により明らかにする。

最後に終章で，以上の議論をまとめ，結論と展望を述べる。

本書の結論は，日本のグロサリー小売市場においては，非トップランク小売業者をキープレイヤーとした学習を伴う創造的競争が繰り広げられることで[3]（＝小売構造内での小売業者間の相互作用），標準化と適応化の狭間で多様なスタンスでバランスをとる小売業者の残存が可能になり，それが国内の各地域において食文化や習慣の多様性を維持・再生産させるメカニズムを作動させ（＝小売構造と消費市場の相互作用），結果として，多種多様な選好をもつ消費者を維持・再生産する。そのため，圧倒的な資本をもつ外資系小売業が日本のグロサリー市場に参入し，価格優位を前面に押し出して顧客の支持を集めようとしても，ほとんどがうまくいかず，結果として市場に定着できない，というものである[4]。

本書の構成

本書の議論の展開を図示すると，図0-1のようになるが，流通論の研究書としては次の3つの特徴がある。

本書の特徴

(1) 第1の特徴

第1の特徴は，マクロ視点の分析とミクロ視点の分析の接合を試みている点

図 0-1　本書の全体像

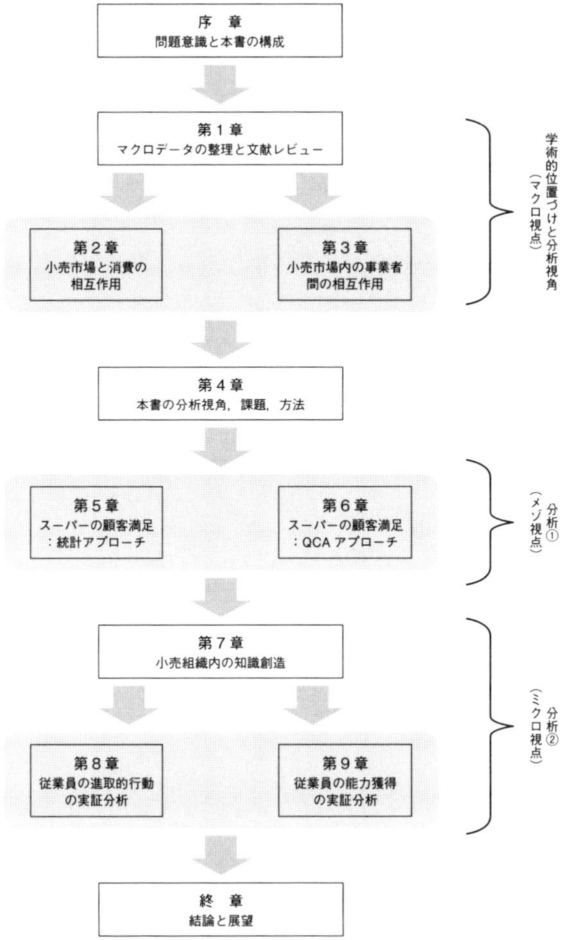

```
序章
問題意識と本書の構成
    ↓
第1章
マクロデータの整理と文献レビュー
    ↓
┌─ 第2章              第3章 ─┐     学術的位置づけと分析視角
│  小売市場と消費の    小売市場内の事業者  │   （マクロ視点）
│  相互作用            間の相互作用        │
    ↓
第4章
本書の分析視角，課題，方法
    ↓
┌─ 第5章              第6章 ─┐     分析視点①
│  スーパーの顧客満足  スーパーの顧客満足  │   （メゾ視点）
│  ：統計アプローチ    ：QCAアプローチ    │
    ↓
第7章
小売組織内の知識創造
    ↓
┌─ 第8章              第9章 ─┐     分析視点②
│  従業員の進取的行動  従業員の能力獲得    │   （ミクロ視点）
│  の実証分析          の実証分析          │
    ↓
終章
結論と展望
```

である。

　学術研究では通常，分析対象の集計水準を合わせて議論を展開する。流通論の系譜をひもとくと，流通構造の変動やそれに対する制度の影響といった研究はマクロ視点の分析と位置づけられ，業態を開発する企業の行動や企業同士の競争，店舗オペレーション等の分析はミクロ視点の分析と位置づけられる[5]。これらは，議論の妥当性を高めるという理由から，別々に議論されることが多い。

しかし，本書では，マクロ視点の分析とミクロ視点の分析の接合を試みている。具体的には，企業規模ベースの小売構造のダイナミクス（マクロ視点）を論じるために，小売業者の競争優位（メゾ視点）を議論し，小売業者の競争優位を論じるために店頭従業員の知識創造や業務実践（ミクロ視点）を議論している。

　もちろん，視点をブレイクダウンしていくことで，ミクロでは議論しきれないメゾの側面が，メゾでは議論しきれないマクロの側面が出てしまう。本書では，小売構造と外部要因である消費市場の相互作用，その相互作用を促す小売業者間の競争を扱うが，小売構造に影響を与えるこれら以外の側面，すなわち，生産，卸，制度，技術，経済環境などを深く議論できていない。

　それにもかかわらず本書でマクロと（メゾを含む）ミクロの接合を試みる背景には，ミクロ視点の分析とマクロ視点の分析の断絶がある。

　流通に関わる現象を対象としたミクロ視点の研究は数多く存在するが，貢献したい学術分野が流通論とは別にあって，そこに貢献するために研究対象として流通現象を取り上げているだけの場合も多い。流通に関わる現象を扱う研究を流通論の研究と位置づけるためには，そうした研究とマクロ構造との関係を論じる必要がある（岸本，2013）。

　本書ではこの点を意識し，深く議論できていない側面が残されることを理解しつつ，マクロ視点の分析とミクロ視点の分析の接合を試みることにした。

(2) 第2の特徴

　第2の特徴は，小売競争の認識にオーストリー学派流の競争観を採用している点である。

　小売競争は，伝統的な産業組織論を含めた新古典派理論ではなく，Hunt and Morgan (1995) が提示した比較優位の競争理論 (competitive advantage theory of competition) に基づいて理解するほうが，現実との適合性が高いことが指摘されている（関根，2000）。多くの研究が（暗黙の裡に）この前提に基づいて行われている。

　こうした流れがある中で，本書では，競争当事者の情報や知識に焦点を当てるオーストリー学派流の競争認識を採用する。その理由は第3章で詳述しているが，端的に表現すると以下の通りである。

　本書では，標準化と適応化の狭間で多様なスタンスで戦略的行動をとる小売

業者間の競争が知識を生み出し，それが次の競争につながるという過程の中で消費市場と相互作用することで，競争の土台となる消費における地域多様性が維持・再生産されるというメカニズムを想定している。そのためには，競争を情報や知識を生み出すものと捉えることが必須となる。

以上の観点から，本書の議論を展開するためにはオーストリー学派の競争認識が適していると考えられる。

(3) 第3の特徴

第3の特徴は，1社から得られたデータを定量分析の対象としている点である。その1社とは，戦略的に中位に位置する非トップランクの食品スーパーである。詳しくは第4章で論じるが，それには2つの理由がある。

1つは，本書の目的が企業規模ベースの小売構造のダイナミクスを考えるための視点を得ることであることと関連する。小売構造というマクロレベルでのダイナミクスを考えるためには，主要な業態を分析対象とする必要がある。そのため，本書では，食品スーパーに着目しているが，その中でも，とくに戦略的に中位の位置にいる非トップランク小売業者を分析の対象としている。その理由は，小売構造への影響力を考えると，ユニークな戦略を採用する企業ではなく，数の上では多数を占める戦略的に中位にある企業を分析対象とするほうが適していると考えられるからである。

もう1つは，解析上のテクニカルな理由である。多くの流通研究では，定量分析を行う際には多くの企業からサンプルを集め，それを集計して解析を行う（たとえば，岸本，2013；高嶋，2015）。こうしたアプローチには，サンプルの代表性とサンプルの独立性の点で慎重な対応が必要となる。

まず，サンプルの代表性の問題である。サーベイ調査の場合は，回収率は10～20％前後であることが多い。回収した10～20％のサンプルがはたして母集団を代表しているといえるかという問題がある。この問題はどのようなサーベイ調査でも起きる。

そのため本書では，サンプル回収におけるバイアスを最小限にするために，1社から得られた①顧客満足のデータ，②店頭従業員のデータを分析対象としている。①は，特定の日時の来店客を広範にカバーするような調査設計となっており，②は，基本的にほぼすべての店頭従業員（正社員）に回答してもらう

ように設計した。

　次に，サンプルの独立性の問題である。サーベイ調査に基づく定量研究は，基本的に，取得されたサンプルの平均値（集計値）を用いて変数間の関係を検証する。集計値を用いることが妥当な理由は，取得したサンプルがそれぞれ独立しているからである。

　しかし，業種，業態，企業規模，戦略グループなどを横断して得られたデータは，サンプル間の独立性が仮定できないケースが多い。その理由は，たとえば業態が同じサンプルから得られたデータは似た傾向をもつ可能性が高いからである。そうした場合には，集計データに集団の影響が表れ，解析の正確さが失われてしまう可能性がある（筒井・不破，2008）[6]。

　以上の理由により，本書では1社から得られたデータを解析の対象としている。調査対象を狭くすることで，得られた知見の他への適応可能性は低くなるが，一部の範囲内では説明力の高い知見を得ることができるようになる。したがって本書の定量分析における基本的なスタンスは，狭い範囲ではあるが，妥当性の高い知見を探求する，ということになる。

注

1　この区分は，Sternquist（2007）に依拠している。第1章で説明しているが，グローバル小売業者はGAPやZARAのような集権的で標準化された国際展開する小売業者を，多国籍小売業者はウォルマートやテスコ，カルフールのような（グローバル小売業者と比較すると）分権的で適応化された国際展開する小売業者を指している。邦訳書（若林靖永・崔容熏ほか訳『変わる世界の小売業』）では「マルチナショナル小売業者」と訳されているが，本書では，「多国籍小売業者」と表記している。

2　本書においては，相互作用という用語は2つ以上のものが互いに影響を与えあうという一般的な意味で用いている。マーケティング研究において，プレイヤー（アクター）間で資源を調達し合いながら価値を創造するという意味でIMP学派が提唱している学術用語であるinteractionとは異なり，より広い意味で用いる。

3　ここでの競争の前提は，非トップランク（小売業者）以下の規模の小売業者も競争のフィールドに立つことを可能にする卸売市場のような制度的サポートが存在することである。

4　唯一の例外はコストコだが，売上対比で2～3％相当は会員費で，収入の大半は会員権の販売で得ていることが知られている（Sternquist, 2007）。

5　矢作（2011）では，前者を「マクロ流通構造分析」，後者を「ミクロ流通行動分析」と分類しているが，ミクロ流通行動分析の集計水準は企業（チェーン）レベルであることが多い。本書では，ミクロ流通行動分析を企業レベルと店舗レベルに分割し，マクロ構造との相対的な関係から，前者をメゾ，後者をミクロと位置づけている。

6　実際に，第9章では，1社の店頭従業員（正社員）から得られたデータにもかかわらず，所属店舗という集団の影響によりサンプル間の独立性を仮定できないケースがあり，その対応として，一般線型モデルではなく，グループ間の集団変動を考慮できる階層線型モデルを採用した。

第1章

日本の小売構造の特質と研究の系譜
マクロデータの整理と既存研究から見る日本の小売市場の特質

> 本章では，マクロデータを整理することで日本の小売構造の特質を明らかにした上で，小売構造に関して先行研究が何をどこまで明らかにしてきたのかを確認し，本書の課題を提示する。

第1節　グローバル化する小売市場

グローバル化する小売業

　小売業の国際化は，文化的・経済的隔たりがある中で進出国に拠点が必要となる点で，製造業の国際化よりも難しい（Sternquist, 2007）。それにもかかわらず，グローバル化社会の進展に伴って小売業の国際化はますます進行し，それについての研究蓄積も進んでいる（向山，1996；Davis and Yahagi, 2000；根本・為広，2001；Dawson, Larke, and Mukoyama, 2006；川端，2000；矢作，2007；金，2008；向山・崔，2009；丸谷・大澤，2008など）。

　小売国際化の主役は，グローバル・リテイラーと呼ばれる巨大流通企業で，小売国際化研究の理論構築のためにはグローバル・リテイラーをグローバル小売業者と多国籍小売業者という2つのグループに分けて理解することが推奨されている（Salmon and Tordjman, 1989；Sternquist, 1997）。

　Sternquist（2007）によれば，グローバル小売業者は集権的で標準化された（一般的に）小規模な小売業者で，多国籍小売業者は分権的で進出先への適応化を志向する大規模な事業フォーマットをもつ小売業者であるが，実際にはほとんどの企業は両者の特徴をあわせもっているとされる。つまり，グローバル

小売業者は標準化志向が相対的に高く、多国籍小売業者は適応化志向が相対的に高い、という戦略的志向の程度の問題である。

グローバル小売業者の例はZARAやGAPであり、これらの企業は、コンセプトやフォーマットが受け容れられる市場セグメントを目指して国際化するため、基本的に自社の提供物を変更する必要はない。

しかし、ウォルマート（米）やテスコ（英）、カルフール（仏）などの多国籍小売業者は、自国市場の飽和や規制などにより国際化するため、進出先市場の文化などを学ぶ必要がある。品揃えの幅が広く販売数量も多いため、基本的に、多国籍小売業者、すなわち総合型の量販店（＝総合量販店）[1]のほうが売上の規模は大きくなる。

総合量販店の多くはディスカウント・ストアやそれに類似する形態をとり、その基本戦略は、ローコスト・オペレーションによる低価格・大量販売である。本国であるアメリカやヨーロッパから、地理的・文化的に大きな隔たりがある東アジア諸国（中国、韓国）まで積極的な参入が見られる（金、2008）。

小売業の国際化の現況を確認するために、2018年に発表された世界の小売業売上ランキングを見てみることにしよう（表1-1）。

表1-1が示す通り、アメリカの小売業者の存在感が際立っており、次いで存在感をもっているのがヨーロッパの小売業者である。

業態別に見てみると、ハイパーマーケットやスーパーセンター、会員制ホールセール・クラブ、ディスカウント・ストアといった店舗を展開する総合量販店が多いが、スーパーマーケットなどの食料品を主力とする業態を展開する企業もランクインしている。薬粧品を扱う業態を展開する企業や、店舗をもたない企業も2社ランクインしている。

国際展開という点で見ると、10カ国以上に進出している企業が半数を占めている。本国1カ国でしか展開していない企業も6社と少なくないが、そのうちの4社は本国市場の規模が大きなアメリカの企業である。矢作（2007）では、2005年の世界の小売業の売上高ランキング上位20社のうち3カ国・地域以上に展開している企業は半数の10社であることが指摘されているので[2]、2007年からの約10年間だけで見ても、小売国際化は進展してきたといえるだろう。

業態と国際展開を合わせて見てみると、10カ国以上に国際展開している企業は15社に上り、そのうちの8割にあたる12社はハイパーマーケットやデ

第 1 章 日本の小売構造の特質と研究の系譜　11

表 1-1　世界の小売業売上ランキング（2016 年度）

順位	企業名	本拠地	売上 （百万ドル）	業態	進出国
1	Wal-Mart Stores, Inc.	アメリカ	485,873	ハイパーマーケット／スーパーセンター／スーパーストア	29
2	Costco Wholesale Corporation	アメリカ	118,719	キャッシュアンドキャリー／ウェアハウス・クラブ	10
3	The Kroger Co.	アメリカ	115,337	スーパーマーケット	1
4	Schwarz Group	ドイツ	99,256	ディスカウント・ストア	27
5	Walgreens Boots Alliance, Inc.	アメリカ	97,058	ドラッグストア／薬局	10
6	Amazon.com, Inc.	アメリカ	94,665	無店舗	14
7	The Home Depot, Inc.	アメリカ	94,595	ホームセンター	4
8	Aldi Group	ドイツ	84,923*	ディスカウント・ストア	17
9	Carrefour S.A.	フランス	84,131	ハイパーマーケット／スーパーセンター／スーパーストア	34
10	CVS Health Corporation	アメリカ	81,100	ドラッグストア／薬局	3
11	Tesco PLC	イギリス	72,390	ハイパーマーケット／スーパーセンター／スーパーストア	8
12	Aeon Co., Ltd.	日本	70,854	ハイパーマーケット／スーパーセンター／スーパーストア	11
13	Target Corporation	アメリカ	69,495	ディスカウント・デパート	1
14	Ahold Delhaize (formerly Koninklijke Ahold N.V.)	オランダ	68,950**	スーパーマーケット	11
15	Lowe's Companies, Inc.	アメリカ	65,017	ホームセンター	3
16	Metro Ag	ドイツ	64,863**	キャッシュアンドキャリー／ウェアハウス・クラブ	30
17	Albertsons Companies, Inc.	アメリカ	59,678	スーパーマーケット	1
18	Auchan Holding S.A. (formerly Groupe Auchan SA)	フランス	57,219**	ハイパーマーケット／スーパーセンター／スーパーストア	14
19	Edeka Group	ドイツ	53,540**	スーパーマーケット	1
20	Seven & i Holdings Co., Ltd.	日本	51,385**	コンビニエンス／フォアコートストア	20
21	Wesfarmers Limited	オーストラリア	47,690	スーパーマーケット	4
22	Rewe Group	ドイツ	44,641**	スーパーマーケット	11
23	Woolworths Limited	オーストラリア	40,773	スーパーマーケット	3
24	Casino Guichard-Perrachon S.A.	フランス	39,856**	ハイパーマーケット／スーパーセンター／スーパーストア	27
25	Centres Distributeurs E. Leclerc	フランス	39,646^e**	ハイパーマーケット／スーパーセンター／スーパーストア	7
26	Best Buy Co., Inc.	アメリカ	39,403	家電専門店	4
27	The IKEA Group (INGKA Holding B.V.)	オランダ	37,982	その他専門店	18
28	JD.com, Inc.	中国	35,777	無店舗	1
29	Publix Super Markets, Inc.	アメリカ	34,274	スーパーマーケット	1
30	Loblaw Companies Limited	カナダ	34,235**	ハイパーマーケット／スーパーセンター／スーパーストア	6

注：集計の会計年度は，2016 年度。^e ＝見通し。＊＝卸売売上高を反映させた売上高。＊＊＝卸売および小売売上高を含む売上高。

出所：Global Powers of Retailing 2018（デロイト）をもとに筆者作成。

ィスカウント・ストア，スーパーマーケット等の業態を展開する多国籍小売業者である。

　その企業とは，売上規模が大きい順に，ウォルマート，コストコ（米），シュヴァルツ・グループ（独），アルディ（独），カルフール，イオン（日），アホールド・デレーズ（蘭），メトロ（独），オーシャン（仏），セブン＆アイ（日），カジノ（仏）である。

　小売業が国際化する理由は，市場の成熟，規制，激しい競争，景気の悪化といった外的要因により本国市場での拡大が難しくなっている場合や，投資を多角化したい，ユニークな業態を所有している，進出国で先発者優位を確保したい，といった企業自身の内的要因がある（Sternquist, 2007）。前者は国内市場に押し出されるという観点からプッシュ要因，後者は国外市場のポテンシャルに惹きつけられるという観点からプル要因と分類できる（矢作，2007；丸谷・大澤，2008）[3]。

　上記の多国籍小売業者の多くは，本国市場が成熟しているため，外的要因により海外進出している場合が多いと考えられる。その背景には，市場経済化や小売業の資本自由化といった環境的限界が大幅に緩和されたこと，企業が経営の管理的限界を克服したことがある（矢作，2007）。

日本市場で苦戦する外資系小売業者

　こうした小売国際化の動きがある中で，日本の小売市場に目を向けてみることにしよう。イオングループとセブン＆アイグループは世界のトップ12位と20位にランクインしていることからも明らかなように，両企業の日本市場での存在感はきわめて大きい。

　その一方で，世界小売業売上ランキング30に入る外資系企業の中で，日本市場で一定の存在感をもつのはウォルマート（2002年に西友と資本・業務提携して進出し，2008年に完全子会社化），コストコ（1999年に進出），アマゾン（2000年に進出），イケア（2006年に再進出）の4社だけである。地理的・文化的な隔たりがあるとはいえ，日本の消費市場の規模は世界でもトップクラスであり，世界展開を行う大規模小売業者が数多く進出していたとしてもおかしくはないにもかかわらず，である。

　店舗をもつ多国籍小売業者に限れば，日本で存在感があるのはウォルマート

とコストコだけである。そのウォルマートも，日本市場からの撤退のニュースが報道される（たとえば，『日本経済新聞』2018年7月13日版）など，苦戦を強いられていることが示唆される。したがって，国際展開が盛んな店舗型総合小売業者の中では，コストコが唯一の例外となっている。

　この状況は，多数の国への店舗展開に成功している大規模な外資系多国籍小売業者ですら，日本市場に定着するのは難しいということを示している。小売国際化研究において学術的な関心[4]を集めたカルフールやテスコは，過去に日本市場へ進出しながらも，2005年，2012年にそれぞれ撤退している。

　専門品を扱うグローバル・リテイラーの中には日本市場に定着できたものもいるが（たとえば，イケア，ZARA，H&Mなどの専門店チェーンを展開するグローバル小売業者），衣食住の主要3部門を販売する企業は，コストコ以外は定着できていない。そのコストコも，会員費が売上対比で2〜3%に上るというビジネスモデルであるため，日本のグロサリー市場において，外資系の多国籍小売業者が店舗型の小売業で成功するのは至難の業だといえるだろう。

　多くの企業は参入後に撤退していることから，日本市場を国際展開の対象に入れつつも，売上や利益を思うように伸ばすことができなかったということである。このように，衣食住を総合的に販売する多国籍小売業者が日本市場で成功・定着できないのはなぜなのか。

　この点を考察する前提として，まずは日本の小売市場の特質を，マクロデータを紐解くことで確認していくことにしよう。

第2節　日本の小売市場の特質

小売構造の推移（店舗数，年間販売額，従業者数，店舗面積）

　日本の流通構造は，かつては小規模かつ分散的で，「細く長い経路」あるいは「maze」（迷路）と表現されたように，中小商業の数が他の先進諸国と比べて際立って多く，そのことが日本の流通システムの特徴とされてきた（荒川，1962；田島，1962；林，1962；Czinkota and Woronoff, 1986, 1991）。

　そのため，日本の流通システムがなぜそのような構造になっているのかは学術的な関心を集め，国内外で多くの研究が蓄積されてきた（田村，1986；丸山1992；成生，1994；石井，1996；Czinkota and Kotabe, 2000；石原，2000；Miwa,

表 1-2　小売構造の推移（事業所数，従業者数，年間商品販売額，売場面積）

年	事業所数 （万カ所）	従業者数 （万人）	年間商品販売額 （兆円）	売場面積 （万㎡）
1972	149.6	514.1	28.2	6,111
74	154.8	530.3	40.3	6,741
76	161.4	558.0	56.0	7,497
79	167.4	596.0	73.6	8,574
82	172.1	636.9	94.0	9,543
85	162.9	632.8	101.7	9,451
88	162.0	685.1	114.8	10,205
91	160.6	700.0	142.3	10,990
94	150.0	738.4	143.3	12,162
97	142.0	735.1	147.7	12,808
99	140.7	802.9	143.8	13,387
2002	130.0	797.3	135.1	14,062
04	123.8	776.2	133.3	14,413
07	113.8	757.9	134.7	14,966
12	103.3	740.4	114.9	13,292
14	102.5	768.6	122.2	13,485
16	99.0	765.4	145.1	13,534

注：1)　1991年は，改定後のデータ。
　　2)　1999年と2004年は，簡易調査。
出所：「商業統計」各年，2012年，2016年は「経済センサス」。

Nishimura, and Ramseyer, 2002；Meyer-Ohle, 2003；加藤，2006）。

　その傾向は，今日では大きく様変わりしている。生産や消費の成長，そしてチェーン・オペレーションの導入による小売業者の大規模化により，流通システムは「太く短い経路」へとダイナミックに変貌しつつあり，小売構造もかつてとは異なる姿を見せている（峰尾，2010）。

　そのことを示すマクロデータを確認してみよう。期間は小売業者の大規模化が進んだ1970年代以降から2016年までである（表1-2)[5]。

　表1-2において事業所数は，1982年の172万カ所をピークに，現在に至るまで減少の一途をたどっている。一方で，従業者数のピークは1999年，年間商品販売額のピークは97年，売場面積のピークは2007年と，事業所数のピークとは異なる年にそれぞれのピークを迎えている。

第1章 日本の小売構造の特質と研究の系譜　15

表1-3　小売業態別の推移（販売額シェア）

業　態	1982	1985	1988	1991	1994	1997	1999	2002	2004	2007	2012	2014
百貨店	7.8	7.6	7.9	8.1	7.4	7.2	6.8	7.0	6.0	5.7	5.0	4.0
総合スーパー	5.6	5.9	5.9	5.9	6.5	6.7	6.2	7.1	6.3	5.5	4.8	4.9
衣料品スーパー	0.5	0.5	0.4	0.3	0.6	0.8	0.9	1.3	1.2	1.2	1.9	1.8
食料品スーパー	4.4	4.7	4.5	4.4	9.2	10.0	11.6	13.2	12.8	12.7	15.2	12.6
住関連スーパー	0.4	0.5	0.7	1.0	2.1	3.1	4.0	5.1	4.1	3.7	4.7	3.9
うちホームセンター									2.4	2.3	2.8	2.6
コンビニ	2.3	3.3	4.4	5.0	5.8	3.5	4.3	5.0	5.2	5.2	5.0	5.3
ドラッグストア								2.0	1.9	2.2	3.3	3.0
その他スーパー	6.5	7.3	6.8	6.9	5.8	6.8	5.9	4.6	4.1	4.6	4.0	3.7
専門店，中心店，一般小売店など	72.5	70.2	69.4	68.4	65.5	61.9	60.5	56.2	53.6	59.2	56.6	60.2

注：1）1991年は，改定後のデータ。
　　2）1999年と2004年は，簡易調査。
出所：「商業統計」各年，2012年は「経済センサス」。

　ピークを迎えたあとの推移もさまざまである。事業所数は1982年の調査以降，一貫して減少傾向にあるが，従業者数は99年調査のピーク以降，増減はありながらも安定的に推移している。年間商品販売額は，1997年にピークを迎えてから2012年まで減少傾向であったが，それ以降は再び増加傾向にある。売場面積は2007年がピークだが，2012年以降は安定的に推移している。
　以上の各指標のピークのずれは小売構造の質的な変化を示唆するものである。売場面積が小さな小売事業所が，その数や販売額のシェアという点で，一貫してその存在感を薄めつつある一方で，売場面積の大きな小売事業所がその存在感を増しているということである[6]。すなわち，少数の大規模小売業者が売上のシェアを高めているということで，小売構造は小規模・分散的から大規模・集中的に変貌しつつあるということである。

小売業態別の販売額シェアの推移

　小売構造の変化の中で影響力をもったのは，小売企業が競争プロセスの中で戦略的に作り上げていった小売業態である。
　「商業統計」では，小売業の集計は業種に基づいて行われてきたが，チェーン・オペレーションに基づく小売業態が小売競争（同業態間競争と異業態間競

争）のベースとなったため，1982年の調査以降は，業態別の集計も行われるようになっている。

　そこで，業態別にマクロデータの推移を見てみることにしよう。注目すべき指標は業態別の販売額のシェアである。業態の分類や定義が変更されているため厳密な経年変化の検証は難しいが，この指標を見ることで，どの業態の存在感がどのように推移したのかを大まかに把握することができる（表1-3）。

　表1-3からは，各業態の盛衰を確認することができる[7]。かつては国レベルの消費動向の指標として用いられたほどの存在感を誇った百貨店は長期的にシェアを落とし続けており，百貨店の次に小売市場の覇権を握った総合スーパーも2002年以降，長期的にシェアを落としている。

　その一方で，ホームセンターやドラッグストアといった業態は，集計カテゴリーに追加されるほどの存在感をもつようになった。衣料品スーパーは継続的にシェアを伸ばし続けており，食料品スーパーやコンビニエンス・ストア（以下，コンビニ）もシェアを伸ばし，2000年代も安定的にシェアを維持している。

　シェアの大きさ，すなわち規模の面では，食料品スーパーの成長が印象的である。とくに，2000年代に入ってからは，販売額ベースで他の有力な業態の2倍前後の規模を保っているという点で，日本の小売市場においてその存在感は際立っているといっていいだろう[8]。

日本における主要業態の市場集中度

　以上の業態構造を市場集中度という指標から見てみることにしよう[9]。そうすることで，当該業態における主要小売業者が当該市場においてどれほどの存在感をもっているのかを確認することができる[10]。

　データは，『ダイヤモンド・チェーンストア』の2016年度の調査データに基づく市場占有率（シェア）の特集記事（2018年5月1日発行）のものを利用し[11]，ハーフィンダール・ハーシュマン・インデックス（HHI）を用いて市場集中度を計算した（表1-4）[12]。

　独占禁止法では，公正な競争の制限につながるという理由から，企業同士の合併や買収などの審査にHHIを用いているが，①HHIが1500以下，②HHIが2500以下＋HHIの増分が250以下，③HHIが2500超＋HHIの増分が150以下は競争を制限するとは考えられない水準とされている。したがって，この

表1-4　日本における主要業態の市場集中度（2016年度）

業態	市場規模（兆円）	トップランク企業数（社）	トップランク売上高（兆円）	トップランクのシェア合計（％）	市場集中度（HHI）
百貨店	6.0	5	3.7	62.2	845
総合スーパー	7.9	6	7.0	88.4	2,027
食品スーパー	15.9	10	6.8	42.9	413
ホームセンター	3.8	10	2.4	63.1	480
コンビニ	10.7	3	9.8	91.7	3,093
ドラッグストア	6.5	10	4.5	70.0	538

注：総合スーパーとドラッグストアのトップランク企業数はグループを含む。
出所：『ダイヤモンド・チェーンストア』2018年5月1日号から筆者作成。

指標を用いることで各業態内での競争の程度がある程度，類推可能になる[13]。

表1-4を見ると，業態によって市場集中の状況はさまざまであることがわかる。2016年時点では，コンビニと総合スーパー業態におけるトップランク企業への市場集中が顕著に高く，トップランク企業のHHIはそれぞれ3093と2027となっており，百貨店がそれに続いている（同845）。その一方で，食品スーパー，ホームセンター，ドラッグストアのHHIは低い水準にとどまっている（同413，480，538）[14]。

この状態をどう理解すればよいだろうか。業態の成熟とともに市場の寡占化が進むという素朴な想定に基づくと，総合スーパーやコンビニなどは業態ライフサイクル上で成熟期から衰退期に差し掛かっていると考えられる一方で，食品スーパー，ホームセンター，ドラッグストアはライフサイクル上の成長期から成熟期に差し掛かっているということになる。

小売業の近代化はチェーン化・標準化に基づく大規模化によって実現されてきたという国内外の歴史的経緯も踏まえて考えると，他業態と同様に，食品スーパー，ホームセンター，ドラッグストア業態においてもトップランク企業への市場集中はこれからも進行すると予想される。

食品スーパーの市場集中度をどう捉えるか

しかしながら，食品スーパーをホームセンターやドラッグストア業態と同列で捉えてよいのかについては議論の余地がある。その理由は，ホームセンターやドラッグストアという相対的に新しい業態とは異なり，食品スーパーは業態

として確立してから時間が経っているにもかかわらず，市場集中度は古参の他業態ほど高い水準を示していないからである。

　この点については二通りの解釈が可能である。1つは，食品スーパーの業態ライフサイクルは他業態よりも時間的なスパンが長いという考え方である。成長期，成熟期，衰退期といったサイクルが推移する期間自体が長いため，他業態と比べると市場集中度が低く維持されている，という考え方である[15]。

　もう1つは，食品スーパーは他業態にはない特徴を有しており，それが理由で市場集中度が高くなっていない，という考え方である。この点をチェーン・オペレーションと標準化という観点から考えてみよう。

　チェーン・オペレーションにおいては，品揃えやオペレーションの標準化を前提に地域特性に対応する必要があるが，標準化しやすいのは地域ごとの消費者選好の多様性が低い商材を扱う業態である。その理由は，そうした商材を扱う小売業態のほうが出店地域における多様性に適応するコストを低く保つことができ，その分の費用を他の領域に投入することができ，他社に対する競争優位を実現しやすいからである。

　このように考えると，食品スーパーの市場集中度が他業態ほど高くない理由は次のように考えることができる。つまり，食品スーパーは食料品が主力の業態なので，日本の地理的・歴史的背景を踏まえると，ターゲット顧客の選好は地域ごとに多様であると考えられ，生鮮食料品については鮮度維持や物流コストの観点からも，相対的に狭いエリアで生産と消費が行われがちになる。そうした要因が小売業者に地域適応化する必要性を迫り，各地域に特化した有力なリージョナル・チェーンを生み出す一方で，全国レベルでのチェーン展開が難しくなり，結果として，そういった事情が市場集中度の低さに現れている可能性がある。詳細は第2章および第3章で議論する。

欧米先進国における食料品小売業の市場集中度

　日本の食品スーパー業態の市場集中度が低いまま維持されるメカニズムを詳細に検討する前に，欧米先進国（アメリカ，ドイツ，イギリス，フランス）の食料品を扱う業態の市場集中度を確認しておこう（表1-5）。これらの国々の市場集中度を日本と比較することで，上で見た日本の小売構造の特質を相対化することが可能になる。

第1章　日本の小売構造の特質と研究の系譜　19

表1-5　欧米におけるグロサリー小売の市場構造（市場集中度）（2017年）

国	市場規模（兆円）	トップランク企業数（社）	トップランク売上高（兆円）	トップランクのシェア合計（%）	市場集中度（HHI）
アメリカ	58.7	7	29.9	51.2	503
ドイツ	27.1	7	18.4	74.2	1,257
イギリス	24.8	8	17.9	71.9	910
フランス	23.7	6	16.1	67.5	825

出所：『ダイヤモンド・チェーンストア』2018年5月1日号から筆者作成[16]。

　表1-5を一見してわかるように，ドイツ，イギリス，フランスの市場構造は日本とは明らかに異なっている。ドイツ，イギリス，フランスは，高いシェアをもつ上位企業（＝トップランク企業）が市場の4分の3程度を占有しており（ドイツ＝7社で74.2%，イギリス＝8社で71.9%，フランス＝6社で67.5%），トップランク企業への市場集中が確認できる[17]。

　市場集中度（HHI）を見ても，ドイツが顕著に高く，イギリス，フランスも高い水準を示していることから，これらの市場では上位企業に売上が集中しているといえる。

　市場全体の過半数のシェアを何社で分けあっているのかという視点で見ても，ドイツが3社（計54.8%），イギリスが4社（計53.7%），フランスが4社（51.2%），と少数のトップランク企業の存在感が際立っている。

　それに対して，アメリカのスーパーマーケット市場は，一見すると，日本の食品スーパー市場の構造と似ているように見える。市場集中度（HHI）を見ても，アメリカのスーパーマーケット市場は503であるのに対し，日本の食品スーパーは413で，ヨーロッパ市場ほど高くはない。両市場では，トップランク企業であっても，市場全体の半分くらい（日本＝10社で42.9%，アメリカ＝7社で51.2%）を占めているにすぎず，それ以外をトップランク以外の企業（非トップランク企業）がシェアを分けあっているという構造である[18]。

　しかし，市場全体の過半数のシェアを何社で占めているのかという視点で見てみると，両市場は異なる性格をもっていることがわかる。市場の過半数を占める企業数は，アメリカが7社であるのに対して日本は10社でも42.9%を占めているにすぎない。つまり，日本とアメリカの市場を比べた場合，アメリカの市場ではトップランク企業の存在感は大きいが，日本はそうではないという

ことである。換言すれば，日本の食品スーパー市場においては，トップランク企業以外の企業の存在感が大きく，各市場における企業の売上高の分布をグラフ化すると，日本の食品スーパー市場のグラフは欧米よりもロングテールの形状になるということである。

日本の食品スーパー市場の占有率の分布

　以上を確認するために，日本の食品スーパー市場における企業の市場占有率の分布を図にした。まずは，食品スーパー業態の売上高の上位100位を図示した（図1-1；22～23頁）。

　売上高は6840億円から751億円の間に分布している。グラフはべき乗則に従っており，上位十数社以下がロングテールの形状を示している。ただし，このランキングは，グループ企業が別々にカウントされているため，市場集中の実態を表していない。そこで，持分法適用会社を含めた企業グループ（イオンとセブン＆アイ）単位で集計し直したところ，より顕著なべき乗分布のグラフが得られた（図1-2；22～23頁）[19]。

　トップはイオングループ[20]で，売上高は2兆7810億円である。2位はセブン＆アイグループ[21]だが，売上高は8883億円と，その差は大きく開いている。3位はライフ・コーポレーションの6528億円，4位はアークス（連結）の5126億円だが，5位はヤオコーの3430億円，以下は，企業間で売上高の差が小さく，多くの企業が細かくシェアを分け合っているという状態にある。グラフの形状でいうと，売上規模5位以下がロングテールになっている。

日本の食品スーパー市場と欧米のグロサリー市場の比較

　このデータを欧米の食料品小売市場と比較してみよう。集計の仕方や業態の定義が国ごとに異なるので厳密な比較は難しいが，以降の議論の参考になると思われるからである。

　前項で見たアメリカ，ドイツ，イギリス，フランスのスーパーマーケット，グロサリー市場におけるトップランク企業のシェアの合計値に至るまでに，日本の食品スーパー市場では何社分の売上が必要なのかを示すことで，日本の食品スーパー市場の特徴を浮き彫りにできる。

　すでに確認した通り，アメリカのスーパーマーケット市場ではトップランク

企業7社で全体の51.2%（29.9兆円）のシェアを，ドイツは7社で74.2%（18.4兆円），イギリスは8社で71.9%（17.9兆円），フランスは6社で67.5%（16.1兆円）をそれぞれ占めていた。

　日本の食品スーパーの売上ランキングにおいて，全体の51.2%のシェア（アメリカ市場での上位7社のシェア），74.2%のシェア（ドイツ市場での上位7社のシェア），71.9%のシェア（イギリス市場での上位8社のシェア），67.5%のシェア（フランス市場での上位6社のシェア）がどの位置にあるのかを確認しておこう（表1-6；24〜25頁）。

　表1-6を見ると，日本の食品スーパー市場では，アメリカ市場でのトップ7社のシェアと同程度のシェアに至るまでに24社分の売上が必要である。フランス市場でのトップ6社のシェアに至るまでには54社分，イギリス市場でのトップ8社のシェアに至るまでには65社分，ドイツ市場でのトップ7社のシェアに至るまでには72社分の売上が必要となる。

非トップランク企業の存在感が際立つ日本の食品スーパー市場

　以上のデータの整理から，日本の食品スーパー市場は欧米諸国とは異なり，市場集中度は低く，トップランク企業に加え，非トップランク企業も市場において一定のシェアを確保することができているといえるだろう。

　このことは，グロサリー部門においては，日本国内のトップランクの小売企業だけではなく，中堅規模の非トップランク企業もトップランクに対抗して顧客からの支持を集めることができている，ということを示唆している。

　なぜ日本市場においてそのような現象が観察できるのかについては，第2章と第3章で詳しく検討することにする。

小　括

　本節で小売構造に関する各マクロ指標を確認したところ，以下の5点が明らかになった。

　第1は，小売構造に質的な変化が生じたこと，第2は，主要業態に変動があり，現在は食品スーパーの販売シェアが大きいこと，第3は，各業態の市場集中度には差異が認められること，第4は，食品スーパー，ホームセンター，ドラッグストアの市場集中度は他業態と比較して低い水準にとどまっていること，

図 1-1　日本の食品スーパーの

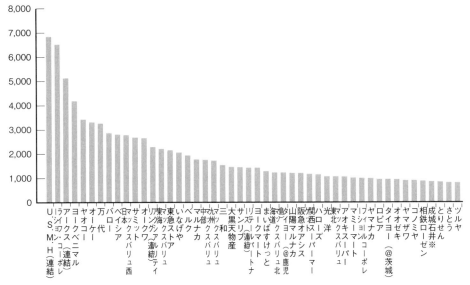

出所：『ダイヤモンド・チェーンストア』第 48 巻第 16 号から筆者作成。

図 1-2　日本の食品スーパーの

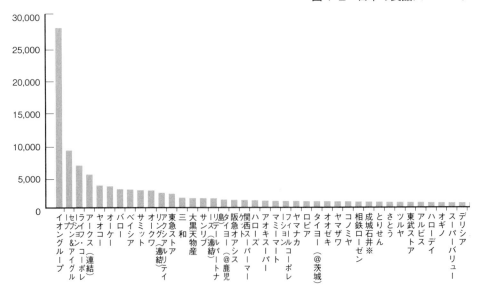

出所：『ダイヤモンド・チェーンストア』第 48 巻第 16 号から筆者作成。

売上高の分布（トップ100位）

東武ストア｜アルビス｜ホギデパリ｜スーパーバリュー｜デイリーアクト｜フレスタ｜サウシリア｜ウオロク｜富士シティオ｜エブリイ｜マルイ商事｜カネスエ商事｜西鉄ストア｜近商ストア｜ホクレン商事｜金秀商事｜小田急商事｜マルショク｜タカラ・エムシー｜スーパーアルプス｜マルト｜ロピア｜大阪屋ショップ｜ジャパンミートシ｜遠鉄ストア｜マミーマート｜エコス｜京急ストア｜ハローズ｜｜｜松源｜伊徳｜エイヴイ｜マツモト｜静鉄ストア｜京王ストア｜カノー｜ユアーズ｜北雄ラッキー｜オイシー｜ゼンドウ｜せんどう｜紅屋商事｜サニーマート｜ビッグ・ラリイズ｜マルヨシセンター｜スーパー玉出

売上高（グループ合算）の分布

フレスタ｜サンデイ｜ウオロク｜富士シティオ｜エブリイ｜マルアイ商事｜近商ストア｜西鉄ストア｜ホクレン商事｜金秀商事｜サン小田急商事｜マルベルクス｜タカラ・エムシー｜スーパーアルプス｜マルト｜ロピア｜大阪屋ショップ｜ジャパンミート｜遠鉄ストア｜マルハチ｜京急ストア｜エコス｜ハローズ｜ポリント・シンドコー｜松源｜伊徳｜エイヴイ｜マツモト｜静鉄ストア｜京王ストア｜カノー｜ユアーズ｜北雄ラッキー｜ワイズマート｜せんどう｜紅屋商事｜サニーマート｜ビッグ・ラリイズ｜マルヨシセンター｜スーパー玉出

表1-6 食品スーパー市場における欧米諸国のトップランク・シェアの位置

順位	社　名	売上高（億円）	系列・グループ	本　部
1	イオングループ	27,810	イオン	千　葉
2	セブン&アイグループ	8,883	セブン&アイ	東　京
3	ライフ・コーポレーション	6,528	ニチリウ	大　阪
4	アークス（連結）	5,126	CGC	北海道
5	ヤオコー	3,430		埼　玉
6	オーケー	3,312		神奈川
7	バロー	2,861		岐　阜
8	ベイシア	2,803		群　馬
9	サミット	2,676	AJS	東　京
10	オークワ	2,652	ニチリウ	和歌山
11	アクシアルリテイリング（連結）	2,289	CGC	新　潟
12	東急ストア	2,154		東　京
13	三　和	1,545	CGC	東　京
14	大黒天物産	1,472		岡　山
15	サンリブ	1,455		福　岡
16	リテールパートナーズ（連結）	1,430	AJS	山　口
17	タイヨー（@鹿児島）	1,230		鹿児島
18	阪急オアシス	1,211		大　阪
19	関西スーパーマーケット	1,168	AJS	兵　庫
20	ハローズ	1,148		岡　山
21	アオキスーパー	1,060		愛　知
22	マミーマート	1,014	CGC	埼　玉
23	フィールコーポレーション	1,003		愛　知
	計81,183億円：シェア51.1%（アメリカのトップ7社51.2%に相当）			
24	ヤマナカ	990	AJS	愛　知
25	ロピア	953		神奈川
26	タイヨー（@茨城）	953	CGC	茨　城
27	オオゼキ	948		東　京
28	ヤマザワ	910	ニチリウ	山　形
29	コノミヤ	910	AJS	大　阪
30	相鉄ローゼン	880		神奈川
31	成城石井※	858	CGC	神奈川
32	とりせん	842	AJS	群　馬
33	さとう	820	ニチリウ	京　都
34	ツルヤ	811	CGC	長　野
35	東武ストア	809		東　京
36	アルビス	779	CGC	富　山
37	ハローデイ	751		福　岡
38	オギノ	745	CGC	山　梨
39	スーパーバリュー	739		埼　玉
40	デリシア	714		長　野
41	フレスタ	712	CGC	広　島
42	サンディ	708		大　阪
43	ウオロク	705	CGC	新　潟

注：※=成城石井は決算期が12月期から2月期に変更されたため、14カ月分の売上高。
出所：『ダイヤモンド・チェーンストア』第48巻第16号, 第49巻第8号から筆者作成。

順位	社名	売上高（億円）	系列・グループ	本部
44	エコス	697	ニチリウ	東京
45	富士シティオ	693	ニチリウ	神奈川
46	エブリイ	683		広島
47	マルアイ	682		兵庫
48	カネスエ商事	680	CGC	愛知
49	西鉄ストア	660	CGC	福岡
50	近商ストア	655		大阪
51	ホクレン商事	653	Aコープ共同機構	北海道
52	金秀商事	650	CGC	沖縄
53	サンベルクス	644		東京
	計106,850億円：シェア67.2%（フランスのトップ6社67.5%に相当）			
54	小田急商事	635		神奈川
55	マルショク	625		大分
56	タカラ・エムシー	601	CGC	静岡
57	スーパーアルプス	593	AJS	東京
58	マルト	589	CGC	福島
59	ローソンストア100	586		東京
60	大阪屋ショップ	584	CGC	富山
61	ジャパンミート	570		茨城
62	遠鉄ストア	570	CGC	静岡
63	マルハチ	566		兵庫
64	エレナ	541	AJS	長崎
	計113,954億円：シェア71.7%（イギリスのトップ8社71.9%に相当）			
65	京急ストア	541		東京
66	エーコープ鹿児島	533	Aコープ共同機構	鹿児島
67	ハートフレンド	520		京都
68	リオン・ドールコーポレーション	520	CGC	福島
69	松源	514	CGC	和歌山
70	伊徳	513	CGC	秋田
71	エイヴイ	495	CGC	神奈川
	計117,590億円：シェア74.0%（ドイツのトップ7社74.2%に相当）			
72	マツモト	493	AJS	京都
73	静鉄ストア	464	CGC	静岡
74	京王ストア	464		東京
75	カノー	450		大阪
76	ユアーズ	450		広島
77	北雄ラッキー	443	CGC	北海道
78	ワイズマート	429		千葉
79	せんどう	427		千葉
80	紅屋商事	424	AJS	青森
81	サニーマート	421	ニチリウ	高知
82	ビック・ライズ	418	CGC	神奈川
83	マルヨシセンター	409	AJS	香川
84	スーパー玉出	392		大阪

第5は，日本の食品スーパーの市場集中度の水準は欧米先進国（アメリカ，ドイツ，イギリス，フランス）とは異なり低い水準にあること，である。

以上から，現在の日本の小売市場の特質は，食品部門を扱う業態によって特徴づけられており，食品スーパー業態においてはトップランク以外の企業も市場で十分な存在感を保持できている点にあるといえる。

次節では，本節で確認した日本の特徴的な小売構造について，既存の研究がどのような問題意識から何をどこまで明らかにしたのかをレビューし，本書の位置づけと課題を明らかにしていく。

第3節　日本の小売構造に関する研究の系譜

日本の小売構造に関する研究は，流通研究の主要な研究領域の1つとして蓄積されてきた。小売構造研究の上位領域としての流通研究には，大まかには2つの系譜がある（矢作，2011）。1つはマクロレベルでの流通構造を考察する研究群（マクロ流通構造分析）で，もう1つは，ミクロレベルでの流通行動を考察する研究群（ミクロ流通行動分析）である。

小売構造を巡る議論は，長らくマクロレベルでの考察が中心的であったが（荒川，1962など），研究視点の中心はミクロレベルでの流通企業の行動に移り変わっている（たとえば，矢作，2011など）。その一方で，マクロレベルでの流通構造とミクロレベルでの流通企業の行動を接合する試みもなされてきた（たとえば，石井，1996；石原，2000；田村，2008；峰尾，2010など）。

その研究は，国内と海外でその蓄積に大きなギャップがある。当然のことながら，日本国内において多くの研究蓄積があるのだが，今日のグローバル化社会において外資系企業への影響を考えると，海外における研究蓄積の動向も確認しておくほうがよいだろう。その理由は，海外での研究蓄積はすなわち，日本の流通に対する諸外国の認識と捉えられるからである。日本の流通や小売の構造についてデータを用いた分析を行った海外の研究は多くはないが，それぞれを見ていこう。

海外における研究蓄積

初期の研究に，Yoshino（1971）やTakeuchi and Bucklin（1977）がある。

Yoshino (1971) は、日本の多くの産業のうちの1つとして流通を扱っている。そこでは、大規模小売業者とチェーンストア、百貨店、とくにセルフサービス方式の小売店の成長について理論的な予測を行っている。Takeuchi and Bucklin (1977) では、小売構造の効率性、すなわち、店舗当たり、従業員1人当たりの売上高、店舗密度の日米比較をした上で、州・都道府県別の店舗密度の規定要因（収入、自動車所有率、百貨店売上比率、小売・卸売労働者の賃金、1キロメートル四方の人口密度×都市人口率、人口の変化）を明らかにすることを試みている。

その後の1980年代は日本的な経営が賞賛された時代である。Vogel (1979) が *Japan as Number One* を出版し、ベストセラーとなった。そこでは、日本人の勤勉性が強調され、GDP（当時は、GNP）の成長率の高さを背景に日本的経営が称賛された。

しかしその一方で、日本の流通構造についてはあまり積極的な評価はなかった。Lazer, Murata, and Kosaka (1985) が日本企業の4つの側面、つまり日本式マーケティングの成長段階、政府の性質、ビジネス間関係の形成プロセス、マーケティング戦略の実際の形成プロセスに注目したが、そこでは、日本の流通システムは複雑でわかりにくく、迷路のように長く複雑だと指摘するにとどまっている。ここでの複雑さとは、日本のマーケティング・マネジメントの多様性、小売における中間商人と卸売従業者数の多さ、過度のサービス、業務のコスト高と非効率さを指している。というのも、卸売部門においても規模が大きくなればなるほど経済効率は改善されると考えられていたからである。

他方で、小売部門では、チェーンストアやセルフサービス方式の店などを含めたマス・マーチャンダイズが大きく成長していたが、それらの領域で市場の集中化がさほど進行していないことが非効率性を指摘する理由になっていた。

日本の流通構造の問題点をより直接的に指摘したのはCzinkota and Woronoff (1986) で、主に2つの問題を指摘した。第1は、卸売の数で、日米の卸売人口の比較から、アメリカ643、日本351という結果を示した。第2は、W/R比率である。日本は3.77（平均、1979年）で、アメリカは1.74（最大、1979年）で、日本はアメリカの2倍以上である。この比率は流通構造の長さを表し、時として、流通システムの非効率を表すものとして採用される。

まとめると、日本の流通に関する海外の研究は、細かい主張は各研究で異な

る部分もあるが，一致した見解としては，日本の流通構造は非効率的であること，そしてその改善のためには大規模小売業者が重要な役割を果たすことになる，ということを主張してきたといえる。

こういったことを背景に，日本の流通構造を効率化させるため政治レベルでの指摘まで行われた。それは，日米構造協議（SII：Structural Impediment Initiative）のレポートである（Morita, 1991；Bush and Kaifu, 1991）。このレポートでは，日本の商慣行について多くの批判がなされた。そして，いくつかの活動領域で日本の商慣行を変えることを求めていた。すなわち，日本の貯蓄と投資パターン，土地政策，流通システム，排他的なビジネスシステム，系列取引関係，価格決定メカニズムである。

中でも流通システムに関しては，大規模小売店の出店を促進させることを強調した。日本では 1973 年以降，大店法（大規模小売店舗の事業活動に関する法律）により，売り場面積 3000 平方メートル以上（政令指定都市では 6000 平方メートル以上）の店舗をつくることを制限していたからである。日米構造協議は，日本の流通システム改善を実現するには，非効率で小規模な小売商を廃業させていくべきだと考えていたということである。

これ以降にも，Miwa et al.（2002）が日本の流通構造や部門ごとの流通システムを論じている。

国内における研究蓄積

日本国内においても，流通を担う商業者の小規模零細性・分散性はたびたび指摘されてきた。代表的な論者は，荒川（1962），林（1962），田島（1962）などである。これらの論者の流通革命論は，その後，問屋無用論のような社会問題に発展するなど，国内で大きな関心を呼んだ。

その主張の妥当性を証明するかのように，1985 年の「商業統計」において，1954 年の調査開始以来はじめて，日本で小売事業所数の減少が観察された。それ以降，全体として小売事業所数が増えることはなく，継続して減少の一途をたどっている。

ただし，小売事業所数，卸売事業所数，あるいはその W/R 比率は，先行研究が予測したほどには減少しなかった。つまり，流通システムの効率性は，その比較対象となったアメリカほどには高くはならなかったということである。

なぜ，非効率な中小規模の商業者が日本の流通システムに数多く残存しているのか。この点について，日本の流通研究者はさまざまな視点から多くの理論的・実証的研究を行ってきた。

そうした研究は，大きくは3つのアプローチに分類できる。第1は，理論的・概念的な考察を行うもの（石原，2000；加藤，2006など），第2は，データを用いて検討を行うもの（田村，1986；丸山，1992；成生，1994；石井，1996；峰尾，2010など）で，これらのアプローチも理論構築を目指しているという点で理論的研究といえるだろう。第3は，流通構造（流通システム）と政策の関係を考察するもの（渡辺，2003；南方，2005，2013；石原・加藤，2009；岩永・佐々木，2013など）で，このアプローチは理論的研究として政策に着目しているものと，政策そのものの是非を考察する規範的研究がある。

小売（流通）構造およびその変動についての実証的研究

さまざまなアプローチがある中で，ここでは，研究蓄積が圧倒的に多い日本の関連学会で注目を集めた実証的研究が提示した見解をレビューしていく。その理由は，こうした研究が提示した見解の多くは，学会賞を受賞しているという点で，多くの研究者からの支持を得た理論的・規範的研究の帰結といえるからである。その見解は，大きく5つに分けることができる。

第1は，主としてマクロ環境に着目する見解で，具体的には，市場スラックと流通政策の小売構造（流通システム）への影響を論じている（田村，1986）。市場スラックとは，高度経済成長による小売市場の拡大に企業の適応が遅れることで市場内に生じるゆるみのことである。田村（1986）は，市場スラックは，総需要が総供給を上回るときに生じることを指摘した。とくに，高度経済成長によって小売市場規模が長期にわたって高い成長率を示したため，大規模小売業者がその需要を賄うだけの供給をできず[22]，そこに大型店を規制する流通政策が働くことで，零細小売商であっても事業を継続することが可能になるとされた。

第2は，日本の食文化が，消費者の需要を満たすために多数の食品小売店を必要としたという見解である（丸山，1992）。これは，日本人の購買頻度が高いことが背景にある。アメリカやイギリスの消費者の行動とは異なり，日本の消費者は高い頻度で買い物に出向することが報告されている[23]。購買頻度が

高いので，そのコストを下げることが店舗の競争優位に強く働くことになり，結果として最寄り立地の小規模な店舗が支持され，それゆえに店舗密度が高まるというわけである。

　第3は，日本の人口密度が比較的高く家屋が相対的に小さいことから高い店舗密度が求められるという見解である（成生，1994）。家屋が小さいことで日本の消費者は家内に多くの食品を貯蔵しておくことができないため，買い物出向頻度が高くならざるをえず，その結果，最寄り立地の店舗が支持されることになり，ゆえに店舗密度が高くなるというロジックである[24]。

　第4は，家族従業制度による商業者の自己雇用の存在が小売構造に影響を与えているという見解である（風呂，1960；石井，1996）。零細規模の小売業者は自らとその家族を雇用することで，低い雇用弾力性，高い相対賃金率，そして低い廃業率を実現することが可能になり，その結果，競争劣位にある零細小売商であっても市場に残存することができたという見解を示している。

　第5は，小売構造の変動には，規制や消費者行動の変化などの外部要因だけではなく小売業者自身の行動という内部要因も影響を与えているという見解である（峰尾，2010）。峰尾（2010）は，「商業統計」などのマクロデータと消費者サーベイデータを分析することで，小売業者自身の行動が小売構造の変動に影響を与えるという見解を示している。

第4節　分析視点と課題

分析視点

　上述の指摘は，いずれも，中小小売商の存在が議論の鍵となっている。中小小売商が何らかの理由により残存することで，それらに商品を供給する中小卸売商が必要となり，それが日本の流通システム全体の特質を生み出している。逆に，中小小売商が減少することで日本の流通システム全体と特質が変化する。

　改めてまとめておくと，田村（1986）は，小売業者の生産性は低いものの市場競争の影響を受けないような外的環境（急速な経済成長，制度）が整っていたことを，丸山（1992）や成生（1994）は，小売業者の生産性は低いのではなく，むしろ日本の消費市場に対応した合理的な存在として理解できることを，石井（1996）は，家族従業という就業構造が効率性という側面においても社会的と

図1-3 小売構造の分析視点

いう側面においても小売構造に対して重要な影響を与えてきたこと，という外部要因をそれぞれ指摘することで，流通システムにおける中小商業の残存を説明しようと試みてきた。峰尾（2010）は，小売業者の戦略的行動という内部要因により，店舗の大型化（≒中小商業の減少）という小売構造の変化を説明しようと試みてきた。

研究の系譜において，各論者が着目し強調した視点，すなわち，外的環境，消費市場，就業構造，そして内的要因を図示すると図1-3のようになる[25]。

リサーチ・クエスチョン

前項より見てきたそれぞれの研究は，既存研究に対して注目すべき視点を提示し，流通研究に新たな地平を拓いてきた点で，高く評価されるべきものである。しかしながら，先行研究においても，議論し尽されていない点が残されている。それは，各要因間の相互作用である。

石井（1996）や峰尾（2010）が指摘・示唆している通り，小売構造は，外的環境や消費市場，あるいは就業構造と相互に影響を与えあっている。このような相互作用の存在を前提とすると，次に検討されなければならないのは，それはどのような相互作用なのか，その相互作用を促す要因は何か，その相互作用はどのような現実を生み出しているのか，である。

そこで，本書では，流通システムにおける生産と消費の接点である小売業，その中でもとくに食料品を扱う小売業に焦点を当て，小売構造とそれを巡る諸要因との相互作用を検討する。

ただし，相互作用は事業者とタスク環境間の各所において生じており，その

すべてを議論することはできない。そのため，本書においては，小売構造のダイナミクスを理解するという目的のもとで，次の2つの相互作用に注目する。1つは，小売構造と消費市場の相互作用である。この点については次の第2章で詳細に検討を行う。もう1つは，小売市場内での小売企業間の相互作用で，この点については第3章で検討を行う。

以上の検討を行うことで，第4章で小売構造のダイナミクスをより深く理解するための視点を提示する。

注────────

1 「総合量販店」の定義は，矢作（2007）に依拠した。矢作の定義は「セルフサービス販売方式を主体に，衣食住の主要3部門の商品を幅広く提供する大型店舗の総称」（矢作，2007, 11頁）で，ヨーロッパのハイパーマーケット，アメリカのスーパーセンターと会員制ホールセール・クラブを含み，日本では総合スーパーを指す。
2 矢作（2007）のデータソースは，フォーチュン誌「グローバル500社」調査（*Fortune*, July 24, 2006）である。
3 丸谷・大澤（2008）では，プッシュ要因とプル要因に加えて競合企業の海外進出が自社の海外進出を促すという競争要因が存在すると指摘している。
4 たとえば，Dawson et al.（2006）や矢作（2007）など。
5 データは基本的に「商業統計」を用いるが，2012年と2016年は「経済センサス」を用いている。2014年は「商業統計」のデータだが，日本標準産業分類の改定や，調査設計の変更があったため，2007年まで「商業統計」のデータと単純に接続することはできない。しかし，ここでの目的はあくまでもマクロ構造の変動を俯瞰的に捉えることであるため，そうしたデータの断絶があることを承知の上で，大まかな傾向を見ていくことにする。
6 詳細な分析は，峰尾（2010）を参照のこと。
7 業態の盛衰については，田村（2008）で詳しく論じられている。
8 紙幅の関係で詳細な議論は割愛するが，総合スーパーのシェアの減少と食料品スーパーのシェアの増加は相互に影響を与えていると思われる。その理由は，食料品は総合スーパーにおいても主要なカテゴリーの1つだからである。
9 小売業の市場集中およびその研究の詳細については，峰尾（2010）を参照のこと。
10 主要業態の市場構造については，岸本（2013）で言及されているが，ここでは新たなデータを加えた上で，より詳細な市場構造を考察していく。
11 百貨店の市場規模は，日本百貨店協会「全国百貨店年間売上高」（2017年1～12月／速報値）に基づく。トップランク企業の売上高は，三越伊勢丹HD，J. フロント リテイリング，髙島屋，そごう・西武，エイチ・ツー・オー リテイリングの国内事業売上高の合計。総合スーパーの市場規模は，イオンリテール，ダイエー，イオン九州，イオン北海道，イオン琉球，イトーヨーカ堂，天満屋ストア，西友（推計値），ユニー，イズミ，平和堂，イズミヤ，フジ，サンエー，Olympicグループ，長崎屋の売上高の合計。トップランク企業の売上高は，イオンリテール，ダイエー，イオン九州，イオン北海道，イオン琉球，イトーヨーカ堂，天満屋ストア，西友，ユニー，イズミ，平和堂各社の売上高の合計。食品スーパーの市場規模は，『ダイヤモンド・チェーンストア』2017年9月15日号「日本の小売業1000社ランキング」に食品スーパーとしてラン

クインした311社の売上高をもとに算出。トップランク企業の売上高は，イオン（スーパーマーケット事業およびディスカウント・ストア事業のみ），セブン＆アイHD（ヨークベニマル，ヨークマート，シェルガーデン，万代，ダイイチ），ライフコーポレーション，アークス（連結），ヤオコー，バローHD（スーパーマーケット事業），オーケー，ベイシア，オークワ，サミットの売上高の合計。ホームセンターの市場規模は，ダイヤモンド・ホームセンター誌「HC／DIY業界アニュアルレポート」（2016年度版）に基づく。トップランク企業の売上高は，DCMHD，カインズ，コメリ，コーナン商事，ナフコ，LIXILビバ，ジョイフル本田，島忠，ケーヨー，東急ハンズの売上高の合計。コンビニの市場規模は日本フランチャイズチェーン協会に加盟するコンビニ10社の全店売上高の合計。トップランク企業の売上高はセブン-イレブン・ジャパン，ファミリーマート，ローソン各社の単体全店売上高の合計。ドラッグストアの市場規模は，日本チェーンストア協会『日本のドラッグストア実態調査（2016年版業界推計）』に基づく。トップランク企業の売上高は，ツルハHDグループ（ツルハHD，杏林堂薬局），ウエルシアHDグループ（ウエルシアHD，丸大サクラヰ薬局，薬のマルエ，一本堂），マツモトキヨシHD，サンドラッグ，コスモス薬品，スギHD，ココカラファイン，富士薬品グループ，カワチ薬品，クリエイトSD HD各社売上高の合計。

12　HHIは，各企業の市場占有率（シェア）の自乗を合計して算出する。この指標は，各企業のシェアが大きく市場に参加する企業の数が少ないほど大きくなり，完全競争に近づくほど0に近くなる。つまり，市場の寡占化が進むほどHHIのスコアは大きくなっていく。

13　今日では異なる業態同士が同じ商材を扱うことで顧客を奪い合う異業態間競争も日常化しているため，業態の市場集中度を見るだけで小売競争の程度を判断することはできない。

14　市場集中度（HHI）のスコアは，各業態の市場規模の推定値に基づいて計算している。具体的には，百貨店は日本百貨店協会「全国百貨店年間売上高」（2017年1〜12月／速報値）を，総合スーパーは，イオンリテール，ダイエー，イオン九州，イオン北海道，イオン琉球，イトーヨーカ堂，天満屋ストア，西友，ユニー，イズミ，平和堂，イズミヤ，フジ，サンエー，Olympicグループ，長崎屋の売上高の合計，食品スーパーは，『ダイヤモンド・チェーンストア』2017年9月15日号「日本の小売業1000社ランキング」にスーパーマーケットとしてランクインした311社の売上高の合計，ホームセンターは，『ダイヤモンド・ホームセンター』2017年9月号「HC/DIY業界アニュアルレポート」の数値，コンビニは，日本フランチャイズチェーン協会に加盟するコンビニ10社の2017年1〜12月の全店売上高合計，ドラッグストアは，日本チェーンドラッグストア協会によるドラッグストア企業431社1万8874店舗の推計売上高の合計である。

15　たとえば，日本スーパーマーケット協会会長の川野幸夫氏（ヤオコー代表取締役会長）は，日本の食品スーパーの寡占度がまだ低い水準にある理由は，食品スーパーの業態ライフサイクル自体が長いからだという見解を示している（『ダイヤモンド・チェーンストア』2018年5月1日号，42〜43頁）。

16　データはユーロモニターに基づいている。日本の食品スーパー業態のデータと正確に比較できるデータは入手困難だが，アメリカはスーパーマーケット市場のデータを，ドイツ，イギリス，フランスはグロサリー市場のデータを用いている。これらの国のデータには，ハイパーマーケットや総合スーパー業態を所有する企業も含まれているが，それらの企業のグロサリー部門の売上が計上されているだけである。データは2017年末のものであるため，2017年12月29日の為替レートにより日本円に換算している。

17　ドイツ市場のトップランク企業7社の内訳は，エデカ（売上シェア24.6%），シュヴァルツ・グループ（同16.1%），レーヴェ（同14.1%），アルディ（同13.4%），メトロ（同3.1%），ノルマ（同1.5%），グロ―バス（同1.4%）で，すべてドイツに本部を置く企業である。イギリス市場のトップランク8社の内訳は，テスコ（売上シェア21.8%），セインズベリー（同12.5%），アズダ（同11.2%），モリソンズ（同8.2%），アルディ（同5.8%），コープ（同4.9%），シュヴァルツ・

グループ（同 3.8%），ジョン・ルイス（同 3.7%）で，アズダは 1999 年からウォルマート傘下，アルディとシュヴァルツ・グループはドイツが本部である。フランス市場のトップランク企業 6 社の内訳は，カルフール（売上シェア 17.2%），ルクレール（同 12.8%），ITM エンタープライズ（同 12.5%），カジノ（同 8.7%），システム U（同 8.2%），オーシャン（同 8.1%）で，すべて本部はフランスである。

18 アメリカ市場のトップランク企業 7 社の内訳は，クローガー（売上シェア 15.6%），アルバートソンズ（同 10.8%），アホールド・デレーズ（同 8.0%），パブリックス（同 6.6%），ウォルマート（3.8%），HE バット（同 3.4%），アマゾン（同 3.0%）である。アホールド・デレーズのみオランダに本部をもつが，その他はすべてアメリカに本部がある。

19 ニチリウ（日本流通産業），CGC（シジシージャパン），AJS（オール日本スーパーマーケット協会）は共同によるメリットを享受するために設立されたボランタリーチェーン，任意団体であるため，そこに加盟する企業の売上高はグループとしての集計の対象外とした。

20 イオングループには，ユナイテッド・スーパーマーケット HD（マルエツ，カスミ，マックスバリュ関東の持株会社），マックスバリュ西日本，マックスバリュ東海，いなげや，ベルク，マルナカ，マックスバリュ中部，マックスバリュ九州，まいばすけっと，マックスバリュ北海道，山陽マルナカ，光洋，マックスバリュ東北が含まれている。

21 セブン＆アイグループには，ヨークベニマル，万代，ヨークマートが含まれている。

22 小売市場規模の拡大は，人口増大と個人消費支出の増加によってもたらされるが，これらの要因がどのように小売市場規模拡大に影響を与えているかは時代によって異なることが田村（2011）により示されている。

23 たとえば，公益財団法人日本食肉消費総合センターによる消費動向調査の 2003 年 6 月の「消費者調査」では，主要食料品の買い物出向頻度は全国平均で 4.92 回であることが報告されている。

24 ただし，このロジックは，日本における買物行動のコストが家庭内食品在庫コストより低いことが前提となっているため，EC の浸透がさらに進めばこの前提は成り立ちにくくなることが予想される。

25 「外的環境」には「流通課業環境」（タスク環境）と「制約環境」が含まれているため，厳密には，「就業構造」や「消費市場」は外的環境に含まれるが，ここでは，田村（1986）が強調する高度経済成長・流通政策という制約環境と小売競争というタスク環境を指して「外的環境」と表現している。

第2章

小売構造と消費市場の相互作用
食料品を扱う業態において市場集中度が高まらない理由の考察

> 　前章では，マクロデータの整理により，日本の小売構造は食品を扱う業態によって特徴づけられていることが明らかになり，先行研究のレビューにより，小売構造には，外部要因として外的環境，消費市場，就業構造が，内部要因として企業の行動が，それぞれ影響を与えることが指摘され，今後の課題として，これらの要因と小売構造との相互作用を検討する必要が指摘された。
>
> 　それを受けて，本章では，小売構造と消費市場の相互作用を検討する。具体的には，日本の小売市場において地域多様性が維持・再生産されるメカニズムと，小売企業が採用する標準化／適応化戦略との関わりを考察する。

第1節　小売業を取り巻く要因

　前章の小売市場のマクロデータの整理から，日本においては，食料品を主力とする業態については，トップランク企業以外の小売業者が存在感を維持していることが明らかになった。継時的に見ると，市場集中はゆるやかに高まってはきているが（岸本，2013），それでも欧米先進国の小売市場の集中度と比較してみると，低い水準にあるといえる。

　そのため，次に検討しなければならないのは，トップランク企業以外の小売業者（＝非トップランク企業）は欧米と比べ，なぜ現在に至ってもその存在感を維持し続けられているのか，ということである。その理由について，日本の小売市場に関する先行研究が提示した観点（外的環境，消費市場，就業構造，内

部要因）に沿って，改めて考えてみることにしよう。

外的環境

まず，外的環境から考えてみよう。大雑把にまとめると，高度経済成長が終焉を迎え，低成長・マイナス成長の時代に突入してからは，市場スラック（需給ギャップ）は縮小の一途をたどっている（田村，2008）。

市場スラックによって生き残ることができるのは，上位ランクの小売企業が出店できない商圏の隙間に出店できるような小回りの利く小売業者である。相対的に企業規模は小さかったであろう。

しかし，コンビニの都心部出店数が増加し，近年では，大規模小売業者が小型店（小型スーパー）を都心部に積極的に出店している。トップランク企業が小型店を展開する業態を開発すれば，かつてスラックとして存在した市場はますます縮小する。そのため，上位企業の市場集中はますます高まるはずである。

流通政策や取引慣行といった制度的障壁についても，トップランク企業の行動だけを制限することはできない。たとえば，街中への大型店の出店を規制したとしても，現在のトップランク企業は多業態化しているため，中小型店を展開する業態を活用することで，街中に自由に出店できる。

取引慣行についても，それはコンテクストが変わればいかようにも変化しうる。たとえば，大規模化した小売企業によって窓口問屋制が導入されたように，慣行は可変的である。流通システムにおいて，メーカーから小売業者にパワーシフトしたというコンテクストの変化を考えると（高嶋，2015），慣行が一時点の現象を特徴づけることは可能であっても，長期的に現象を特徴づけてきたと想定するのは難しい面がある。

したがって，非トップランク企業の存在感が高いことを市場スラックや政策といった外的環境に関する要因だけから説明することは難しそうである。

消費市場

次に，消費市場から非トップランク企業の存在感の高さを説明できるかを考えてみよう。

たとえば，買い物頻度や食品購買における選好が小売店舗の近接立地（店舗の地理的分散性）を求めるということはいえるが，近接立地に多くの店舗を配

置することは,非トップランク企業にしかできないわけではない。企業の規模を問わず,誰にだって出店は可能である。土地取得のコストを考えると,むしろ,企業規模が大きいほど有利であるといえるだろう。したがって,消費市場の中でも,とくに店舗立地については,非トップランク企業が存在感を維持する理由とはなりえない。

一方で,消費における地域多様性は,トップランク企業の寡占を阻止する要因といえそうである。この問題は,小売構造の内部要因,すなわち小売企業の戦略的な行動と密接に関わるため,就業構造の影響について考察した後で詳しく検討する。

就業構造

就業構造については,非トップランク企業の存在感にはあまり関係なさそうである。その理由は,就業構造は,家族従業が中心的な従業者4人以下の零細小売商について検討する場合には重要な要因だが(石井,1996),チェーン・オペレーションにより運営されている店舗においては,労働力を家族従業に頼るウェイトが小さいからである。

非トップランクの小売業者は,トップランク企業と比べて規模の面で相対的に劣ってはいるものの,それでも,標準化戦略のもとでチェーン・オペレーションを実行するには十分な規模をもっている。つまり,家族従業に頼ることなく市場において労働力を確保できる。したがって,就業構造は,非トップランク企業の存在感の高さの説明にはなりそうにないといえる。

内部要因

最後に,小売構造の内部要因を用いて非トップランク小売業の存在感の高さを説明できるか考えてみよう。

消費において地域ごとに多様性があることを前提とするならば,トップランク企業が採用する標準化戦略には,構造的な弱みが内包されているといえそうである。その弱みは,第2節以降で詳述するが,① 生鮮食品の仕入れと,② 店舗全体の品揃え,において顕著に現れる。この構造的な弱点ゆえに,非トップランク企業は,特定のエリア内でうまく行動することで,トップランク企業がもちえない競争優位を実現することができる可能性がある。次節で具体

的に見ていこう。

第2節　食品小売業における市場集中の阻害要因

仕入れの問題

　まず，仕入れについて考えてみよう。生鮮三品の仕入れは多くの場合，貯蔵性や規格性が乏しいという特徴をもち，全国各地に分散した産地で生産されていることから，卸売市場を経由して行われることが多い（山本，2005）。卸売市場では，セリ・入札取引のほかに，売り手と買い手が個別に交渉する相対取引も可能である。

　通常，取引数量が多くなるほど相対取引により商品を売買するインセンティブは増加する。その理由は，生産者にとっては，一定以上の数量を安定的に購入してくれる相手がいるのは望ましいといえるし，卸売業者や小売業者にとっても，相対取引を前提として生産者に特別な生産や規格を要求することで，ライバルに対して価格や品揃えの面で差別化が可能になるからである[1]。

　その一方で，生鮮食料品に関しては，一定の規模を超えて大量に仕入れようとすると，同一規格の商品を取り揃えるのが難しくなる場合がある。その理由は，とくに農産物や海産物の生産量・漁獲量と品質は自然条件に依存するところが大きく，規格に適合する商材を大量に仕入れられるかどうかには不確実性が伴うからである。同じ規格（等級）の青果物を仕入れる場合，一定の数量を超えるとかえって仕入れコストが高くなってしまう（池ヶ谷，1998）。

　これらの理由により，生鮮三品の仕入れについては，トップランク企業よりも，相対的に規模の小さな非トップランク企業のほうが有利な側面がある。この点は，大量生産が可能で品質管理もしやすい商材，すなわち仕入れ量が多くなればなるほど取引が有利に進められる日用雑貨品や加工食品とは異なっている。

品揃えの問題

　次に，品揃えの問題についても考えてみよう。食料品に関しては，トップランク小売業よりも非トップランク小売業のほうが有利な側面がある。

　今日，売上規模の大きな小売企業はチェーン・オペレーションを採用する業

態を複数抱えており，それぞれの業態は標準化戦略を採用している。通常，企業の規模が拡大するほど管理が難しくなるため，標準化戦略は，経営規模が大きくなるほど重要になる。

それに対して，相対的に規模の小さな非トップランク企業は，（零細規模でない限りは）標準化戦略を採用しつつも，トップランク小売企業者よりも地域ニーズへの適応化戦略を採用するモチベーションは高くなる[2]。理由は，以下の2つである。

1つは，トップランクほど規模が大きくないことにより，標準化戦略の中に適応化戦略を導入しても，（あくまでも相対的な問題として）トップランク企業ほど管理が難しくなるわけではないからである。

もう1つは，同じように標準化戦略を採用・徹底しても，規模の経済が働くタイプの商材の仕入れ数量の問題により，非トップランク企業はトップランク企業を上回ることが難しいことから，顧客満足を得るためには顧客に対するきめ細かな対応が必要になるからである[3]。

現地のニーズに適応する戦略を採用することで，経営上のコストは増加する一方で，高い顧客満足が得られるというメリットがある。大量仕入れをある程度あきらめることで仕入れ価格の面での強みは薄れるが，自店舗の顧客のニーズに沿った品揃えや店づくりは実現しやすくなる。

通常，大規模小売業者が運営する食品スーパーは複数の顧客クラスターを抱えているが[4]，そのすべてに最適に対応するのは難しい。一方，企業・店舗の規模が小さくなればなるほど，特定の顧客クラスターの顧客満足に焦点を絞った品揃えや店づくりをしやすくなる。

しかし，あまりに規模が小さくなると，今度は仕入れにおける交渉力が損なわれ，商品の販売価格がトップランク小売企業の店舗と比べて大幅に高くなってしまう。この点を考慮すると，一定規模の仕入れ数量を保持しながらも，トップランク小売業ほど大規模ではないような，たとえば3番手4番手以降の非トップランク小売企業のほうが，顧客満足を高める上で有利な側面があるということになる[5]。

非トップランク企業の強み

以上の考察から，今日の小売競争環境においては，一定以上の企業規模をも

つ非トップランク企業のほうが，第1に，安定的な大量調達が難しい生鮮食品の仕入れコストを抑えられるという点で，第2に，店舗出店エリアの消費者に対してより適応的な行動をとりやすいという点で，トップランク企業よりも有利な面をもちうるといえる。

「今日の小売競争環境においては」というところがポイントで，その理由は，小売業近代化の流れと密接に関わっている。そこで，小売業近代化の流れを簡単に振り返っておくことにしよう。

小売業がまだ十分に近代化していなかった高度経済成長期以前においては，小売業は小規模かつ分散的であり，それがゆえに，そのほとんどが商圏の需要に高度に適応していた。したがって，この時代には，多様な地域市場への適応は当たり前のことで，対応すべき課題とはみなされていなかった。

しかし，高度経済成長期に入り，小売店舗は大規模化して，商圏において多くの顧客クラスターを相手に商売を行うようになった。さらに，チェーン・オペレーションを採用することにより，企業レベルでの総販売量を大幅に増やすことで低価格での商品調達を可能にし，同時に，標準化戦略を推し進めることでローコスト経営を可能にした。

当時は，チェーン・オペレーションによる店舗の増加がそのまま仕入れ数量の増加につながり，それが低価格販売の根拠となっていた。したがって，トップランク企業は，この戦略を採用するのが，競争優位を実現する上でもっとも合理的であった。その結果，総合量販店をチェーン展開する小売業者が支配的企業となった。

しかし，総合量販店を運営する企業が成長するにつれ，同業態間での競争が激しくなり，その結果，売上規模がトップランクの小売業者の主力業態は，価格と品質の両面を追求する必要が出てきて（田村，2006a），両面を高レベルで実現する「バリュー・イノベータ」が小売市場の覇権を握るようになった（田村，2008）。

消費市場に目を向けてみると，支配的業態が適応化した顧客クラスター，すなわち，価格と品質の両立を求める顧客クラスターがもっとも大きな規模を誇る一方で，より低価格を望む顧客クラスターもいれば，より高品質を望む顧客クラスターもいる。これ以外にも，より高いサービスを求めるクラスターもいるし，より便利な購買を求めるクラスターもいる。

このような消費市場の状況に対して，トップランクの小売業者は，もっとも支配的な顧客クラスターを主たるターゲットとすることになる。なぜなら，トップランク企業は，その規模ゆえに，標準化を推し進めて全体最適を実現することで効率的な運営を行うことが前提とならざるをえないからである。

その一方で，非トップランク企業は，出店エリアの顧客に対して小回りが利く行動をとりやすいことから，トップランク企業の主力業態では十分に適応しきれていない特定の顧客クラスターをターゲットとした行動をとることができる。

以上の考察から，チェーン・オペレーションを基盤とした総合スーパーや食品スーパーといった現代的小売業態が普及した昨今の小売競争環境においては，非トップランク企業でもトップランク企業に対して優位に立てる側面が存在するといえる。

日本と欧米諸国の小売集中度の違いはなぜ生まれるか

以上の理由により，生鮮食品を主力とする業態において市場集中度が高まらないことを説明することができるが，同じ理由で日本と欧米諸国の市場集中度の違いを説明するのは難しい。

生鮮食品を選好する日本の消費者の傾向が市場集中度の違いを形成しているのだとすると，なぜ日本においては生鮮食品を選好するという食文化が維持できているのかを説明する必要がある。その理由は，食に対する嗜好は日本だけが多様なわけではないからである。なぜある国では市場集中度が高まり，なぜある国ではそうならないのかを説明できなければならない。この点について次節でさらに考察を進めていくことにしよう。

第3節　市場集中度と多様性の関係

消費市場の多様性

前節で考察したように，トップランク企業に対抗するためには，非トップランク企業は，トップランク企業のメイン・ターゲットの一部分，あるいはメイン・ターゲット以外の顧客クラスターを考慮しなければならない。

この場合，メイン・ターゲットとする顧客クラスターの規模が大きければ大

きいほど，トップランク企業が有利となる。つまり，顧客の嗜好や選好が全体として一様に近づくほどトップランク企業が有利になる。逆に，それらが多様であるほど，非トップランク企業のつけいる隙が多くなる。その場合は，特定の顧客クラスターに対する適応化戦略が効果を発揮することになるだろう。

この前提で考えると，地域における食文化や食習慣の多様性は，非トップランク企業が維持・存続していくためにはきわめて重要な要因といえる。仮に，食料品に対する消費者選好の多様性の分散がきわめて小さければ，コンビニ業態のように，食品主体の業態においても，数社のトップランク企業が市場を占有できるはずである[6]。

だが，現実的には，第1章で整理したマクロデータが示しているように，食品を主力とする業態の市場集中度はコンビニほど高くなっておらず，むしろ低いまま維持されている。つまり，前述のロジックに基づいて考えると，消費市場における食文化やニーズ，慣習等の多様性は，今でもある程度は維持されていることになる。

しかし，消費市場における消費者選好の多様性は，所与のものとして社会に静的に存在しているわけではない。社会の多様性が高まれば高まるほど適応化戦略が有効になる一方，社会の画一化が進めば標準化戦略が有利になるはずだが，消費市場における多様性は，小売業者の戦略に対して一方的に影響を与えるだけではなく，小売企業の戦略から影響を受ける可能性もある。つまり，小売企業の標準化戦略が消費市場の画一化を進める可能性がある[7]。

たとえば，標準化されたオペレーションを採用するコンビニやチェーン店の普及により，日本全国の消費者に対して一律の品揃えやサービスを提供することが可能になった。しかし，全国にチェーン展開された店舗では，現地のコンテクストに合わせた対応がとりにくいため，品揃えやサービスの点で一律の対応が基本となる。その結果，特定地域の消費者がもともともっていた独自の習慣や文化が次第に薄れていく，という可能性がある[8]。地域ごとの品揃えやサービス等の格差がなくなったことが光の部分だとすれば，地域ごとの文化や習慣が薄れていくことは影の部分といってもよいかもしれない[9]。

いずれにしても，小売企業の標準化／適応化戦略と消費市場の多様性は，一方が他方の前提として一方的に影響を与えるものではなく，相互に影響を与えあうと考えられるのである。

この視点を導入することで,国際的に店舗を展開するグローバル・リテイラーを含めた大規模小売業者の市場支配が成功する場合と失敗する場合があるという現実を説明するロジックの1つを提供することができる。すなわち,日本の食品小売市場においては,トップランク企業の寡占化は欧米諸国ほど進んでいないという点で,そして,グロサリーを主力とする多国籍小売業者の日本進出がうまくいっていないという点で,消費市場における食文化や嗜好,慣習の多様性は今なお維持されていると考えられるということである。あるいは,外から入ってきた文化が浸透してもなお,消費市場における多様性は残存する傾向があると考えられる。

なぜそれが可能なのか,そのロジックを以下で検討してみよう。

合理化と多様性

この問題を理解するための手がかりとなるのは,Ritzer（1983）の「マクドナルド化」に関する議論である。マクドナルド化とは,社会が合理化していくプロセスを,効率性,計算可能性,予測可能性,機械による制御の4つの次元で整理した概念である。

Ritzer（1983）はグローバリゼーション一般を論考する際にマクドナルド化の効果と帰結を予測した。それは,「Nothing」と呼ばれる事態の拡大で,ここでいうNothingとは,何でもないモノ・コトを意味する。

たとえば,コカ・コーラやプリングルスのポテトチップスは世界中のほとんどの場所で手に入れることができる。あるいは,旅行ガイドブックをなぞってまわる企画ツアーは,(極端な言い方をすれば)現地でのオリジナルな経験を反映せず,ただそこにいたというだけで,それ以外はそれまでの自分の経験を予測可能な形で再現しているだけの場合がある。

しかし,旅行の楽しみは現地での体験であり,これまで自分が経験したことのない新しさと出会うことで自分の知識を拡大させることである。ここで問題視されるべきは,予測可能な経験には知識の拡大はない（Ritzer, 2004, 2011）ということである。Ritzer（1983）は,このような消費者をマクドナルド化した消費者と呼び,独自の文化を保持している場合でさえも,これらの消費者は標準化されたビジネス・システムによって提供された安い製品やサービスを買い,時には自らの嗜好も変える,と指摘している。

このマクドナルド化における合理化の徹底は，現代の経営戦略と親和性が高い。規格化，標準化，マニュアル化といった手続きは，商品やサービス，そしてそれらの提供システムを安定的・効率的にしていくからである。小売業者の標準化戦略の徹底は，マクドナルド化の進展と親和性が高いといえる。

標準化戦略のおかげで，多くの人々がさまざまな商品を利用できるようになった。以前と比べて，商品やサービスの利用が場所や時間に左右されなくなり，どこでも同じ商品とサービスを享受できるようになった。この点は，小売業の近代化というコンテクストの中では大いに評価されてしかるべきであると思われる。

その一方で，効率的な仕組みが一通り構築された現代においては，Ritzer (1983) が警鐘を鳴らしているように，小売業者の標準化戦略の徹底は，消費体験の同質化をもたらすという見方もありうる[10]。

多様性再生産のロジック

本書の問題意識との関わりでこの問題を捉えるならば，それは，画一化されたニーズをもつようになった消費者が消費市場における多様性にどのような影響を与えるのか，小売業者の標準化戦略が消費市場の多様性にどのような影響を与えるのか，ということになる。

仮に，小売企業の標準化戦略の浸透が消費市場の多様性を失わせてしまった場合，消費者は，標準的な商品やサービスを低コストで提供する小売業者を優先的に選択するようになるだろう。その理由は，画一化された消費志向のもとでは，標準品を低価格販売する店舗に勝るものは存在しないからである。

だが，第1章で整理したマクロデータを見てきた限りでは，日本の食品小売市場においてはそのような現実，すなわちトップランク企業の市場支配は生じていない。この問題に簡潔に答えるのは難しいが，ここには小売市場と消費市場の相互作用が関係していると思われる。

具体的には，特定の地域で活動する小売業者とそれを選好する地元消費者の嗜好との間に，消費の多様性に基づいた相互関係があるということである。そしてその相互作用が，次のようなロジックにより消費市場の多様性を維持・存続させている可能性がある[11]。

ローカルな小売業者は地元のニーズや消費文化に適応している。このとき，

消費者はその小売業者（の店舗）に対する評価を高める。消費者の選好や志向が多様であることを前提とすれば，それらにきめ細かく対応する店舗のほうが顧客からの支持を得やすいからである。

　店舗側は消費者から支持が得られることを根拠に，品揃えやサービスを可能な限りでさらにローカライズさせ現地市場に適応化していく。ローカライズされた品揃えやサービスは，地域の消費者の選好や志向を再生産させ，ひいては地域における食文化や習慣の多様性が維持されていく。

　この小売業者と消費者の相互作用は，先述したように，より大規模な，したがって標準化の程度が相対的に高くならざるをえないトップランク企業よりも，より身軽な対応が可能な非トップランク企業と消費者との間でのほうが生じやすい。

　このようにして，トップランク企業と（相対的に）ローカルで活動する非トップランク企業（ここには，中堅スーパーも中小小売商も零細小売商も含む）は互いに異なる戦略的志向を採用して競争することで，一方では消費市場の多様性を画一化に向かわせつつ，他方では同時に，多様性の再生産を行っている。

　仮に，上述のような，消費市場における多様性の再生産メカニズムが存在するならば，たとえば，規模の面でもっとも優位な立場にあるグローバル・リテイラーが標準品を低価格で提供したとしても，著しい価格差がなければローカルな小売業者の立場はそれほど急激に揺らぐことはないだろう。

第4節　企業戦略と多様性の関係

小売企業戦略と消費市場の相互作用

　以上の議論を踏まえると，消費者がどのような小売店舗を選択するのかについて，簡単な分析枠組みを提示することができる。それは，標準化された品揃え・サービスを提供する戦略と，（多様であると想定した）現地ニーズに適応化された品揃え・サービスを提供する戦略の選択についての枠組みである。

　議論を単純化するために，トップランク企業は標準化戦略を徹底し，ローカルの非トップランク企業は現地ニーズへの適応化戦略を徹底することとする[12]。

　両方の戦略が同一商圏に同時に存在する場合，地域における多様性の幅が広ければ広いほど，消費者は適応化戦略に基づく店舗を選択することが多くなる。

図 2-1 ニーズの画一化の効果と 2 つの品揃え戦略

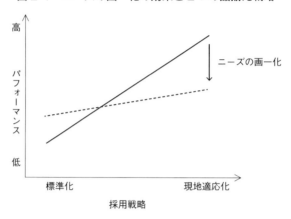

　その結果，適応化戦略を採用する店舗のパフォーマンスが高くなる。逆に，消費市場の画一化によって多様性の幅が狭くなると，消費者は標準化戦略に基づく店舗を選択するようになり，そちらのパフォーマンスが高くなる。
　つまり，標準化 - 適応化戦略とパフォーマンスの関係は，消費市場における多様性の程度に依存して変動する（図 2-1）。
　日本の食文化は，歴史的経緯（時間）や地理的条件（空間）から，地域ごとに固有の嗜好，慣習があり，それ自体が多様であるため（小林, 2016），食品を主力とする小売業者は，独自の知識・ノウハウを習得することによって，消費者の選好に高度に適応する必要がある。このような状況であれば，地域適応化戦略のパフォーマンスは高くなると考えられる（実線）。
　しかし，消費において画一化が進んだ社会では，現地適応化戦略の優位性は，多様性が大きい社会よりも小さくなる（点線）。消費の画一化が進めば，多様性へのカスタマイズの必要性が小さくなるため，標準化戦略の品揃え・サービスのパフォーマンスが高まる。なぜなら，標準化されたオペレーションによって標準化された商品提供が可能になるため，その地域に独自の食文化や習慣をそれほど強く求めない消費者は，そちらを選択する可能性が高まるからである。
　つまり，消費市場における食文化や嗜好あるいは慣習は，（中小零細規模を含む）非トップランク企業の適応化戦略によって，基本的には維持・再生産される構造をもっているが，この再生産能力は社会におけるニーズの画一化の進展

に伴って徐々に弱くなる傾向にある，ということである。
　そのため，相対的に狭いエリアで活動する非トップランク企業が，高度に標準化された国内のトップランク企業やグローバル・リテイラーとの競争にどれだけ抵抗できるかは，消費市場における多様性が画一化に向かう圧力に対してどの程度の抵抗力があるのかに依存するといえる。

画一化と多様性の相克

　ここまで，第1章のマクロデータの整理で明らかにされた食品小売業の市場集中度の低さについて，いくつかの論点を示しながら考察を進めてきた。
　すでに議論したように，非トップランク企業は，標準化を徹底して競争優位を発揮するトップランク企業に対抗するために，できるだけ商圏のニーズに沿った適応化を実行することが求められる。
　ここで重要なことは，この競争は単に小売レベルでの企業（業態・店舗）間の競争と理解するだけでは十分ではないということである。
　マクドナルド化についての議論が示唆するように，標準化を基本とするトップランク企業は，消費者の長期的な選好（地域の食文化や嗜好，慣習など）をも標準化していく影響力をもっている。そのため，ローカライズされた非トップランク小売業者の店舗で買い物をするのか，標準化されたトップランク小売業者の店舗で買い物をするのかという選択は，地域の食文化や嗜好，慣習を維持・再生産していくという観点から見た場合，重要な選択ということになる。
　今日のグローバル化社会において，日本の非トップランク企業は，グローバル・リテイラーを含めたトップランク企業が推し進める標準化戦略に対抗するのみならず，標準化戦略がもたらす消費選好や嗜好，習慣の画一化にも対抗していかなければならないということである。

細かい差別化軸に基づく競争・棲み分け

　こうした大きなコンテクストの中で，日本の小売業は，現時点では，欧米諸国と比べると，相対的に多数の小売業者が細やかな競争軸に基づいて差別化競争を行っていると考えられる。その理由は，もともと日本社会は欧米諸国と比べて相対的に所得・社会階層の格差やエスニシティの多様性が小さく，必然的に，細かい差別化要因にスポットが当たりやすくなるからである。

食品スーパーの場合であれば，品揃えや価格，立地，サービスにおいてバラエティに富んだ差別化の軸が存在する。

具体的には，品揃えの面では，生産方法へのこだわり（有機農法や生産地など），品質へのこだわり（糖度や色合いの鮮やかさ），鮮度へのこだわり（葉野菜はしおれていないか，魚の目は濁っていないか），流通加工の仕方へのこだわり，といった軸で競争が可能である。価格の面でも，粗利益の高いものと低いものの組み合わせ方（粗利ミックス）は，仕入れ状況に依存して，企業ごとにさまざまであろう。立地という点でも，郊外型か都市型か，など，さまざまである。サービスという点でも，陳列の仕方へのこだわり，店内設備の使いやすさ，従業員の愛想のよさ・手際のよさ，レジ待ち時間の短さ，といった点が評価対象に含まれる。

小売競争の大前提は価格競争ではあるものの，生鮮食料品は工業品ではないため，もともと規格性が乏しい（山本，2005）。そのため，徹底的な標準化が可能な日用品や一般食品と比べて，値段の絶対的差異が消費者の支持を集める強力な軸にはなりにくい。こうした側面を利用し，日本の食品スーパーはバスケット単位の価格に消費者の目を向けさせないようにするために，生鮮食料品の品揃えによって他店との差別化を実現することに注力してきた[13]。

こうした競争は，それぞれの小売企業が自身の長所を伸ばすことを可能にするという点で，とくに戦略的な行動を自由にとりやすい非トップランクの小売業者（中小小売商を含む）が生存するために必要な能力の構築につながる。細かいニーズの差異にそれぞれ対応した小売業者が一定数以上維持・存続することにより，消費者は，常に数多くの選択肢の中から買い物する場所を選ぶことが可能となる。

日本の消費者は，日用品の買い物において複数の店舗を利用することが報告されている[14]。この現象については，ハイ・ロー・プライス戦略を採用する企業間の競争において単に安いほうに顧客が流れているだけだという理解も可能だが，価格以外の側面（立地や品揃え，サービス）で小売企業間において戦略的な棲み分けができていることを示しているという見方も可能である。

非トップランク小売業による棲み分け

改めて本章の議論を本書の課題に関連づけてまとめておこう。特定の市場に

おいて支配的な企業，すなわちトップランク企業は，標準化を推し進めるという点で社会の画一化をもたらす存在であるとするならば，そのカウンター・パートである非トップランク小売企業や中小・零細小売商は，地域の多様性の維持・存続をもたらす存在であるといえるだろう。

その具体的な戦略の方向性はさまざまである。トップランク小売企業よりも仕入れ値は高くなろうともローコスト経営を徹底してより低価格の販売を志向することもできるし，逆に，付加価値の高い商品・サービスを提供するという方向性もある。あるいは，たとえば自然志向など，特定クラスターの顧客のみに特化した品揃え・サービスを実現して顧客満足を向上させることもできるだろう。小売ミックスにおいて重視する要因の組み合わせにバラエティをもたせる，という方向性もあるだろう。零細小売商であれば，ごく少数の顧客だけを相手にした「御用聞き」のようなビジネスにも可能性がある。この点は，企業の規模や戦略的志向に依存する。

支配的なトップランク企業がライバル（同じくトップランク企業）を意識した行動をとればとるほど，競争マイオピアが生じて品揃えやサービスが同質化していく可能性があり（田村，2008），そうなれば，非トップランク企業の戦略的なオプションはますます増えることだろう。各企業がさまざまに工夫することで，小売競争において戦略的な棲み分け（共生）が行われる可能性がある。

いずれにしても，非トップランク企業の活動は，その規模の大小を問わず，小売競争に多様性をもたらすことができる。そしてこの競争の多様性が，地域の多様性の維持・再生産に貢献する可能性があると考えられるのである。

第5節　小売構造と消費市場の相互作用

小売業の認識枠組み

日本の小売市場において，大規模資本をもつ小売業者が標準化を軸としたビジネスモデルを構築して久しい。本章では仮説的に，日本の非トップランク企業（中小小売商を含む）の競争優位が実現できる程度は，消費市場の多様性の程度に依存すると考察した。非トップランク小売業者による，現地に適応した商品の調達，品揃え，販売能力が今後も維持されるのであれば，それは消費市場の多様性の維持にもつながることになる。ここには生産や卸売市場のような

図2-2 小売構造と消費市場の相互作用

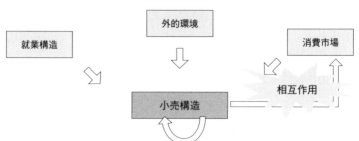

商品調達の仕組み,さまざまな技術革新も大いに関係するであろう。

いずれにしても,ここで重要なのは,異なる戦略を採用する小売業者同士の競争である。トップランク企業は,その市場地位により,標準化戦略を徹底するのがもっとも合理的である。なぜなら,企業規模を活かして仕入れにおいてバイイング・パワーを最大限に発揮することができるし,オペレーションの標準化により巨大な組織をうまく運営することができるからである。

それに対して,非トップランクの小売業者は規模の面で優位に立つことができないため,トップランク企業とまったく同じ戦略は採用できない。そのための代替案が,特定の顧客クラスターに対して価格や品揃え,サービスの面で適応化の程度を高めることで顧客からの支持を集めようとする戦略である。

以上のように,1つの商圏において多様な戦略をもつ小売業者同士が顧客の支持を巡って(価格だけではない)多様な軸に基づき競争を繰り広げる。そのことにより,当該地域における消費者の選好の多様性は維持・再生産されると考えることができる。

小売構造は,既存研究では,外的環境(田村,1986)や,消費市場(丸山,1992;成生,1994)や,就業構造(風呂,1960;石井,1996)から影響を受けて変容する上に,小売業者自身の要因である内部要因(峰尾,2010)からも影響を受ける(第1章)。

しかし,小売業はこれらの要因から一方的に影響を受けるだけの存在ではない。小売業が影響を与えることもありうる。たとえば,石井(1996)は小売業と就業構造との相互作用に着目したが,本章においても,小売構造と消費市場の相互作用の重要性が議論された(図2-2)。

地域における多様性を維持・再生産する小売構造と消費市場の相互作用は，異なる戦略を採用する小売業者間の競争を通じて促進されると考えられる。その競争においてとくに重要な存在となるのは，標準化戦略を徹底するトップランク企業ではなく，それ以外の中小小売商を含む非トップランク企業である。

　日本の食品小売業，ひいては小売構造のダイナミクスを理解するためには，トップランク企業の後に続く非トップランク企業（第1章図1-2〔22～23頁〕のロングテール部分）が重要だということである。

次章の課題

　以上の認識枠組みに基づき，以下の課題を提示することができる。それは，本章で示された小売構造と消費市場の相互作用において重要な役割を果たす小売競争とその帰結について詳細な検討を行うことである。

　次章では，具体的にどういう競争認識の下で，どのような相互作用に基づくと，小売業において多様な軸に基づく競争が可能になるのかを検討する。

注

1　青果物流通の卸売市場では，生産者と小売業者がともに小規模であることを前提にセリ・入札取引を行ってきたが，小売業者の大規模化に伴い，もともとは例外的な取引であった相対取引が増加している（松田，2017）。しかし，相対取引の増加は中小規模の卸売業者や小売業者の仕入れ状況を悪化させ，中小商業の不振の原因となっている（白武，1999），小売業者と取引を行う卸売業者が加工や配送センター等の使用料やリベートを要求される（坂爪，1999），販売依存度が高い小売業者の意向により取引が不安定になる（斉藤，1995），といった問題が指摘されている。詳しくは，松田（2017）を参照のこと。

2　ここでの標準化と適応化の対比は，第1章のグローバル小売業者（標準化）と多国籍小売業者（適応化）の対比とは次元が異なっている。たとえば，日本に進出する多国籍小売業者にとっての適応化の対象は日本市場だが，ローカルで活動するリージョナル・チェーン小売業者にとっての適応化の対象は出店商圏市場である。つまり，標準化と適応化はあくまでも比較対象に対しての相対的な概念だということである。さらに，もう1つ例を出すと，国際的に活動する多国籍小売業者の現地市場への適応化は，グローバル小売業者と対比した場合に適応的といえるだけであり，多国籍小売業者の適応化と，きわめて狭いローカル市場で活動するリージョナル・チェーン小売業者の適応化は同じものではない。両者を対比した場合には，前者が「標準化」で後者が「適応化」となる。グローバル市場で活動する企業の適応化よりもローカル市場で活動する企業の標準化のほうが現地のニーズに適合していることは十分にありうる。

3　ただし，品揃えを極端に絞り込むとか，特徴的な小売ミックスを実現すれば，価格や品揃え，サービスの点でトップランク小売企業に対抗することは可能である。現実的には，まったく同じ戦略を採用した場合に，非トップランク小売業者はトップランク小売業者に対抗するのが難しいだけである。

4 たとえば、価格志向が強いクラスター、品質志向が高いクラスター、購買量が少ないクラスターなどがある。
5 近年では、トップランクの大規模小売企業もエリアMD担当を置くといった対応によって地域のニーズに高度に適応しようという試みがなされているが、企業全体としては標準化戦略を採用しているため、その行動の自由度を高い水準に保つには困難が伴うと思われる。
6 議論を単純化するためにここでは消費者選好の地域多様性に焦点を当てているが、この要因以外にも、食料品の生産エリアや輸送、卸売市場といった制度も食品主体の業態の市場集中度に影響を与える要因であると考えられる。
7 この点に関しては、Sternquist（2007）では、「グローバル小売業者、とくにファストフードの企業は新しい形態のグローバル帝国主義として論じられてきた。グローバル資本主義とは、小売業者が進出先の物質文化を一変させるという意味である」（邦訳書、22頁）としている。
8 たとえば、三浦（2004）は、標準化されたビジネスが地域における固有性の喪失と関わっていることを指摘している。
9 こうした視点は、マクロ的な小売構造を議論する場合にはとくに重要であると思われる。というのは、マクロな構造は全体的な動きを反映するからである。
10 マクドナルド化に対する消費者の反応として、Ritzer（1993）は、何もせずマクドナルド化の進行を望むタイプ、マクドナルド化から抜け出す行動をとるタイプ、マクドナルド化を仕方ないものと諦めるタイプという3つの類型を提示している（邦訳書、286頁）。
11 もちろん、ここには商品の供給や制度を含めた流通システムの歴史的経緯も関係するだろう。
12 標準化と適応化は程度の問題であるため、現実的には、企業は標準化と適応化の狭間で多様なスタンスをとり、活動している。
13 日本において、「Aスーパーは鮮魚がおいしい」「Bスーパーは野菜がおいしい」「牛肉ならC肉店がおいしい」「Dスーパーの果物は傷んでいることが多い」といったことがよく聞かれるのは、小売業者が微細な差異に基づいて自らをポジショニングした結果であると考えられる。
14 たとえば、新日本スーパーマーケット協会（2018年9月1日に全国スーパーマーケット協会に名称変更）による「消費者調査2013」によれば、複数のスーパーを利用する消費者は性別・年代で分類したいずれのカテゴリーにおいても7割弱から9割以上という高い数値を示している。

第3章

小売市場内での小売業者間の競争
学習を伴う創造的競争はいかにして可能か

> 前章では，概念的検討から，小売構造と消費市場は相互作用しながら現実を生み出していることが示唆された。その相互作用の鍵となるのが標準化と適応化について多様なスタンスで顧客の支持を得ようとする小売業者同士の競争で，中でも非トップランクの小売業者が重要な役割を果たしていることが示唆された。
>
> それを受けて，本章では，小売市場内における小売業者間の競争を通じた相互作用を検討する。具体的には，小売市場における競争の特質を整理した上で，小売業者同士の競争がいかに知識を生み出すのかを，ケーススタディに基づき考察する。

第1節 小売競争を分析するための競争認識

小売業における競争

本章では，小売業の店舗レベルでの競争がどのような性格をもち，どのような現実を生み出すのかを検討する。この問題を論じなければならない理由は2つある。

1つは，前章で議論したように，小売業者同士の競争は，マクロレベルでは小売構造と消費市場の相互作用を促す鍵となると考えられることである。小売業者同士のミクロレベルでの競争は組織的な学習をもたらし，それがより上位レベルの動態に影響を与えている可能性が高い。

もう1つは，自らものを作るわけではない，したがって必然的に激しい競争

の中にその身を置かざるをえない小売業者にとって,競争がどのような帰結をもたらすのかは自らの維持・存続,あるいは戦略策定を考える上で重要な要因だからである。

しかし,小売業者同士の競争といっても,その理解は単純ではない。現実の小売業の競争を観察してみると,価格など,外部から観察しやすい軸に沿った単純な競争が行われている一方,顧客との関係のつくり方あるいは細かいニーズへの適応や新たなニーズの掘り起こしといった多様な軸に沿った複雑な価値実現競争が行われていたりする。つまり,小売業における競争は一様には理解できない。

そのため,まずは小売業における競争をどのようなものとして認識する必要があるのかという認識論的前提について検討を行う。

競争の認識――構造とプロセス

小売競争の認識は,Alderson(1957)が導入した生態学的システム観に基づく機能主義的研究方法(functionalist approach)や,Hunt and Morgan(1995)が提示した比較優位の競争理論が現実と整合的とされている(小西,1972;関根,2000)。

しかしながら,本書では,オーストリー学派と呼ばれるHayek(1964)やKirzner(1973,1997)らによる競争認識を採用する。その理由は,本書では小売業者同士の競争において生じる情報や知識が小売構造のダイナミクスを論じる上で重要であるという立場をとり議論を展開していくため,競争を新たな発見が生まれるプロセスとして理解する必要があるからである。

競争をプロセスと認識することのメリットを確認するために,ここでは,先行研究が指摘する「構造としての競争」と「プロセスとしての競争」という2つの分類を手がかりにする(淺羽,2001;石井,2003)。

構造としての競争は,産業組織論の枠組みをベースとして構築された議論である。大ざっぱにいうと,市場構造が企業の行動を規定し,企業の行動が成果を規定すると想定している。つまり,あらかじめ産業や業界といった枠組みが与件として存在することを前提に議論が組み立てられている。

一方,プロセスとしての競争においては,個々の主体は完全情報をもたず,他とは異なる限定的な知識・情報をもっているとされ,偏在する情報を効率的

に利用すること，そして知識の獲得過程が重視される[1]。これはオーストリー学派流の競争の理解である。これらの競争に関する想定を援用して小売競争を分析するとどうなるのか。

たとえば，価格低下に向かう競争についても，価格以外の差別化に向かう競争についても，構造としての競争で説明は可能である。なぜなら，差別化要因が価格なのかそれ以外の側面なのかの違いとして理解できるからである。この理解の枠組みでは，どのファクターが差別化要因として重要なのかは，その認識論的前提から，最終的には環境が決めるということになる。

しかしながら，この理解の仕方では抜け落ちてしまう重要な側面がある。それは，個別小売業者の行動である。構造としての競争パラダイムにおいては，極端にいってしまえば，環境が与えられれば自動的に小売業者の行動・成果が決まる，という前提がある。この前提だと，似たような環境下において，一方では価格競争が生じ，他方では価格以外の多様な側面による競争が生じるといった現象を説明しにくい[2]。

具体的にいえば，構造としての競争の理解では，たとえば，商店街に大型店が出店することによって周辺の中小店とともに商業集積全体が活性化する場合もあれば（畢，2002），大型店が出店したがゆえに周辺の中小店が壊滅的なダメージを負う場合もあるが，その違いを説明することができない。あるいは，標準化された小売チェーン同士の競争であっても，意地の張り合いのような相互模倣，すなわち競争マイオピアが生じる場合もあれば（田村，2008），ターゲット顧客や品揃えという点で相互に棲み分けが生じる場合もある。構造としての競争の想定のもとでは，この違いを説明することができない。

マクロレベルの構造をワンショットで分析しようとするのであれば，構造としての競争という枠組みでも問題ないと思われるが，ミクロレベルやメゾレベルの構造やそのダイナミクスを分析しようとするのであれば，個々のプレイヤーの行動を考慮することができる枠組みのほうが適していると思われる。

そこで，本章では，プロセスとしての競争という競争の想定に基づき，小売市場における競争とその構造を考察していく。まずは，商業・流通研究において競争がどのように捉えられてきたのかを確認しておくことにしよう。

第2節　商業・流通研究における競争認識

　商業・流通研究にとって小売競争を検討することが重要な理由は，それがマクロ構造とそのダイナミクスを理解するために不可欠な要因だからであるが，より学術的には，小売競争が商業・流通の基礎理論と深く関係しているからである。

　商業・流通研究の基礎理論は「売買集中の原理」と呼ばれる理論である。この理論においては，商業者は売買をその手に集中させることによって数々のメリットを生み出すことが説明され，その結果，商業は世の中に必要なものであることが主張される。

　しかし，この売買集中の原理は，基礎理論であるがゆえに，現実との対応関係はそれほどよいとはいえない。たとえば，売買の集中が重要なのだとすると，それを実現する商業者の規模が巨大規模から零細規模までさまざまなのはなぜか，といった疑問が生じることになる。その理由は，理論的には，売買集中を効率的に実現するには大規模な商業者が1人いるだけで十分だと考えられるからである。

石原（2000）の競争観

　この問題を解決すべく，売買集中の原理を発展的に検討したのは石原（2000）である。石原（2000）は，売買集中の原理を実現する主体として多くの業種店から構成される商業集積を位置づけている。具体的には，商業集積内部で業種店同士が競争しながら，同時に品揃えを相互に補完することによって，売買集中の原理が実現されると指摘している。このプロセスの中で，個々の業種店がそれぞれ柔軟に顧客に適応することによって商業集積の新陳代謝が高まり，その結果，環境の変化に対して巨大な小売店舗よりもダイナミックに対応することができることが理論的に検討されている。

　この文脈において，競争はきわめて重要な意味をもつ。石原（2000）においては，競争を前提にすることによって，商業者は顧客獲得のためにそれぞれが自分の「市場像」[3]を構築し，それに基づいて新製品の取り扱いや，販売戦略の立案，取り扱い製品の絞り込み（あるいは拡張）を行い，既存商品についても，

多様な角度から需要を開拓する，とされている（141頁）。

したがって，石原（2000）は，売買集中の原理を積極的に担う存在としての商業集積を成り立たせるもっとも重要な要素として，個々の商業者が繰り広げる競争を位置づけているといえる。別の言い方をすると，商業者は自らの市場像に基づいて商業集積内で類似した消費者ニーズに対応するための競争を繰り広げるからこそ，商業集積内で適した品揃えの相互依存関係が構築され，結果として環境の変化に対してダイナミックに対応できる，ということである。

このように，石原（2000）は，商業集積内での業種店の依存関係をもたらすために必要不可欠なものとして競争を位置づけているが，競争そのものについては概念的な定義などはしていないように思われる[4]。

しかし，商業集積内で品揃えに関して業種店の能動的な依存関係が成立する，という主張を成り立たせるためには，競争に関する認識を明確にしておく必要がある。具体的には，能動的な依存関係が実現されるのはどのような競争においてなのか，を検討しておくことが重要だと思われる。そこで，以下では石原（2000）の競争観を検討しておくことにしよう。

石原（2000）の競争観を検討する際にポイントとなるのは市場像という概念である。商業者はそれぞれ自分が描いた市場像に基づいて品揃え物を形成し消費者と向かい合うことになるのだが，この場合，商業者はすべての商品を取り扱うわけではない。当然，絞り込まれた品揃え物を形成することになる。商業者は，仮説的に構築した市場（顧客）をイメージすることによって自ら積極的に品揃えを絞り込んだ部分業種店となり，他の同業種の店舗と競争を展開することになる。

つまり，石原（2000）は，市場像に基づく個々の商業者の多様な行動を想定することによって，競争は単純な1つの軸（代表的には価格）に基づいて相手と競い合うことではなくて，もっと多様で複雑なプロセスであることを含意していると考えられる。より踏み込んで解釈するとすれば，石原（2000）は，競争を多様なプレイヤーが多様な行動をとることによって新たな側面を生み出す活動である，といった積極的な活動として捉えていると考えられるのである。

以上から，石原（2000）の競争観は，ある均衡点に収束するような構造的なものというよりは，個々の商業者はそれぞれ異なる知識・情報（ここでの文脈では市場像）に基づいて行動するプロセスであると捉えていると考えられる[5]。

ミクロレベルでの小売競争に関する研究

　石原（2000）の指摘以降，ミクロレベルでの小売競争については一定の研究蓄積がある。これらの研究においては，ミクロレベルでの競争が小売業者にとってどのような帰結を導くのかについて具体的に言及している（山下，2001；畢，2002；田村，2008）。それらを概観していくことで本章の議論の位置づけを確認しておこう。

　山下（2001）は，商業集積のダイナミズムを論じる際に，石原（2000）の議論を評価しつつも，キーワードである協調（＝依存）と競争の内実を石原の議論の中からは読み解くことができないこと，そのことによって商業集積が形成されやすい業種とそうでない業種や，商業集積の継続性の違いなどが説明できないことを指摘している。その上で，商業によって媒介される資本（ヒト，カネ，土地）と知識という要因を考慮することの必要性を主張している。

　これらの要因を考慮に入れた上で，山下（2001）は，同業種密集型の商業集積である秋葉原の事例研究を行っている。その結果，集積内の競争が果たした役割として次の3点を指摘している。第1は，商業集積内の競争が品揃えの補完関係を構築することによって同一カテゴリー内の品揃えが増幅されたこと，第2は，品揃え競争が拡大し幅広い品揃え形成が実現された際にカテゴリーの組み換えが起きたこと，そして第3は，カテゴリー自体が新たに形成されたことである。その上で，商業集積の強みは，競争を通じて商業集積の内部構造が変更され，品揃えの増幅や品揃えそのものの柔軟性が実現されることにあると指摘している。

　畢（2002）は，商業集積に立地する大型店舗がどのように商店街の集客力に影響を与えるのか，そして，商業集積内部の大型店舗と中小小売商の共存共栄の関係はいかにして形成されるのか，という問題意識のもとで，「アメ横」商店街の事例研究を行っている。その結果，広域型の商店街においては，大型店と中小店の競争が商業集積全体の集客力を向上させ，そこから大型店と中小店の共存共栄関係が実現することを指摘している。

　事例研究からの発見事実に基づいて畢（2002）は，商業集積において大型店と中小店が共存共栄の関係を形成するためにもっとも重要な要因を，「集積内の商業者が互いに他者の品揃え物と販売動向を注視しあい，それに敏感に反応しあうような競争関係」（石原，2000，153頁）と位置づけている。具体的には，

大型店の出店によってもたらされた商店街の顧客の変化を中小店が注意深く観察し，それに応じて自社の取り扱い商品および品揃えを調整したことが大型店と中小店の共存共栄を促進したもっとも重要な要因であると位置づけている。

田村（2008）は，総合スーパー同士の競争を扱った研究である。田村（2008）は総合スーパーの店舗間競争は近接立地して激突する近接競争となっていることを問題視した上で，競合店舗の類似性はどこから生まれるのかを実証的に明らかにしている（同書，第5章）。それによると，店舗の類似性は，理論上は，競合する2店舗の顧客指向（志向）あるいは模倣によって生成するという。実証分析の結果，競合する2店舗の類似性は，顧客指向ではなくお互いにライバル店の水準を絶えず上回ろうとしあう相互模倣過程の結果として生まれたことが明らかにされている。この顧客指向不在の相互模倣過程すなわち競争マイオピアから抜け出すためには，顧客指向をサプライチェーン・マネジメント（SCM）の業務遂行過程に定着させることによって価値創造競争を行うことが不可欠であると指摘している。

論点の整理

以上の石原（2000）以降のミクロレベルでの小売競争に関する先行研究が示唆することは次の3点である。第1は，小売競争は，同業種型の商業集積においては，全体としての品揃えの増幅やカテゴリーの組み換えそして新たなカテゴリーの創出をもたらす可能性があること（山下，2001），第2は，小売競争は同一商業集積においては大型店と中小小売商の間でも重要な役割を果たすこと（畢，2002），そして第3は，小売競争は競争相手の認識から強い影響を受けること（田村，2008）である。

これらの研究は，ミクロレベルでの小売競争の作用の仕方の一端を明らかにしているという点で高く評価することができる。

しかしながら，これらの研究からは，小売競争はなぜ多様な側面を見せるのか，あるいは，どういった条件の下でどういった競争が起きるのか，といった疑問に対して直接的な示唆は得られにくい。たとえば，先行研究が議論の対象としている現実を見てみると，競争のパターンとしては，同質化に向かう競争（田村，2008）と異質化に向かう競争（山下，2001；畢，2002）の2つのパターンが識別できるように思われる。

ここでは，同質化に向かう競争を同質化競争，異質化に向かうことで新たな価値を生み出す競争を創造的競争と捉えることにして，これらについて少し詳しく検討しておくことにしよう。

同質化競争と創造的競争

　まず，同質化競争については，たとえば，田村（2008）が指摘しているような，近接する大型店同士が激しく競争することによって似たような品揃え・サービスが実現される場合が，それに当たる。あるいは，加藤（2003）が考察の対象とした観光地の商店街のように，どの店も非常に類似した品揃えを行い，それが商業集積全体として実現される場合なども同様である。

　このような状況では，小売業者は顧客よりも競争相手の行動に注目しがちになる。その場合，田村（2008）が指摘するように，競合店同士は相互模倣によって同質化された品揃えやサービスによって競争することになる。これが大型店同士なら体力勝負の価格競争となり，その競争は両企業にダメージを与える可能性もある。あるいは，中小店同士の競争であれば，ある種の暗黙のルールに則った品揃えや価格が実現され，その結果，個々の店舗の自らの市場像に基づく各種の経営努力は損なわれてしまう可能性がある。

　ところが，創造的競争においては，たとえば山下（2001）が指摘している秋葉原のように，競争の末に品揃えの増幅や新たなカテゴリーが生み出され，相互に棲み分けられた多様な品揃えが商業集積全体として実現する場合や，畢（2002）が指摘している「アメ横」商店街のように，大型店と中小店の競争の結果，品揃え，価格と販売方法の差別化が実現する場合などがある。

　このような状況では，小売業者は他店の状況を意識する／しないは別にしても，それぞれが描いた市場像に基づく行動をとっていると考えられる。その場合，小売業者は相互に異質な品揃えやサービスによって多様な選好をもつ顧客の獲得競争を行っていることになるので，ある均衡点に落ち着くまで価格やサービスに基づく単純な競争が継続する，ということにはなりにくい[6]。

本章の課題

　以上のような小売競争のタイプが存在するのだが，現実的には，同質化競争よりは多様な現実を生み出す創造的競争のほうが，たとえば過剰な値下げ競争

に陥らずにすむという点で，あるいは，新たなカテゴリーなり業態なりが誕生する素地となる可能性があるという点で，好ましいといえる。

しかし，創造的競争や同質化競争が生じる条件については，経営方針や経営者意識，競争マイオピアの存在以外には，直接的な示唆は得られにくい。競争の質を峻別する要因を経営方針や経営者意識に還元して考えること自体は意義のあることだが，経営方針や経営者意識はマネジメントあるいは流通政策の対象になりにくい。

そこで，本章では，創造的競争はなぜ，どのように生じるのかについて，経営方針や経営者意識だけではなく，構造的な側面も考慮に入れながら検討することにしたい。

以上の課題を検討するために，創造的競争が生じていると考えられる小売競争の現場についてのケーススタディを行う。

ケーススタディにおいては，オーストリー学派の競争の捉え方や先行研究からの知見を踏まえて，次の3点に着目する。すなわち，競争の渦中にある小売業者はどのような限定された知識・情報をもち，偏在する情報をどのように効率的に利用してきたのか，そして，そのプロセスにおいてどのような知識が獲得されていったのか，である。

これらを主な着眼点として創造的競争が生じるプロセスについて検討を行い，創造的競争が生じる条件を考察する。

第3節　事例分析——商業集積における小売競争のダイナミクス

対象事例

本節で分析対象とする事例は，エルナード水道筋商店街（以下，水道筋商店街）に出店する大型店と中小店の競争である。前章までの検討を踏まえると，対象とする事例はトップランク小売業者と非トップランク小売業者の創造的競争が適していると考えられるが，次の2つの理由から，ここでは同一商業集積内で競合関係にある大型店と中小店の競争に着目することにした[7]。

第1は，競争の当事者である小売業者の企業規模が異なるほうが，両者の戦略的志向の違いがより鮮明になる可能性が高いと考えたからである。第2は，隣接立地で直接的な競合関係にある場合のほうが，一定の研究蓄積がある商業

図 3-1 水道筋商店街

出所:ヤフー地図より筆者作成。

集積同士の都市間競争など(たとえば,加藤・石原,2009)よりも,競争から生じた情報や知識を観察しやすいと考えたからである。

事例観察の期間は,大型店と中小店のどちらかが出店をすることによって競争が起こり始めた2001年から,両者(あるいは一方)に創造的な競争行動が生じ始め,その結果が現れる2009年までとする。

では具体的なケースの記述に移ろう。舞台は水道筋商店街という兵庫県神戸市灘区に位置する商店街である。水道筋商店街は7つの商店街と3つの市場が集まる規模の大きな商業集積地で,最寄品・買回品を扱う500店舗以上が軒を連ねている。今回のケーススタディの対象は,このような買い物エリアの中でも中心的な商店街である。水道筋商店街に出店する大型店と中小店の競争である。

事例において焦点を当てるプレイヤーは,大型店としては,神戸市を中心にチェーン店を展開する食品スーパーの株式会社マルハチ(以下,マルハチ)の王子公園店で,中小店としては,同じ水道筋商店街内に食品小売店を出店する株式会社フレッシュ・フィールド(以下,フレッシュ・フィールド)である(図3-1)。

まずは,当時のマルハチ(および王子公園店),そしてフレッシュ・フィール

ドの概要および顧客獲得戦略を示しておくことにしよう。

マルハチの概要

マルハチは 1946 年に神戸市灘区で荒物屋として創業，資本金は 4800 万円，従業員は 1625 名（男 290 名，女 1335 名，2009 年時点），年商は調査時点の 2009 年 2 月の実績で 288 億円である。事業内容はスーパーマーケットの経営で，一

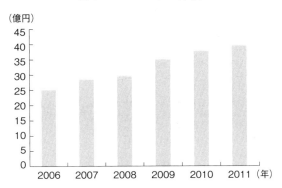

図 3-2　マルハチの業績

出所：マルハチ社内文書より筆者作成。

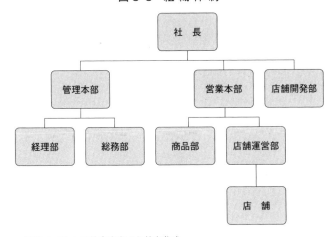

図 3-3　組 織 体 制

出所：マルハチ社内文書より筆者作成。

般的な食品スーパーと同様、生鮮食料品、一般食品、酒類、日用雑貨などを販売している。売上構成比は食料品が約7割を占めている。

観察時点（2009年11月）での店舗数は17店舗である。スーパー業態になってから21年経つが、これまでのところずっと2ケタ成長を続ける小売企業である（図3-2）。

当時の組織体制は、一般的な食品スーパーと同様で、仕入と販売を分離したチェーン・オペレーションを採用している（図3-3）。

今回取り上げるマルハチ王子公園店は、水道筋商店街の主要エリアに位置している。この店舗は、1995年1月17日の阪神・淡路大震災から約1年後の12月3日にオープンした。出店理由は、震災で倒壊した別のスーパーの再建が行われなかったためである。店舗は2階建てで、1階が約180坪（約600平方メートル）、2階が約150坪（約500平方メートル）の合計330坪ほど（約1100平方メートル）の大きさである。観察当時の1日の来客数は約7000人、売上は年商で30億円程度である。

顧客獲得戦略

マルハチの顧客獲得方針を確認しておこう。マルハチは徹底した現場主義に基づいて、売り場や店に来ている目の前の顧客を常に観察することでフロントシステムやバックシステムを構築していった会社である。

「周りの競合店はあまり意識していません。とにかくお客様の立場に立って自分の店を見ています。店側の人間として見てはいけない。（中略）店頭で学ぶということを重視しています」（2009年12月1日、N常務）。

たとえば、現場の観察から来店客の抱える不満がレジの待ち時間だと判断されれば、それを軽減するために、ポイントカードを実施しない、クレジットカードも導入しない、といった意思決定がなされる。ただし、これらにはコストを低く維持するという思惑もある。

現場の観察を重視するという姿勢はまた、店頭の従業員にも徹底されている。従業員は休日に他店に客として訪問することによって、常に客の立場で自分の店を観察できるように訓練されている。それが自店舗の運営に活かされるとい

うのである。

> 「お客様にとっては，バックがどんな大きな会社であろうと，年商100億円であろうと1兆円であろうと，そんなことは関係ない。お客様は目の前の店だけを見ているのです」（2009年11月11日，N常務）。

実際の店舗運営については，バイヤーが品揃えや棚割，発注についてすべての責任をもち，店長が品揃えした商品を売り切ることにすべての責任をもつ，という方針である。なお，職制に基づき役割が固定化すると視点も硬直的になるという理由で，バイヤーと店長は数年ごとに入れ替わることになっている。お互いがお互いの立場をよく理解した上で仕事を遂行する，ということを重視しているのである。

また，マルハチは商業集積内に出店している場合と単独で出店している場合とでは，店舗に対する考え方を変えている。具体的には，商業集積に出店している場合は，自店舗と他店舗の関係は相互補完関係にあると捉えている。

> 「単独で出店した場合はたくさんの品揃えをしなければなりません。ところが，商店街のように補完しあえる業種，業態が他にあれば同質的な競争は避けることが常道です。どちらを買うかはお客様の判断です。（中略）お互いの棲みかを探しあうということが重要です」（2009年12月1日，N常務）。

以上の簡単な記述ながら，マルハチは常に相手の立場に立つことができるような仕組みを組織的に構築すること，そして，自店舗と他店舗との関係を補完関係にあると捉えて各種の行動をすることによって，これまでのところ地元顧客の支持を集めてきていることがわかる[8]。

フレッシュ・フィールドの概要

次に，競争相手にあたる中小店のフレッシュ・フィールドの概要と戦略を確認しよう。

フレッシュ・フィールドは食品を扱う業種店を経営する会社である。株式会社としての設立は2006年9月21日である。調査時点では水道筋商店街内に2

店舗を出店し，従業員は23人である。売上は紙面上では公にできないが，これまでのところ順調に売上を伸ばしてきている。水道筋商店街からの申請で神戸市が支援・実施した来街者調査（$n = 4130$）では，「よく利用する店舗」の第2位（第1位はマルハチ）に輝いている。フレッシュ・フィールドのこれまでの歴史を簡単にまとめておこう。

　2001年，代表取締役のO氏がそれまでに合計8年間働いていた神戸市内のスーパーを退職し，水道筋商店街の外れに1号店を出店した。創業時は青果店で，すぐに果物を扱うようになった。当時の従業者は4名である。

　2001年から2002年にかけては，「もっと売れるはずだ」と思いながら商売を続けていた。もっと売れるようになったきっかけは，この時期に同じ商店街の中にあるスーパーのマルハチが1カ月間の改装工事を行うために店を一時的に閉めたことである。それまでマルハチを利用していた客がフレッシュ・フィールドを利用するようになり，売上を大きく伸ばすことになった。

　2004年には，店が手狭になったことを理由に，商店街から少し外れた青果店跡地に2店目を出店し，2006年までこの2店舗で商売を続ける。2006年に商店街内の好立地（現在の本店）が空いたため，商店街の外の店を閉めてそちらに移り，調査時点の体制となっている。

顧客獲得戦略

　フレッシュ・フィールドの顧客獲得戦略の基本は，常に買う側の立場でものを考える，ということである。この点はマルハチと同様である。それに加えてここで重要なのは，近接する大手の競合店舗では対応できないこと，という基準で行動が選択・実行されていることである。

　　「大手の場合，たとえばチラシをだすと，その商品をどこの店でも同じ値段でそろえないといけない。ウチの場合は毎日市場に行って自分の目で見て，『これは小分けにしよう』とか，お客さんや売り方をイメージしながら買い付ける。また，毎日買い付けに行くと人間関係ができるので，仕入れの面で優位に立てる」（2009年12月1日，O社長）。

　さらには，大手と競合していることを上手に利用するという戦略も実施して

いる。

　「大手の商品はだいたい把握している。ウチは大手よりもよい商品を安く売ればよいのだが，すべてを品揃えする必要はない。『ウチにないものは大手で買ってくださいね』というスタンス」(同上)。

　以上の簡単な記述から，フレッシュ・フィールドの基本戦略は，よい物を安く売るということは前提として，第1に常に買う側の立場で行動すること，第2に大手が対応できないことを実行すること，そして第3に地域内で競合する大手を自店舗と相互補完関係と捉えて有効に活用していること，であるといえる。

競争状況下での情報取得，知識獲得プロセス
　以上で，ケース記述における主要なプレイヤーの状況を大まかに把握することができた。ここからは詳細な競争プロセスを検討しておくことにしよう。
　マルハチは基本的に競合店よりは自店舗の顧客を強く意識しているので，ここでの記述の主役はフレッシュ・フィールドである。具体的には，フレッシュ・フィールドが創業当時から調査時点に至るまで，どのような情報に基づいて行動し，どのような知識を競争のプロセスの中で得て，それからどのように行動を変化させてきたのか，というところに焦点を当てて競争プロセスを記述していく。
　話の発端は，フレッシュ・フィールドがマルハチと重複する商材を取り扱う業種店（最初は青果店，のちに野菜と果物，最近ではその他の食品も扱う業種店）を同じ商店街内で創業したことである。その時点からのフレッシュ・フィールドO社長の知識獲得過程は，おおよそ次のようなものである[9]。

(1) 創　業　時　点
　創業時点でのO社長の知識・情報は，大きくは次の2つである。第1は，社長自身が当該商店街の近くの商家で生まれ育ったため，地元や商売に関する事情をある程度わかっていたこと，第2は，高校時代の半年間そして大学時代の4年間はアルバイトとして，大学卒業後3年半は社員として，合計8年間

神戸市内のスーパーで働いていた経験をもつこと，である。

スーパーでの勤務時代から，業種店を創業すれば成功するだろうというアイデアをもっていたという。そのアイデアとは小分け販売である。高齢者の割合が多いという住民特性を考えた場合，当時はどこの小売店も小分け販売をあまり実施していないということを知っていたのである。もともと地元で生まれ育っているため地域の特性をよく把握している上に，スーパーでの経験が重なって，そういったアイデアをもつようになった。こうした事情からO社長は創業当時，「自分で商売をしてもある程度できるだろう」と思っていたという。

(2) 創業〜2004年

創業当初は競合する大型店を見学し，値段や品揃えについて研究を行っている。そこで考えたことは，自店舗ですべてを品揃えする必要はない，ということである。大型店（＝マルハチ）が集客してくれるので，自店舗では部分的にでもよい品物をより安く売ることができればよいと考えていた。

2001年にマルハチが1カ月間の改装工事に入る。このときに顧客の多くがフレッシュ・フィールドに流れ，売上を大きく伸ばすことになる。ここで得たことは，よい物をしっかりとした値段で売っていれば，顧客は定着してくれるということである。特売に関しては大型店のほうが有利に実施でき，その商品を目当てに顧客が流れていくことはあるが，きちんと商売をしていれば長期的には戻ってきてくれるということを学んだという。

また，この時期に「情報はお客さんから入ってくる」ということも学んだという。押し売りに近い売り方や傷んだものを一緒に売ろうとする商売人の姿勢は，消費者にとても嫌がられている，といった情報は顧客から直接得られたものである。

(3) 2004〜2009年

2009年12月の時点では，フィレッシュ・フィールドは水道筋商店街内に2店舗を経営している。この体制になったのは2006年である。この時期，商店街内の好立地が空いたので，商店街の外に出していた店舗を閉めてそちらに移ったのである。

品揃えの幅は，店が大きくなるにつれて広がっていったという。具体的には，

創業時点では野菜のみを扱っていたところに果物を扱うようになり，現在では肉や魚そして加工品も一部扱うようになってきている。こうした品揃えの拡充は，日頃から冗談を言い合うような親しい取引先である仲卸業者から，他の仲卸業者の商品も取り扱ってもらうよう依頼があったためである。

現在では，顧客からの情報はもちろん，付き合いのある業者や，それらの人々から広がった地元のネットワークを通じて情報収集を行い，それが店舗経営に活かされている。

競争の帰結

以上が水道筋商店街における大型店（マルハチ）と中小店（フレッシュ・フィールド）の競争プロセスで，とくに中小店がもっていた情報，獲得された知識に焦点を当てて見てきた。これまでのところ，水道筋商店街においては，両者は同カテゴリーの商品を扱いながらも，同一の競争軸（代表的には価格）のみで顧客の奪い合いを演じているわけではない。この点で，両者は相互に棲み分けているといえる。

また，事例では，競争プロセスの中で，小分け販売や顧客との付き合い方，地元でのネットワークといった新たな競争に貢献するファクターが生じてきたことが明らかになっている。こういった競争は，多様な行動が競争プロセスとともに現れてきているという点で，同質化競争と対比して考えるならば，創造的競争と位置づけてもいいだろう。

第4節　考察——創造的競争の発生論理

発見事項

大きくは次の4つである。第1は，競争のステージとなった商店街にはもともと顧客から支持されている大型店（マルハチ）が存在していたということ，第2は，既存の大型店は来店客を観察することによって改善を図るという発想をしていること，第3は，その状況下に同カテゴリーの商材を扱う独立経営の小売店（フレッシュ・フィールド）が新規参入してきたこと，第4は，フレッシュ・フィールドの経営者は創業以来，さまざまな体験を通じて創業前にはもっていなかった知識を徐々に獲得していったこと，である。

以上の結果，大型店と中小店は競合する商材を扱いながらも，過剰な値下げ競争のような同質化競争に陥ることなく棲み分けが実現することになった。

創造的競争が生じる条件

では，発見事実に基づいて創造的競争が生じる条件について考察していくことにしよう。小売競争が創造的競争となるには小売業者の顧客志向が前提となるが[10]，具体的には，次の3つが重要であると思われる。すなわち，個々の小売店が部分最適と全体最適を理解していること，小売店同士で企業規模の格差が存在していること，そして，競合小売店が可視的であること，である。それぞれを検討しておこう。

(1) 部分最適と全体最適

まずは部分最適と全体最適についてである。これを考える際に重要なのは，どの範囲までが部分でどの範囲からは全体か，ということを定義しておくことである。ここでは，自社（自店舗）のみが出店地域で維持存続・成長拡大していけばよいという考え方を部分最適，商業集積全体で魅力的な品揃え・サービスを実現する必要があるという考え方を全体最適としておこう。

事例から明らかになったのは，経営資源の大きさで競争劣位にある中小店はもちろん，競争優位の立場にあるはずの大型店も，自店舗のみの維持存続・成長拡大を目指すといった部分最適ではなく，商業集積全体として成功するという全体最適を志向していることである[11]。

(2) 企業規模の格差

企業規模の格差についてはどうか。前提として，消費者は「コンビニにはだいたいこのような商品がこのような値段で売られている」といったように，小売店に対して大まかなイメージをもっている。それは生鮮食品などの日用品を売る小売店においても同様である。そのため，小売店同士が模倣可能な状況にある場合は，どうしてもそういったイメージを抱いている消費者の奪い合いが発生することになる。結果として同質化競争に陥る可能性がある。

このような競争は，たとえば大規模なチェーンの店舗と中小規模のチェーンの店舗の間で生じたのであれば，競争劣位に立たされた店が創意工夫を凝らす

か，チェーン対チェーンといった形で，店舗レベルではなく企業レベルで体力勝負を続けていくことになる。

しかし，今回の事例では一方が独立経営の中小店であったように，小売業者間に経営資源の規模格差がある場合は，小規模な小売業者が大規模な小売業者の行動を模倣して対抗することは不可能である。こういった状況で同質化競争が行われた場合，規模で劣位にある小売業者は，撤退するか業種替えなどの新たな道を模索するしかなくなる。

だが，競争主体の一方が中小規模の独立店の場合は，そう簡単に撤退や業種替えはできない。その理由は，その店舗が経営者の唯一の収入源であるため簡単に廃業はできないし，中小店は経営資源が豊富なわけではないので，他の商業集積に店舗を移すことも難しいからである。このような状況においてこそ，中小店の企業家精神が発揮されることになり，大型店との棲み分けが実現されやすいと考えられる[12]。

(3) 競合小売店可視性

その際に重要なのは，ライバルとなる（同質化競争では敵わない）競合店が近くにあることである。その理由は，相対的に規模の小さな小売業者にとっては，身近にライバルとなる店舗が明確に存在するほうが，差別化のポイントをより具体的に把握することができるようになるからである。身近に大型店があるおかげで，中小店はより明確にターゲットとする顧客像をイメージできるようになり，自店舗の位置づけをより明確にすることができるのである。

創造的競争の発生条件

以上の検討から，商品レベルでの差別化が難しく同質化競争に陥りがちだと考えられている最寄品を扱う小売業者間においても，創造的競争は生じうることが明らかになった。その条件は，各プレイヤーが全体最適（商業集積全体での魅力向上）を志向していること，目に見える競合店は存在するものの経営規模に大きな違いがあって競合店への対抗・模倣が難しい状況であること，一方で，劣位にある店舗が優位にある店舗には実施困難な戦略的オプションを見出せるとき，であると考えられる。

第5節　小売市場内における小売業者間の相互作用

　小売競争は，似通ったビジネスモデルを用いて似通った価値を似通ったターゲットに届ける場合，その競争，すなわち同業態間競争は，特定の競争軸に沿った同質化競争に陥りがちである（田村，2008）。その際の競争軸の中心は価格となってしまいやすい。その理由は，同じ業態であれば顧客に提供する小売ミックスは似通ったものにならざるをえないため，顧客の反応が直接的に表れやすい価格を操作するのが生き残りへの近道に見えるからである[13]。

　しかし，差別化が難しい小売業において価格を軸とした競争が起これば，それは破滅的競争（cut-throat competition）になりがちで，その影響は小売業だけにとどまらない。その一方で，同じ商圏内に立地し，同じ商材を扱う小売業者間でも，価格を軸とした競争が生じない場合もある。

　本章の議論から明らかになったことは，競争上で有利な立場にある小売業者ではない競争相手の行動が，創造的競争，前章の用語を使うならば，多様な価値を提供し，消費者選好の多様性を維持・再生産する競争を生み出すのに重要な役割を果たしている可能性があるということである。

　事例では，商店街における大型店（チェーン化された食品スーパー）と個人経営の中小店の競争を観察したが，この関係を一般化すると，王道の戦略を採用

図3-4　小売市場内における小売業者間の相互作用

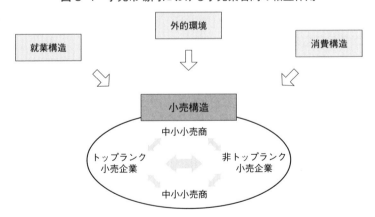

できる強者と,同じ戦略では対抗できない(相対的)弱者の相互作用によって,創造的競争,換言すれば消費の多様性を維持・再生産を促す競争が生じる,ということになる。この点は,前章での議論から示唆されたことと同じである。

小売構造という大きなコンテクストで考えると,市場を寡占する可能性があるトップランク小売業者が相対的な強者,売上規模でいうと,トップ・グループに入らない非トップランク小売業者および中小小売商が相対的な弱者といえる(図3-4)。

多くの小売業者が1つの商圏において,多様な軸に基づき創造的競争を繰り広げることにより,地域レベルでの消費の多様性が維持・再生産される可能性は高まるはずである。小売構造への影響という観点でとくに重要なのは,前章でも指摘したが,標準化戦略を採用できる規模を有しながらもトップランクに入っていない小売業者である[14]。

本章までの検討により,食品を主力とする企業ベースの小売構造のダイナミクスを検討する上でもっとも重要なのは,このカテゴリーに属する非トップランク小売業者であるといえるだろう。

注

1 石井(2012)では,プロセスとしての競争を,①「新機軸を生み出す競争」,②「企業の個性を生み出す競争」,③「競争のルールを競う競争」,の3種類に識別している(148〜162頁)。
2 峰尾(2010)は,産業組織論の枠組みに基づき,S(市場構造)→C(市場行動)→P(市場成果)という因果関係を想定しながらも,長期的に見た場合には,市場成果が市場構造や市場行動を変化させる,市場行動が市場構造を変化させる,市場構造が直接的に市場成果を変化させる場合があるとして,その関係を実証的に分析している。
3 「市場像」とは,生産者の側に形成される推測的ないし仮説的な市場のイメージのことである。詳しくは,石原(2000, 79頁)を参照のこと。
4 この指摘はあくまで石原(2000)の枠組み,すなわち,「商業集積における依存と競争」という文脈における競争についてのものである。マーケティング論における競争に関しては,石原(2007)において考察されている。詳しくは,石原(2007)を参照のこと。
5 この点で,石原(2000)の競争に関する認識は,のちの論考である石原(2007)の「明確に競争相手を意識した外向きの競争」として理解することができると思われる。
6 もちろん,個々の商業者がそれぞれ他の商業者を意識することなく類似した市場像に基づいて似たような品揃え・サービスを実現する場合もあると思われる。
7 ここでの分析結果がトップランク小売業者と非トップランク小売業者の(学習を伴う)創造的競争にどのように活かせるかについては,本章第5節で改めて詳細に検討する。
8 常に客の立場に立って改善点を探し出すというやり方,あるいはバイヤーと店長は数年ごとに入れ替わるというやり方は,常に相手の立場に立つことを重視する戦略である。これはまさに「人に棲み込む」(=共感的に理解する)ことによる「認識過程」で,マニュアルなどを通じた「知

識の獲得」とは異なるものである。棲み込み概念については，石井（2009, 105～122頁）を参照のこと。
9 以下の記述はO社長へのインタビュー（2009年12月1日実施）および電話インタビュー（2009年12月9日）に基づくものである。
10 田村（2008）では顧客指向（志向）の不在が小売業者間の相互模倣をもたらし，結果として同質化競争を生み出すことが指摘されている。
11 経営規模で勝るチェーン小売店は，その気になれば周りの中小店を壊滅的な状態に追い込むことが可能である。なぜなら，競合店が近くに存在する店舗では，赤字覚悟でよい商品に安い値段をつけ，そこで発生した損失は他の店舗で取り返すことが可能だからである。
12 このような関係は，第2章でも議論したように，企業規模に格差がある場合には，標準化戦略を採用するチェーン小売企業同士においても起こりうる。単純な低価格競争では，相対的に規模が劣る小売業者は仕入れの面で規模の経済を享受しにくいことから，規模が大きな小売業者に対して何らかの面で差別化しなければならない。ローコスト経営を徹底してより低価格を実現してもよいし，特定の顧客クラスターの選好に沿った品揃え・サービスを模索してもよい。いずれにしても，相対的に大規模な小売業者とは異なる点を生み出し，それを顧客にアピールする必要がある。
13 経営者志向が競合になりうる小売業者に対してユニークな場合も，価格に頼らない競争が可能になる。小宮（2003）が指摘する自己目的志向の小売業者はそうした例の1つと考えられ，小売市場における競争に多様性をもたらす存在であると位置づけることができる。
14 もちろん零細規模の小売業者も，小売市場における市場集中といったマクロ構造に影響を与えるが，売上規模自体が小さいため，そのインパクトの大きさは，非トップランク小売企業と比べると，相対的に小さい。

第4章

本書の分析視点と
定量分析の課題・方法

> 前章までで，日本の流通構造の特質，すなわち食品主力業態の市場集中度が相対的に低いまま維持されていることと，そのメカニズムについて考察してきた。
> それを受けて，本章では本書の分析視点を改めてまとめた上で，定量分析の課題と方法を提示する。

第1節 本書の分析視点

小売構造のダイナミクスを促す要因

小売構造はさまざまな要因によりダイナミックに変化する。第1章の先行研究のレビューから，小売構造は，外的環境，消費市場，就業構造，そして小売業者自身の行動から影響を受けることが明らかにされた（図1-3；31頁）。

「暗黒大陸」あるいは「maze」（迷路）と呼ばれた日本の細くて長い（小規模分散的な）流通を巡り，国内外で多くの議論がなされてきた。とくに，流通革命論において，チェーンストアの成長に伴い急速に減少することが予言された零細小売商（いわゆる「ババママ・ストア」）は，その予言に反し，一定期間は残存し続けた。

この状況を説明するために多くの研究が行われてきた。それらが強調した視点は，急速な経済成長が生み出す市場スラックや制度という外的環境（田村，1986），鮮度志向が高く住環境が狭隘な消費市場（丸山，1992；成生，1994），不況期や厳しい競争にさらされても生き残る強さをもつ商人家族を生み出す就業

構造（風呂，1960；石井，1996）であった。さらには，小売構造の変動には，外部要因のみならず，小売業者自身の戦略的行動，すなわち内部要因も重要な影響を与えていることが指摘された（峰尾，2010）。

これらの視点に対して，第2章の検討により，小売構造と消費市場の相互作用も小売構造およびそのダイナミクスを考える際には重要であることが指摘された（図2-2；50頁）[1]。

小売業者は基本的に，商圏内の顧客のニーズに合致した店舗づくりを志向するが，同時に，効率性を高め，管理しやすくするために，標準化戦略を推し進める。標準化のメリットは，オペレーション等の効率化という点ではあらゆる規模の小売業者に現れるが，競争という観点からは，規模の大きな小売業者に対して，より大きな恩恵をもたらす。

理由は2つある。1つは，多店舗化するほど管理が難しくなるからである。抱えるチェーン店の数が増えれば増えるほど，統一的な管理手法を導入するメリットは大きくなる。もう1つは，販売数量を背景とした仕入れの交渉力が高まるからである。仕入れ数量が多いほど生産における規模の経済の恩恵を受けやすくなる。PBの導入においても，規模はきわめて重要な要因となる。

だが，消費者のニーズは多様であるため，標準化された店舗だけで商圏におけるすべてのニーズに対応できるわけではない。この点を利用するのが，商圏内でナンバー2以下の小売業者である。これらの小売業者は，特定の顧客クラスターを対象に，その人たちに適応化した店舗・オペレーションを展開することで，ナンバーワンの店舗に対抗する。

非トップランク小売業者の中でも，零細規模の場合は，御用聞きなどのサービス向上を図ったり，特定の顧客のために品揃えを非常に深くしたりする，といった一点突破型の戦略が向いていそうである。一方で，非トップランク小売業者の中でも相対的に規模の大きな小売業者の場合は，たとえば小売ミックスの中でサービスや品揃えあるいは立地を多少犠牲にして低価格を実現する，あるいは品揃えとサービスに重点を置く，といったように，小売ミックスの組み合わせにおいて重点を置くポイントを操作することでトップランク小売業者に対抗していく手段が現実的であろう。

このような，多様な競争軸が存在する競争を実現するのに重要な役割を果たす可能性が高いのは，トップランク以外の小売業者である。理由は，これらの

小売業者は，生産における規模の経済の享受という点で，標準化戦略でトップランク企業の店舗と対抗することが難しく，したがって他社と差別化できる特定の価値を商圏内の特定の消費者に対して提案する必要があるからである。

いずれにしても，多様な価値次元に基づく競争が存在することで，もともと多様であった消費者の選好は維持・再生産される可能性が高くなる。この視点に基づき，第3章では，小売市場内における小売業者間の学習を伴う創造的な競争を考慮に入れる必要があることが指摘された（図3-4；72頁）。

小売競争は1つの均衡に辿り着く同質化競争を生み出すこともあれば，多様なニーズを充足するべく，競合企業がさまざまな行動をとる創造的競争を生み出すこともある。

先行研究では，企業規模が同等である場合は，相互模倣が繰り返され同質化競争が生み出されがちであることが指摘されたが（田村，2008），第3章の事例研究では，同一商圏内で競合が可視化されている状況で，競合する事業者同士の規模が均衡していない場合に，競争劣位にある小売業者を起点に創造的競争が生じる場合があることが明らかにされた。

本書の分析視点

第1章で先行研究のレビューから提示した視点（図1-3；31頁）に，第2章の知見（図2-2；50頁）と第3章の知見（図3-4；72頁）を付け加えることで，以下の総合的な分析視点が得られる（図4-1）。

小売構造は，経済動向などのマクロ環境の影響を受けながら，タスク環境と相互作用する。本書では，小売構造と消費市場の相互作用に着目したが，その相互作用は，小売構造内の小売業者間の学習を伴う創造的競争により促進される。小売業者は，顧客支持を巡る競争プロセスにおいて知識創造することで組織能力を蓄え，それがさらなる小売業者間，そして小売業者と顧客の相互作用を促していく。このようなメカニズムが小売構造のダイナミクスを生み出していると考えられる。

図 4-1　本書の総合的な分析視点

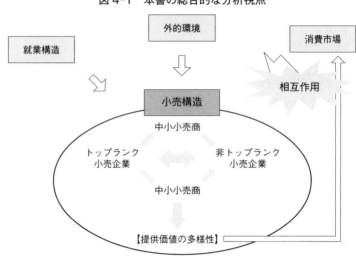

第2節　定量分析の課題

定量分析の課題①

　以上の分析視点に立った場合，以下で検討すべき課題は，大きくは次の2つとなる。

　課題①

　　非トップランク小売業者は，どのような点で小売市場において競争優位を構築できているのか。

　標準化戦略と適応化戦略のトレードオフの下で，多様な競争軸に基づいた競争の結果，非トップランク小売業者はいかなる点で競争優位を得ているのか。この点について，非トップランク小売業者の顧客満足がどのような小売ミックスから生じているのかを調査・分析することで明らかにする（第5章，第6章）。多様な小売ミックス要素が顧客満足を生み出しているのだとすると，それは消費者選好が多様であることを示唆することになるはずである。

第4章　本書の分析視点と定量分析の課題・方法　　79

　小売業の競争優位については，先行研究においていろいろな指標が用いられてきた。それらは，利益率やROIなどの財務指標，顧客数，顧客維持率，顧客満足などだが（高橋，1998；Megicks and Warnaby, 2008），分析に用いる際には，それを用いることの妥当性を詳細に確認しておく必要がある。その理由は，小売業はマクロ環境やタスク環境からの影響を受けやすく，そのために妥当性の高い成果指標を設定するのが難しいからである。

　そこで，本書の目的，すなわち非トップランク小売業者の競争優位の理解，に照らした場合，どの指標が適しているかをここで確認しておくことにしよう。大きくは企業視点の指標と顧客視点の指標が存在する。

(1)　企業視点の指標

　よく用いられるのは財務指標である。経営効率を測る指標として，日本の小売業におけるチェーンストア経営の近代化をリードしてきたペガサスクラブでは，次の27項目の指標を採用している。

　それらは，総資本経常利益率，総資本回転率，営業収益経常利益率，営業収益計業利益率，1株当たりの純利益高，自己資本当期純利益率，自己資本構成比率，インタレスト・カバレッジ，売上高増加率，経常利益高増加率，売上総利益率（粗利益率），売場販売効率（坪単価），商品回転率（棚卸資産回転率），販売資産回転率，支払勘定回転率，回転差資金，利潤配分率，賃金配分率，不動産費分配率，販促分配率，労働生産性，従業員1人当たり売場面積，従業員1人当たり平均賃金，坪当たり営業利益高，坪当たり営業利益高，坪当たり在庫高，損益分岐点売上高比率，社員平均年齢である。

　こうした指標は，企業の意思決定者にとって重要ではあるものの，本書の目的には必ずしも合致していない。その理由は，たとえば営業利益率を見たとしても，それが本当に本業からのものなのかを特定しにくい面があるからである。加えて，財務指標は競争環境に大きく依存する。当然ながら，競合が多い場合と少ない場合で財務指標は大きく変動するし，競合しやすい戦略を採用するのかそうでないのかによっても利益率は変動する。もちろん，消費者物価指数などのマクロ的な動向からも影響を受ける。

(2) 顧客視点の指標

 企業視点ではなく顧客視点で小売業の競争優位を捉える方法もある。それらは，顧客数，顧客維持率，顧客満足などである。

 これらのうち，顧客数と顧客維持率は顧客満足より状況に左右されやすいと思われる。その理由は，顧客数については，当然ながら，店舗規模が大きくなるほど多くなるし，顧客維持率については，直近に競合店が出店したかどうか，あるいはネットスーパーや宅配スーパーなどの代替サービスが出現したかどうかで変動しやすいからである。

 顧客満足にもそうした側面が影響を与えることは否定できないが，本書の目的に沿って考えた場合には，顧客数や顧客維持率よりは妥当な指標であるように思われる。その根拠は次の通りである。

 チェーン・オペレーションを導入する小売企業の店舗は，経営戦略上の理由から，そして地理的理由から，多くの場合，一定の需要が見込めるエリアに立地する。この際，日本の小売市場には，他社との競合がまったく存在しない空白地帯は，とくに都心部においてはほとんど存在しない。したがって，ほぼすべての店舗は競合店や宅配等の代替サービスと競争している状態にあるといえる。顧客満足は，そうした代替案の存在を前提とした上で形成されていると考えられる。

 この状況を考慮した場合，とくに継続利用客からの顧客満足は，財務的指標や他の顧客視点の指標（顧客維持率など）と比べて信頼性が高いと考えられ，小売業の競争優位を判断する指標になりうると思われる。

(3) 本書で採用する指標——継続利用者の顧客満足

 以上の検討から，本書においては，店舗レベルでの顧客満足を小売業者の競争優位を測定する指標とすることにした。

 顧客満足を生み出す要因は，小売業においてはフロントシステムにおける小売ミックス要素，すなわち，アクセス（ロケーション），品揃え，価格，販売促進および接客サービス，雰囲気（田村，2001）であると考えられる。フロントシステムを支えるバックシステムももちろん重要だが，顧客の視点に立った場合，両者の接点であるフロントシステム＝小売ミックスのみが顧客満足の評価対象となる。ここでの課題は，非トップランク小売業者のどのような点が消費

市場から評価されているのかを理解することであるため，バックシステムの問題にまで踏み込む必要はないと判断した[2]。

定量分析の課題②

続いて，同じく非トップランク小売業者の競争優位について検討するために，小売業者自身の内部の問題に焦点を当てる。検討すべき課題は次の通りである。

課題②
非トップランク小売業者の組織は，どのようにして小売市場において競争優位を構築できているのか。

非トップランク小売業者は，とくに食品スーパーの事業システムにおいては，類似した小売ミックスとなりやすいことが想定できる。その理由は，卸売市場のような商品調達の仕組みが全国レベルで整っていることから，品揃えの範囲は企業ごとに大きな違いは生じにくく，企業規模が似通っているため，仕入れ数量も企業間で大きく異なることは少ないと考えられるからである。

加えて，製造業から小売業へのパワーシフトが起きた現代においては，小売業の独立性は以前よりも高くなっており，小売業に対する製造業や卸売業の影響力は，従来と比べると小さくなっている。

このような想定の下では，非トップランク食品スーパーの企業としての独自戦略は，小売ミックスのどの点に力を入れるのか，小売ミックスをどういうバランスで組み合わせるか，といったことに表れやすいと考えられる。類似しがちな小売ミックスの中でも企業間で差異が生まれやすいのは，接客や雰囲気といった人に関わる要素であると考えられるが，そのパフォーマンスは非トップランク小売業者の組織能力に依存する。

したがって，非トップランク小売業者が小売市場で競争優位を構築できている場合，それがどのようにして可能かを明らかにするためには，小売ミックスにおけるサービス的側面に関わる組織能力を議論する必要がある。岸本（2013）は小売業者の組織能力として店頭のオペレーション遂行能力に着目したが，本書では，学習を伴う競争を通じた非トップランク小売業者の知識創造能力を考える。その理由は，小売業は生産と消費という異なる論理をもつ活動が出会う

場であり，異質なものが混じり合うことから，「ビジネス・インサイト」(石井, 2009) と呼ばれるような創造的な知が生み出されやすい場所だと位置づけることができ，そこで生成した知は小売業の事業システムの発展に大きく寄与していると考えられるからである。

この点について，本書では，店頭の役割に焦点を当てながら，まずは小売店頭における知識創造メカニズムとその意義を概念的に検討する (第7章)。その上で，店頭起点の小売ビジネスモデル革新や顧客満足向上の重要な要因の1つと考えられる店頭従業員の行動や能力がどのように生じるのかを調査・分析により明らかにする (第8章，第9章)。

本書の全体像

前々項および前項での議論からわかる通り，本書においては，データの分析を行っていくに当たり，対象の集計水準を徐々に下げていっている。この点は，序章でも言及している通りである。

すでに行ったマクロデータの整理 (第1章) や小売構造と消費市場の相互作用，小売構造内での小売業者間の競争についての概念的検討 (第2章，第3章) といった，相対的に高い集計水準での議論がマクロレベルでの考察だとすると，続く第5章～第6章で扱う非トップランク小売業者の競争優位に関する議論は，

図 4-2 本書の分析対象の集計水準

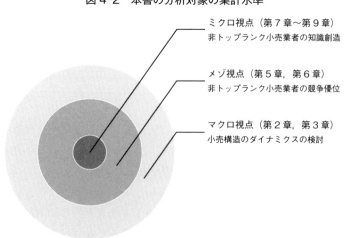

組織間の競争を前提としたうえで形成される顧客満足を扱う点で，集計水準という点ではメゾレベルの視点であるといえる。第7章〜第9章は，現代小売ビジネスを支える両輪の1つであるフロントシステムにおける店頭での知識創造やそれを促す従業員の行動や能力という組織内部の問題を扱うという点で，その集計水準は相対的に低いことから，ミクロレベルの視点であるといえる。この関係は図4-2のように表現できる。

第3節　調査対象

調査対象カテゴリー

　では，どのような基本方針のもとでリサーチを設計するか。本書の課題は，小売構造のダイナミクスを理解することである。そのために，マクロデータの動向の整理を端緒に，先行研究をレビューし，小売構造のダイナミクスに影響を与える要因について考察を進めてきた。

　その中で，鍵となるプレイヤーは，トップランク（≒標準化戦略を徹底）でもなく中小零細規模（≒適応化戦略を徹底）でもない非トップランク小売業者であることを指摘した。つまり，日本における企業をベースとした小売構造の特質は，他の先進国と比較した場合，トップランクの企業ではなく，それ以下の企業群の行動によって特徴づけられるということである。

　その中でも，日本の流通構造を理解するという観点からは，食品カテゴリーの小売業が重要である。その理由は，食品（の消費）は既存研究（丸山，1992；成生，1994）において主要な着眼点であったし，第1章のマクロデータの整理から明らかなように，今日の状況においても，食品カテゴリーを主力とする業態は他業態に比べて成長しており，その規模も大きいからである。

　加えて，本書の分析視点，とくに小売構造と消費市場の相互作用を踏まえるならば，相対的にみて地域における消費者選好の多様性がもっとも残存していると考えられる食品カテゴリーが，分析対象としてもっとも適しているといえる。この点は第2章で検討した通りである。

　以上から，定量分析の対象カテゴリー業態は食品スーパーとする。ただし，食品スーパーといってもトップランク小売業者ではない。第3章で検討した通り，小売構造のダイナミクスに影響を与えるほどのインパクトをもつ小売競争

においては，非トップランク小売業者が重要な役割を果たす可能性が高い。したがって，本書の定量分析における対象カテゴリーは，業態でいうと食品スーパー，規模でいうと非トップランク小売業者ということになる。

調査対象企業

　非トップランクの食品スーパーは，標準化戦略を採用できるほどの規模を有しながらも，仕入れにおける交渉力で優位に立つことができないため，トップランク小売業者に対して適応化戦略を採用するなどして対抗しなければならないポジションにある。

　だが，非トップランクの食品スーパーといっても，第1章のマクロデータの整理から明らかな通り，そうした企業は多数ある。難しいのは，そうした食品スーパーのすべてが，単にエリアが異なるだけで同じ戦略をとっているリージョナル・チェーン企業というわけではないことである。より標準化の度合いが高い企業もあれば，より適応化の度合いが高い企業もある。あるいは，価格志向が強い企業もあればサービス志向が強い企業もある。

　つまり，定量分析を実行していく際には，特定の業態の中でも戦略グループが同じ企業だけに議論の対象を絞るといった対応が必要となる。たとえば，多様な業種・業態でJCSIの顧客満足モデルの検証を行った小野（2010b）では，業態が異なれば顧客満足の水準が異なることが示されているし，岸本（2013）では，競争的価格志向と品揃え提案志向という2軸により食品スーパーを4つの戦略グループ（アソートメント型，ローコスト型，アップスケール型，伝統型）に識別できることを主張している（図4-3）。

　以上から，本書の定量分析の対象は，好業績を維持する特定の非トップランクの食品スーパーで，消費者目線では「どこにでもあるような普通のスーパー」とみなされるような企業とすることにした。岸本（2013）が分類した戦略グループの枠組みに当てはめると，4つの類型の中間地点に位置するような企業である。具体的には，相対的に見て，競争的価格志向が高くもなく低くもなく，品揃え提案志向が高くもなく低くもない企業である。

　そうした企業の中でも，本書では1社から得られたデータを分析対象とすることにした。その理由は2つある。

　第1は，小売構造というマクロレベルでのダイナミクスを考えるためには，

図4-3 スーパーの戦略グループの類型

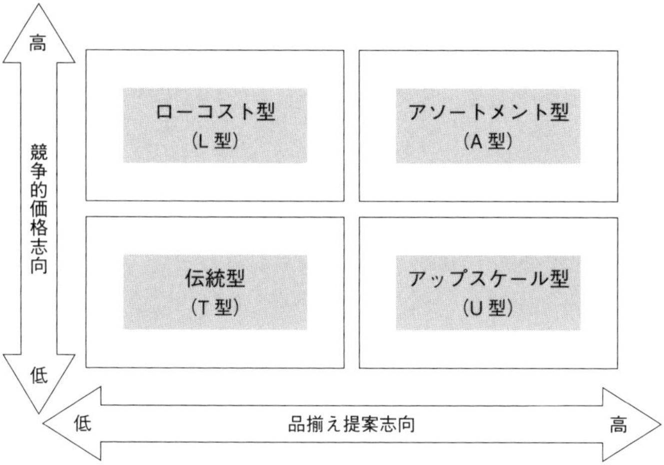

```
         高 ↑
           │  ┌──────────────┐  ┌──────────────┐
           │  │  ローコスト型  │  │ アソートメント型 │
 競         │  │    (L型)     │  │    (A型)     │
 争         │  └──────────────┘  └──────────────┘
 的         │
 価         │  ┌──────────────┐  ┌──────────────┐
 格         │  │    伝統型     │  │ アップスケール型│
 志         │  │    (T型)     │  │    (U型)     │
 向         │  └──────────────┘  └──────────────┘
         低 ↓
           低 ←──── 品揃え提案志向 ────→ 高
```

出所：岸本（2013）131頁。

差別化された特異な戦略を実行する企業よりもむしろ，数の上では多数を占める平均的な企業を対象とするほうが適していると考えられることである。「どこにでもあるような普通のスーパー」（実際にはどこにでもあるわけではなく，戦略的に見て中間の位置にある食品スーパー）の競争優位を探っていくことが，小売構造の動向を考察するヒントとなると思われる。

第2は，定量分析を行う上で，1社のデータを対象とすることが妥当であると考えられる解析上のテクニカルな理由が2つあるからである。それらは，サンプルの代表性の問題と，サンプルの独立性の問題である。本書の方法論的スタンスに関わる重要な点なので，節を変えて詳しく議論しておこう。

第4節　調査データに基づくミクロ視点の分析の問題点と対処法

サンプルの代表性

1つめの解析上のテクニカルな問題は，サンプルの代表性である。流通研究のサーベイにおいては，たとえば売上上位企業1000社といったように，特定の条件で絞り込まれた集団に対して調査を実施することが多い。その回収率は

10〜20％程度であることが多いが，この場合，回収したサンプルがはたして母集団を代表するのか，という問題がある。

この問題にはランダム・サンプリング等，さまざまな対処法があるが，流通研究の場合，調査対象となる企業の数は限られていることが多く，そうしたバイアスへの対処法が使えない場合が多い。たとえば，食品スーパーを対象としたサーベイの場合，10〜20％の回収率を想定した場合，統計的検証に耐えうる数のサンプルを集めるのは，公的なサポートが得られる等の特別なケースを除けば，調査対象は500〜2000くらいは必要になる。

こうした流通研究のサーベイにおける問題への対処法は，現実的には以下の2つがあるように思われる。

1つは，他に有効な代替案がない以上，ある程度バイアスの可能性をチェックした上で，そこから抜け落ちたかもしれない他のバイアスの危険性を許容するしかない，というスタンスである。この場合，分析結果の学術的・実践的示唆を考察する際に慎重な吟味が必要となる[3]。

もう1つは，できるだけバイアスが生じないようにリサーチを設計しようというスタンスである。具体的には，狭い範囲でカバー率の高いサンプルを取得するリサーチ設計にすれば，回収率という点でのバイアスを回避することは可能である[4]。ただしこの場合は，調査対象の範囲が狭くなるため，広い領域に適応できる一般理論（グランド・セオリー）の構築には向いていない。

サンプルの独立性

もう1つの解析上のテクニカルな問題は，サンプルの独立性である。食品スーパーに限らず，流通論ひいては経営学全般のサーベイに基づく定量分析は，各種の因果関係を仮定した上で，平均値を用いて変数間関係を検証することが多い。そうすることで，抽象的なモデルの検討が可能になり，それが理論構築や理論の精緻化に貢献し，結果として学術的貢献に結びつく。

この場合はもちろん，解析の対象となるサンプルが相互に独立していることが前提となっている。というのも，サンプル間の関係が独立していなければ，集計した際に特定の集団の変数の影響力が大きくなるという問題が生じ，それは変数間関係の解析に深刻な影響を及ぼすからである（筒井・不破，2008；牧野，2011）。

しかしながら，流通研究が扱う現象を対象としたサーベイ・データにおいては，サンプルの独立性を仮定するのは難しい場合が多い。その理由は，たとえば業種や業態が異なれば，概念に対する考え方や定義は同一ではない可能性があるし，そうしたことは，企業規模や採用戦略の違いにおいてもいえるからである。

このように，サンプルの業種，業態，規模，採用戦略等が横断的である場合，定量分析においては，サンプルの独立性が想定できることを論証したり，事前の手続きとして，分散分析などを用いて各グループの平均値を確認したりして，サンプルが特定のグループからの影響を受けていないかをチェックする必要がある[5]。

グループの影響が危惧される場合は，属性（業種，業態，規模，戦略グループ等）ごとにダミー変数を作成してモデルに投入することで，その影響を統制することが多い[6]。こうすることで，切片のグループ間変動を考慮することが可能になる。

その他にも，モデルに交互作用項を投入することで，特定の変数間関係の傾きのグループ間変動を考慮する場合もあるし，サンプルそのものをグループごとに分割して解析を進める場合もある。

いずれにせよ，業種にしても業態にしても規模にしても戦略グループにしても，そうした属性を横断する限り，サンプルの独立性の仮定は揺るがざるをえないということである。逆に，横断する属性が少ないほど，サンプルの独立性は確保しやすいといえる。

本書の調査の考え方

以上の2つの問題を考慮し，本書では，企業からの協力が得られるため高い回収率が期待できる非トップランクの食品スーパー1社の顧客および従業員から得られたデータを分析の対象とすることにした。つまり，サンプルの代表性という点では，狭い範囲にはなるが，カバー率の高いサンプルを取得する方法を採用し，サンプルの独立性という点では，調査範囲を狭くすることで業態や企業規模，戦略グループ等を横断することを避けたということである。

ただし，食品スーパー1社の顧客や従業員から高い回収率で得られたデータであっても，サンプルの独立性には引き続き気を配る必要がある。その理由は，

たとえ同一企業同一業態同一戦略であっても，出店エリアや店舗の競争状況といった各店舗に特有の集団要因が，顧客や従業員の行動や認識に影響を与えている可能性があるからである。この点は不可避であるため，本書では，解析アプローチにおいて対策を講じることにした。

第5節　本書の方法論的スタンス

本書の方法論的スタンス

改めて指摘するまでもないが，小売業はきわめて状況依存性の高いビジネスである。したがって，調査対象として定量分析を行う際には，サンプルの代表性やサンプルの独立性という点で，従来の流通研究がとってきた対処法よりもさらに慎重な姿勢が必要となる。本書が，食品スーパー業態を対象としながら調査対象を1社に絞る理由はここにある。

状況依存性が高い小売業を研究対象とする場合は，たとえそれが一般化を目指す定量分析であったとしても，分析枠組みや発見事項の適用範囲（一般化可能性）を狭く想定したリサーチを設計・実施せざるをえない側面がある，ということである。

この対応をとることによって，分析枠組みや発見事項の適応範囲は狭くなるというデメリットは生じるものの，一部の範囲内ではより説明力の高い分析枠組みや発見を得ることが可能になる。産業横断的なデータでは検定力が下がるという指摘は（Homburg, Artz, and Wieseke, 2012），本書の定量分析における方法論的スタンスが妥当であることの傍証となる。

発見事項の適応範囲 vs. 妥当性

学術研究の分析モデルや理論においては，抽象度が高く適応範囲が広いほうが望ましいと考えられる一方で，抽象度が高すぎる場合は，理論的な意義は描くとしても，実践的な意義は見出しにくいと考えられる。なぜなら，最大公約数的な発見は，企業目線で見ると，実務家であれば誰でもわかるような常識であったりすることが多いからである[7]。

したがって，本書が目指すのは，広くて浅い定量分析ではなく，狭くて深くかつ多視点の定量分析となる。調査対象を広げて発見事項の適応可能性の範囲

を広くすることよりも，発見事項の適応範囲は狭いが妥当性が高い研究を志向しているということである。

続く章では，小売業態のフロントシステムである小売ミックスに対する顧客の評価と顧客満足の関係が探られる（第5章，第6章）。続いて，店頭における知識創造メカニズムが議論され（第7章），その上で，顧客満足に重要な影響を与える店頭従業員の行動や能力に影響を与える要因が探られる（第8章，第9章）。

いずれの定量分析においても，サンプルの独立性には細心の注意が向けられることになる。先述の通り，1社から取得されたデータであっても，それをもってサンプルの独立性が担保されているとはいえないからである。実際，第9章においてはサンプルの独立性を仮定することができなかったため，解析上の工夫としてマルチレベル分析が採用されている。

注

1 就業構造も小売構造と相互作用することが指摘されているが（石井，1996），この場合に焦点を当てている構造的特質は，家族従業を中心とする中小小売商の残存である。一方，本書が焦点を当てているのは，グローバル化社会において標準化された小売業者が消費者選好を画一化させる傾向があるというコンテクストにおいても，なお低いまま維持されている食品主力業態の市場集中度である。この場合にもっとも注目すべきなのは，標準化戦略を採用できるくらいの企業規模をもちながらもトップランクではない非トップランク小売業者である。これらに対して就業構造の影響はそれほど大きくないと思われる。
2 もちろん，実践的含意を得るためにはバックシステムの問題に踏み込む必要がある。
3 たとえば，岸本（2013）では，食品スーパーを経営している企業の売上上位500社を対象に質問票調査を行っているが，その有効回答率は13.6％で，サンプル・セレクション・バイアスが危惧されており，実際，回答企業と非回答企業には規模の点で偏りがあったことが報告されている。
4 たとえば，組織行動論では，研究目的に依存するが，1つの組織から得られたデータを扱うことも多い。
5 こうした手続きが明示されていない論文も多いが，そうした研究は紙幅の問題でこの手続き自体を割愛しているか，当然の手続として記述するまでもないとの判断が下されているのか，あるいは，理論的にサンプルは独立しているとみなせるか，のいずれかであると思われる。
6 この対処法の例としては，たとえば，高嶋（2015）が挙げられる。
7 研究の世界の定説を覆すような発見に事例研究が多い（井上，2014）のは，定量分析のこうした傾向を反映するものかもしれない。

第5章

顧客満足の規定因①

統計アプローチ

> 前章までの議論により本書の課題が2つ提示された。それらは，①「非トップランク小売業者はどのような点で小売市場において競争優位を構築できているのか」と，②「非トップランク小売業者の組織はどのようにして小売市場において競争優位を構築できているのか」である。
> それを受けて，本章では，課題①を検討するために，非トップランクのスーパーの競争優位を考える上で重要な顧客満足を規定する要因について，小売ミックスという既存研究の枠組みを援用して統計的因果分析を行う。

第1節 小売業の顧客満足

顧客満足研究

　顧客満足あるいは消費者満足[1]は，消費者行動研究では購買後に抱く態度と位置づけられ，満足源泉解明型研究，満足形成プロセス解明型研究，そして満足の帰結解明型研究，という3つのアプローチが存在することが指摘されている（高橋，1998）。

　満足源泉解明型研究は，消費者の満足の源泉を製品・サービスの属性に求めてその因果関係を探ろうとする研究である。典型的には，製品やサービスを構成する要素のなかのどの要素が購買あるいは消費後の満足に影響を与えているのかを考察する（原因 → 満足）。

　満足形成プロセス解明型研究は，満足が形成されるまでの心理的プロセスを説明しようとする研究である。典型的には，満足が形成されるまでの心理的プ

ロセスを構成概念化し、それが満足に至るまでのパス構造を考察する（原因₁→原因₂→原因₁→満足）。

これらの原因を探るタイプの研究に対し、満足の帰結解明型研究は、満足（あるいは不満足）とその事後に生じる態度や行動といった帰結との関係を探ろうとする研究である。典型的には、満足（不満足）が消費者の態度や行動にどのような影響を与えるのかを考察する。中には、集計水準を上げて顧客満足が企業成果にどのような影響を与えるのかを考察するものもある（満足→結果）。

近年では、上述のアプローチを合体させた研究が盛んに蓄積されている。具体的には、先行要因と顧客満足そして結果の因果モデルを構築し検証するという研究である。こうした研究は、顧客満足を顧客維持やサービス品質との関わりで論じるサービス・マーケティング研究においてよく見られる。

顧客満足モデル

サービス・マーケティングにおける顧客満足モデルとしては、Anderson and Fornell（2000）のアメリカ版顧客満足度指数（ACSI：American Customer Satisfaction Index）を参考にしてつくられた日本版顧客満足度指数（JCSI：Japanese Customer Satisfaction Index）がよく知られている[2]。この顧客満足モデルは「原因系と結果系の両者を合わせた全体モデル」（南・小川, 2010, 6頁）であり、サービス業だけでなく小売業も対象として、多くの実証研究が行われている[3]。

その基本モデルは以下の通りである。原因系として顧客期待、知覚品質、知覚価格があり、それが顧客満足を規定する。結果系としてはクチコミとロイヤルティがあり、顧客満足はそれらに影響を及ぼす（図5-1）。

ACSIやJCSIの顧客満足モデルが理論的基盤としているのは、Oliver（1980）の期待不一致（不確認）モデル（expectancy disconfirmation model）である。このモデルでは、顧客の満足や不満足は、購買（消費）前の期待が基準となり、その期待と実際の結果を比較した結果として生じるものであるとしている。

期待不一致モデルはスーパーの顧客に適用可能か

近年では、顧客満足研究の多くが期待不一致モデルを理論的前提として蓄積されている。そこで、このモデルが本書の課題である非トップランク食品スー

図 5-1　JCSI の基本モデル

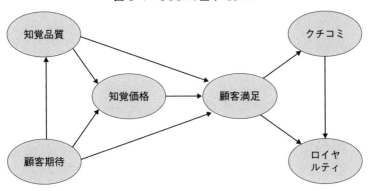

出所：サービス産業生産性協議会（2009）45 頁。

パーの顧客満足の規定要因を明らかにすることに適しているかについて，ここで検討しておくことにしよう。

結論からいうと，次の 2 つの理由により，期待不一致モデルは本書の課題には最適とはいいがたい面があると考えられる。

第 1 の理由は，期待不一致モデルにおける知覚品質や知覚価値といった先行要因（原因系）や，態度や行動といった結果（結果系）は，食品スーパーでの購買においては有効に機能しない可能性があることである。その理由は顧客の特徴と関連する。

日本の消費者の食料品購買頻度は，さまざまな調査結果が発表されているが，総じて高い。たとえば，新日本スーパーマーケット協会（現在，全日本スーパーマーケット協会）の「消費者調査 2013」[4] では，もっともよく行くスーパーを「週 2 回以上」利用している消費者は，既婚女性が 68.7％，既婚男性が 41.7％，未婚女性が 50.1％，未婚男性が 44.7％となっている。

つまり，日本の消費者は頻繁に買い物をする。その理由は，日本人が生鮮食品を好む，あるいは家庭内での貯蔵量が多くない，といったことが挙げられる。この点は，1980〜90 年代に日本の流通構造が「細くて長い」（小規模分散的で非効率的）理由について行われたさまざまな研究が指摘した通りである（丸山，1992；成生，1994）。

加えて，多くの消費者は，購入先の選択肢として複数の店舗を利用している。

図 5-2 利用するスーパーマーケットの店舗数

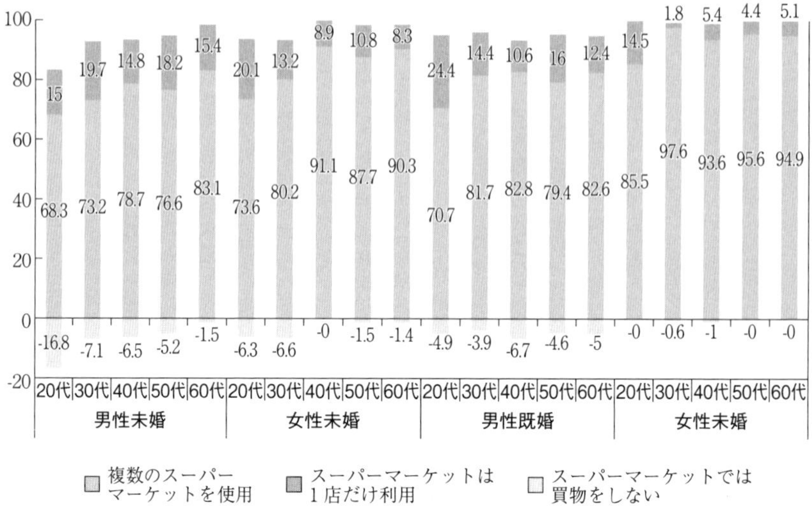

	男性未婚					女性未婚					男性既婚					女性既婚				
	20代	30代	40代	50代	60代	20代	30代	40代	50代	60代	20代	30代	40代	50代	60代	20代	30代	40代	50代	60代
スーパーマーケットでは買物をしない	15							8.9	10.8	8.3						1.8	5.4	4.4	5.1
スーパーマーケットは1店だけ利用		19.7	14.8	18.2	15.4	20.1	13.2				24.4	14.4	10.6	16	12.4	14.5				
複数のスーパーマーケットを使用	68.3	73.2	78.7	76.6	83.1	73.6	80.2	91.1	87.7	90.3	70.7	81.7	82.8	79.4	82.6	85.5	97.6	93.6	95.6	94.9
（負値）	-16.8	-7.1	-6.5	-5.2	-1.5	-6.3	-6.6	-0	-1.5	-1.4	-4.9	-3.9	-6.7	-4.6	-5	-0	-0.6	-1	-0	-0

出所：新日本スーパーマーケット協会「消費者調査 2013」67 頁。

　同じく「消費者調査 2013」によれば，複数のスーパーを利用する消費者は，性別，結婚の有無，年代（20 代，30 代，40 代，50 代，60 代）という属性で分けたすべてのカテゴリーで高い数値を示している。最も低いカテゴリーは男性未婚 20 代だが，それでも 68.3％が複数のスーパーを利用している。既婚女性は，20 代を除くすべての年代で 90％以上を記録している（図 5-2）。

　買い物頻度が高く，複数の店舗を使い分けていることから，日本の食品スーパーの顧客は，自分が定期的に通う店舗の情報に精通していくことになる。つまり，日本においては，食品スーパーの顧客は熟練した反復購買者であることが多いと考えられるのである。

　この場合，期待不一致モデルの鍵概念である事前期待と結果の不一致そのものが起こりにくくなる可能性がある。その理由は，利用頻度が高くなることにより，そして，複数の店舗を使い分けることにより，顧客は自分が継続利用する店舗の商品の品質や価格設定の範囲を，かなり正確に把握できるようになると考えられるからである。

　加えて，買い物行動が習慣的・固定的である場合には，買い物に対する顧客

の意識は相対的に低くなり，その結果，顧客満足の結果として位置づけられる態度や行動をとりにくくなる可能性もある。

　たとえば，小野（2010b）は業界ごとにJCSIの顧客満足モデルの解析を行っており，その適合度はおおむね良好であるが，企業単位で見た場合，会員登録したネット通販サイトで頻繁に購入を繰り返す購買行動が想定される企業においては，不適解が見られたことが報告されている。その原因について詳しく言及されてはいないが，高頻度・習慣的な購買においては先行要因が機能しにくくなる，あるいは満足の結果としての態度や行動をとりにくくなるのかもしれない。こうした推察は，本書の想定と整合的である。

　第2は，顧客満足の先行要因そのものが成立しにくいという可能性である。日本の食品スーパーは，機会ロス（売り切れ，売り逃し，値引き）を回避するためにハイ・ロー・プライス戦略を採用することが多い。加えて，競争が激しいため店内のマーチャンダイジングを頻繁に変更する。

　このように，食料品という関与度がそれほど高くないカテゴリーにもかかわらず変化が激しい商品に高頻度で出会う場合，顧客は事前に明確な期待をもたなくなる可能性がある。なぜなら，コミットメントが高くないにもかかわらず複雑な情報処理が必要になり面倒だからである。

　このように考えると，日本の食品スーパーの継続利用顧客については，「買い物前にあらかじめ何らかの期待をもって来店している」と想定するよりは，むしろ，「店頭で商品に出会ってはじめて欲望が喚起され，あるいは潜在ニーズが顕在化され，購買の意思決定を行う」と想定するほうが妥当であるように思われる。

第2節　本章の課題

　以上の検討から，本章においては，食品スーパーの顧客満足を，期待不一致モデルに基づくJCSIの顧客満足モデルではなく，原因系に焦点を絞って検討を進めていくことにする。この点で，本章の位置づけは，前節で述べた高橋（1998）の分類では満足源泉解明型研究ということになる。

　顧客満足の源泉を明らかにすることにより，非トップランク食品スーパーの相対的な競争優位がどこにあるのか，その一端を明らかにすることができる。

その理由は，第4章で指摘した通り，日本の小売市場の特質を考えると，ほとんどの食品スーパーは他店舗あるいは他事業（ネットスーパーや宅配など）と競合関係にあると想定できるので，それらと比較した場合の相対的優位性を明らかにできると考えられるからである。

食品スーパーにおける顧客満足の規定因

食品スーパーにおいて顧客満足に影響を与えると想定される要因は，小売ミックスに代表されるフロント・システムである。その理由は，フロント・システムは，顧客から見た業態・店舗の価値そのものだからである。

小売ミックスを構成する次元は論者によって細かい違いがある。たとえば，田村（2001）では，アクセス，品揃え，価格，販売促進および接客サービス，そして雰囲気の5次元としているが，Levy and Weits（2012）では location, merchandise management, pricing, communication mix, store design and display, そして customer service の6次元で捉えられている。これらはほとんど共通しているため，本書では上記の内容を小売ミックスと想定する。

小売ミックスをはじめとするフロント・システムは，サプライチェーン・マ

図5-3 フォーマットの基本要素

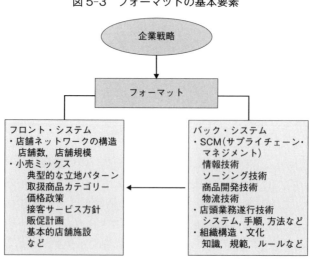

出所：田村（2008）26頁。

ネジメント (SCM) や店頭業務遂行技術といったバック・システムに支えられている (図5-3)。そのため，非トップランク食品スーパーの競争優位を明らかにするためには，フロント・システムだけではなく，バック・システムについての検討も不可欠である。

それについては，店頭業務遂行能力を中心に，のちの第8章，第9章で検討することになるため，ここでは顧客満足と小売ミックスの関係に絞って本章の課題を設定する。

第3節 顧客満足と小売ミックス

顧客満足と小売ミックスの関係

顧客満足（あるいはそれに準じる指標）と小売ミックス要素の関係を論じている研究は多数存在するが，本章の参考になるのは Mägi and Julander (1996)，進藤・戸梶 (2001)，高橋 (2004)，そして寺島 (2007, 2008, 2009a, 2009b) である。これらは，関与度がそれほど高くない商品を扱う小売店への来店客から得られたデータを実証的に検討している。本章の問題関心，すなわち顧客満足と小売ミックス要素の直接的関係に関わる限りで，それぞれを詳しく確認していくことにしよう。

Mägi and Julander (1996) は，4タイプの食品小売店舗内でランダムに選ばれた顧客から得られたデータをもとに，小売ミックスに関する知覚品質と顧客満足の関係を検討している。その結果，品揃え (assortment)，店の雰囲気 (store ambience)，スタッフの親切さや愛想のよさ (personnel interaction)，そして，対応の迅速さ (personnel promptness) が，顧客満足に対しそれぞれ正の相関をもつことが明らかにされた[5]。

進藤・戸梶 (2001) は，小規模の雑貨店と衣料品店の来店者から得られたデータを用いて，小売ミックス要素と顧客満足の関係を回帰分析により考察している。回帰モデルに組み込まれた小売ミックス要素は，店舗の感性，接遇，店舗快適性，商品数，そして価格の5つで，これらが顧客満足に与える影響は，顧客の年代ごとに異なるものの，接遇，商品数，店舗の感性，店舗快適性であった[6]。

なお，それぞれの潜在変数を構成する観測変数は，接遇が店員のアドバイス

や対応，商品数は衣料品や雑貨の商品数，店舗の感性は商品のディスプレイや構成，店舗快適性は歩きやすさや店の場所や陳列状態や値段表示などで[7]，それぞれの項目は7件法で測定した上で因子分析を行っている。

高橋（2004）は，2001年と2002年にホームセンターの顧客を対象に実施された調査データをもとに，消費者の態度的ロイヤルティに影響を与える小売ミックス要素を探索的に検討している[8]。分析の結果，態度的ロイヤルティに影響を与える要因は，品揃え，接客対応，独自サービス，チラシ広告，催事・イベント，店内の感じであることが明らかになった[9]。2年分のデータにおいて安定的に影響が確認できるという理由から，高橋（2004）は，態度的ロイヤルティは店舗の雰囲気によって規定されるという仮説を導き出している。

寺島（2007，2008，2009a，2009b）は，中小食品スーパーの顧客から得られたデータを用いて顧客満足に影響を与える要因を考察している。一連の研究の結果，寺島（2009a）は，顧客満足に影響を与える要因は，影響力が強い順に，顧客サービス・クオリティ，商品クオリティ，価格であることを明らかにしている[10]。なお，顧客満足に影響を与えていた潜在変数を構成する項目は以下の通りであった。顧客サービス・クオリティは，レジ係の接客，対応・商品知識，身だしなみ・礼儀，挨拶や親しみやすさから構成されている。商品クオリティは，肉類（ウシ，ブタ，トリ）の鮮度，魚類の鮮度からなる構成概念で，価格については特価魅力という観測変数をそのまま用いている。

顧客満足に影響を与える小売ミックス要素は何か

以上で確認してきた先行研究は，それぞれ独自の変数を用いているため大雑把な捉え方にならざるをえないが，顧客満足に影響を与えていそうな小売ミックス要素は，品揃え，店の雰囲気（快適さ），スタッフの対応，アクセス，鮮度，価格，ということになる。

上記の実証研究は，いずれも来店客から得られたデータを分析することによって，顧客満足にとって有用な小売ミックス要素の抽出に成功しているという点で高く評価すべきである。とくに，データの性質上，調査対象となった店舗への実務的な貢献はきわめて大きいと思われる。

ただし，小売業は状況依存性が高いビジネスである。国，業種，業態，あるいは規模や競争状態により，分析の結果は異なってくる可能性がある。この点

第 5 章　顧客満足の規定因①　99

を考慮すると，調査対象の小売業者の業種が食品で，かつ，中小規模であることから，もっとも参考にできそうなのは Mägi and Julander（1996）と寺島の一連の研究である。ただし，Mägi and Julander（1996）は調査対象国が異なるため，消費者あるいは消費文化そのものが異なっており，それが分析結果に影響を及ぼす可能性がある。寺島の一連の研究については，とくに寺島（2008，2009a）は，ボランタリー・チェーンに加盟する独立系の中小食品スーパーを調査対象としていることから，本書が着目する，チェーン・オペレーションを採用する非トップランクの食品スーパーとは異なる。

　つまり，所定の手続きに沿った慎重な検討を行っていたとしても，数多くある先行研究の中で，本章の問題意識にもっとも合致すると思われる研究群ですら，そこでの分析枠組みや結果を無批判に受け入れて本章の分析モデルを構築するのは，現実的な妥当性という点で難しい側面があると思われる。この点を考慮しつつ，以下では具体的な仮説と方法を検討していく。

第4節　仮説構築

　本章の調査対象は食品スーパーの顧客である。それも，食料品購買の選択肢がそれほど多くなく，たいてい同じ店（群）に高頻度で買い物に行くような顧客を想定している。その理由は，繰り返して同じ店を利用する顧客はロイヤルティが高いということになり，そうした顧客が食品スーパーを支えていると考えられるからである。

　このような顧客にとっては，食料品の購買は日常的な行動となっていると想定されるため，店舗の小売ミックス要素をこと細かく評価しているとは考えにくい。関与がそれほど高くなく，かつ，日常的な行動であるがゆえに，顧客はむしろ複雑な情報処理を避け，おおまかに買い物場所（店舗）のメリットを評価しているのではないか，と思われる。

　この点を考慮し，本章では顧客満足と小売ミックス要素の関係について，先行研究と調査対象企業へのヒアリングから得られた知見を参考にすることで，調査対象のコンテクストに沿った仮説を設定することにした。

　ヒアリングは，調査対象企業の上級役員，役員，役職従業者に対して複数回，それぞれ1時間から2時間程度，実施した。具体的には，「お客さんからの支

持を得るために重要だと考えている要因は何ですか」という質問を端緒に，さまざまな要因を話してもらうという半構造化インタビューを行った。ここでは，仮説導出ともっとも関わりが強いと思われる部分だけを直接引用しておこう。

　「われわれの仕事に必要なのはKKDだとよくいわれています。勘と経験と度胸です。店舗の状況は一店一店違うので，本部にいわれた通りではうまくいかないことが多いですからね。売場は常に動いているのです。（中略）実感としては，お客様の支持を得るのに重要なのは，立地が50，価格が20，残りを品揃えとサービスが分け合うくらいでしょうか」（2013年3月12日，Y本部長）。

　この意見はヒアリングの中で出てきたものである。ここで重要な点は，本章の問題意識と関わる限りでは2つある。
　1つは，店舗の状況は1店1店違う，売場は常に動いている，という指摘である。調査対象となった企業は阪神地区（大阪から神戸に至るエリア）に二十数店舗を展開する食品スーパーである。売上規模は350億円程度（当時）で，大規模小売業者のグループ会社ではない。つまり，本書が注目する非トップランクの食品スーパーである。
　ここで注目すべき点は，阪神地区という相対的に狭いエリアでチェーン店を展開する小売業者ですら，店舗は1店1店違うと述べているということである。店舗を展開するエリアが狭いということは，それだけ当該エリア内の食文化や消費者意識などの異質性は低いはずである。そういう状況ですら，店舗は1店1店違うということは，調査対象をより狭い範囲（たとえば，同業種，同業態，同業態内で同じ戦略グループの企業群，単一企業）に絞ることの妥当性を傍証しているように思われる。
　もう1つは，顧客の支持を得るために重要な要因を整理している点である。具体的には，立地，価格，品揃え，そしてサービスという小売ミックスにおける主要な要因が指摘され，その重み付けが述べられている。立地すなわちアクセスの良し悪しがもっとも重要な要因で，顧客が小売店を支持する要因の50％を占めており，次いで価格が20％，品揃えとサービスの良し悪しが15％ずつである。

この知見は，現場を熟知する調査対象企業の実務家が仕事の熟達化の過程における経験を通じて獲得した実践知（第7章で詳述）であり，先行研究の指摘ともおおむね整合的である。先行研究では，品揃え，店の雰囲気（快適さ），スタッフの対応，アクセス，鮮度，価格が顧客満足に影響を与える小売ミックス要素であると指摘されていた（Mägi and Julander, 1996；進藤・戸梶, 2001；高橋, 2004；寺島, 2009a）。これらはすべて，ヒアリングから得られた知見（立地，価格，品揃え，サービス）に含まれる。店の雰囲気（快適さ）とスタッフの対応はサービスに関するものであるし，鮮度は取り扱う商品のクオリティという観点から品揃えに含めてもよいだろう。以上から，次の仮説1〜仮説4を設定することができる。

　　仮説1　立地の評価が高いほど，顧客満足は高くなる。
　　仮説2　価格の評価が高いほど，顧客満足は高くなる。
　　仮説3　品揃えの評価が高いほど，顧客満足は高くなる。
　　仮説4　サービスの評価が高いほど，顧客満足は高くなる。

以上の仮説に加え，ヒアリングでは，顧客の支持を得るための重要な要素間には重み付けがあることも指摘されている。そのため，以下の仮説5も設定できる。

　　仮説5　顧客満足に与える影響は，立地，価格，品揃え・サービスの順に強い。

ここまでは，顧客満足に影響を与えると考えられる小売ミックス要素に関する仮説を検討してきた。本章の主眼は非トップランク食品スーパーの顧客満足の源泉を探ることであるが，顧客満足と成果の関係についても検討しておくほうがよいと思われる。その理由は，店舗への来店自体が重要な成果ではあるものの，来店客の財務的なインパクトが大きいほうが企業にとって好ましいからである。

日本の小売市場においては，食品スーパーでは最寄品の購買が高頻度で行われるが，最寄品の購買には複数の選択肢（他店舗や宅配など）が存在しており，

消費者は複数の選択肢を使い分けることも多い。この点を鑑みると、顧客満足の高い店舗ほど、顧客の支出における当該店舗のシェアは大きくなるはずである。この論理から以下の仮説6が導かれる。

　　仮説6　顧客満足が高くなるほど、店舗の成果は高くなる。

第5節　方　　法

調査対象

　以上の仮説を検証するために、阪神地区で21店舗（2013年4月時点）の食品スーパーを運営するA社の店舗で日常的に買い物をしている顧客（常連客）を対象に、その店舗への満足度について質問票調査を実施した。

　調査対象を常連客に限定した理由は、継続的な利用客の満足とワンショットでの買い物客の満足は質的に異なると考えたからである。継続的な利用は、いくつかある選択肢の中から選ばれ続けた結果とみなすことができるので、そこで得られている満足とその要因は、ある程度安定した評価であると判断することができる。

　それに対して、ワンショットでの買い物で得られた満足は、その利用者がその店舗で買い物をしたときにどのような状況に置かれていたのかに依存する可能性が高い。たとえば、急いでいた場合には、陳列が簡潔でレジ待ち時間が短いことが満足につながる。逆に、こだわりの商品を購入するためにわざわざ当該店舗を訪れたのであれば、その商品の品揃えの幅や深さが満足につながりやすいと思われる。

　食品スーパーの強みは、他の選択肢があるにもかかわらず継続的な利用客を作り出し維持できている点にあると考えられるため、本章では一見客ではなく継続的な利用者の満足に焦点を当てることにした。

調査方法

　調査は2013年4〜6月の平日13〜15時に、各店舗（21店舗）で買い物を終えた顧客に質問票に記入してもらうという方法をとった。実施に際しては、事前に本部を通じて各店舗に協力を依頼し、調査実施直前に店内放送でアンケー

トを実施している旨を告知してもらった上で，調査者の代理人が買い物終了後の顧客に声をかけ，用意した机に着席の上で質問票に回答してもらった。調査依頼に応えてもらう確率を上げるために，謝礼として図書カード500円分を用意していることもあわせて告知し，回答後に謝礼として手渡しした。

回収された質問票は690票であったが，二重回答などの不正回答や欠損値が含まれるサンプルと，明らかに不正と思われる回答を行っていたサンプルをリストワイズ削除し，その上で，普段から当該店舗で買い物をしている顧客のみを残した結果，有効回答数は401票となった[11]。

回答者の属性は，性別は，女性が337名（84.0％），男性が64名（16.0％），年代は，20代が35名（8.7％），30代が68名（17.0％），40代が112名（27.9％），50代が64名（16.0％），60代が79名（19.7％），70代が37名（9.2％），80代以上が6名（1.5％）であった。1週間当たりの利用頻度の平均は3.73回（標準偏差＝1.82），1回当たりの利用金額の平均は2387.03円（同＝1118.14），店舗までの所要時間の平均は10.67分（同＝7.00）であった。

測定尺度

分析に必要な尺度は，小売ミックス要素（立地，価格，品揃え，サービス），顧客満足，そして成果である。

小売ミックス要素については，先行研究で用いられた尺度を参考にしつつ，現場のコンテクストに合うよう，適宜，ヒアリングを参考にして質問項目を作成した。具体的には，立地，価格，品揃え，サービスについて複数の質問項目を用意するとともに，先行研究の知見を参考に，それ以外の項目（店の雰囲気，商品の鮮度，設備，陳列，レジ待ち時間など）も加えた。

さらに，スーパーで買い物経験のある消費者を対象としたパイロット調査を実施し，実務家と議論しながらワーディングを洗練させていった。質問順が因子抽出に影響を与える可能性を考慮し，各質問は乱数表に基づきランダムに配置した。最終的には25の質問項目が用意され，それらに同意する程度を7件法のリッカート・スケールで測定した。

顧客満足については，先行研究において頑健性が確認されている尺度が存在するため，それを用いることにした（サービス産業生産性協議会，2009；小野，2010b）。具体的には，全体満足，選択満足，そして生活満足に同意する程度を

7件法で回答してもらった。

　顧客満足の成果の尺度は，当該店舗の1週間の利用金額とした。手続きとしては，1週間当たりの店舗の平均利用頻度と1回当たりの平均利用金額を実数で回答してもらい，それらを掛け合わせることで1週間の利用金額を算出した。

　先行研究とは異なる成果指標を設定した理由は，次の通りである。先行研究では，推奨意向や再利用意向（小野，2010b），売上高や利益や回転率などの財務的成果（高橋，1998），あるいはROIや顧客維持率の変化およびそれらの合成指標（Megicks and Warnaby, 2008）などが用いられてきた。

　しかしながら，本章で明らかにしたいのは食品スーパーの常連客の顧客満足である。その集計水準は，産業（小売業），業種・業態といったマクロレベルではなく個人レベルである。売上などの財務データは集計水準がマクロレベルの場合は適しているかもしれないが，個人レベルの成果と捉えるのは無理がある。加えて，財務的成果は店舗が置かれた環境から影響を受けることも多い。たとえば近隣に競合店が出店してきた場合には，財務的指標は大きく変動する。顧客維持率についても同様である。

　以上の理由から，本書では1週間の利用金額を成果として捉えることにした。

コモン・メソッド問題

　今回の調査においては，調査者は調査対象企業とは別の組織であること，回答は学術的な研究のために統計的に処理されることをフェイスシートで明記した上で，回答を依頼する際にもその周知を徹底した。さらに，回答者の匿名性を高めるために，個人情報についての質問項目は最低限にとどめ，説明変数となる質問項目と被説明変数となる質問項目はできるだけ離して配置した（前者は2頁目，後者は4頁目）。説明変数の質問項目については，数が多く質問の順番が回答に影響を与えることがないよう，乱数表を用いてランダムに配置した。

　以上の工夫はしたものの，分析に用いる変数は，すべて同一の回答者から得られたデータに基づいている。したがって，回答者が社会的に望ましい回答をしてしまう，あるいは，自らの回答に一貫性をもたせるようにしてしまう，といったバイアスが生じ，変数間の関係が過度に強調される危険性がある。

　そこで，すべての観測変数を対象に，ハーマンの単一因子テストを実施することで，バイアスの程度を確認することにした（Podsakoff and Organ, 1986）。具

体的には，固有値1以上を因子抽出条件とした探索的因子分析（主因子法，回転なし）を行い，固有値1以上の因子が1つ以上あるか，そして第1因子の説明力が大多数（majority）にならないかを確認した。

その結果，固有値1以上の因子は5つ抽出され，第1因子の寄与率は42.2%であったため，今回のサンプルにおいてはコモン・メソッドによるバイアスは，single-method-factor approach を用いて分析モデル内で統制しなければならないほど深刻ではないと判断した[12]。

第6節 分　析

手続き

仮説の検証に先立って，測定尺度の信頼性と妥当性を確認し，そのあとで仮説として設定した変数間の関係の検証を行う。この手続きは Anderson and Gerbring（1988）が推奨する2ステップ・アプローチである。

このアプローチを採用した理由は，先行研究を参考にしたとはいえ，分析に用いる独立変数（小売ミックス要素）は調査対象に合うようにカスタマイズした上，常連客がいつも使う店の小売ミックス要素を細かく把握しているとは限らないことから，先行研究の指摘通りの小売ミックス要素が構成概念として確認できるかわからないためである。

探索的因子分析

まず，小売ミックス要素が想定通り，立地，価格，品揃え，そしてサービスの4次元に分かれるのかを確認するために，関連する25項目を投入した探索的因子分析（最尤法，プロマックス）を行った。分析に際しては固有値1以上の因子を抽出することとし，因子負荷量が0.4，共通性が0.25以下の項目と，複数の因子に対して負荷量が高い項目を削除することで尺度を洗練化させた。

その結果，固有値1以上の因子は4つ析出された。各因子の寄与率は，第1因子が43.69%，第2因子が10.15%，第3因子が7.72%，第4因子が5.51%であった。

これらの4因子がうまく小売ミックス次元を表現できているのかを確認しておこう。具体的な質問項目は表5-1に示されている。質問項目を見ると，第1

表5-1 測定尺度と信頼性

構成概念	質問項目	平均	標準偏差	クロンバックのα係数	合成信頼性(CR)
顧客満足	過去1年間の利用経験を踏まえて，このスーパーにとても満足している	5.63	1.093	0.947	0.95
	過去1年間を振り返って，このスーパーを選んだことは，あなたにとって良い選択であった	5.60	1.109		
	このスーパーの利用は，あなたの生活を豊かにすることに，とても役立っている	5.63	1.148		
立 地	買い物をするのに便利な場所にある	5.92	1.284	0.900	0.91
	お店までの交通手段を利用しやすい	5.21	1.526		
	お店はいい場所にある	5.65	1.301		
	来やすい場所にある	5.71	1.340		
価 格	品質を考えると商品の価格は安い	5.34	1.173	0.891	0.89
	生鮮食品の価格は安い	5.29	1.170		
	特売品の価格は安い	5.70	1.183		
	お店全体として，平均的な価格は安い	5.55	1.146		
品揃え	品揃えが豊富である	5.15	1.196	0.808	0.82
	欲しいと思う商品がある	5.14	1.201		
	同じ商品でも種類が多い	4.55	1.226		
サービス	お店の全体的な雰囲気はよい	5.38	1.118	0.876	0.88
	全体的な買い物スペースの配置はよい	5.43	1.042		
	従業員の対応は迅速・的確である	5.33	1.094		
	従業員の対応は心地よい	5.30	1.165		

因子は立地，第2因子は価格，第4因子は品揃えを示していることがわかる。第3因子のみ，田村（2001）では別の次元と指摘されている雰囲気と接客サービスが混在しているが，広い意味ではサービスと捉えてもよいだろう。

信頼性および妥当性の確認

続いて，構成概念の信頼性と妥当性を確認するために，析出された4つの因子に3つの質問項目で測定した構成概念である顧客満足を加えて確証的因子分析（プロマックス回転，最尤法）を行った。

その結果，χ^2値は352.474で有意（$p. < 0.01$）となったが，自由度（d.f. = 125）を考慮した相対χ^2値（$\chi^2/\mathrm{df.}$）は2.82と，許容範囲とされる3以内に収

まっている (Carmines and McIver, 1981)。その他のモデル適合度の指標は, CFI = 0.958, SRMR = 0.038, RMSEA = 0.067 であった。

データのサンプル数は 401 (250以上) で, モデルの観測変数は 18 (12以上 30以下) であるため, CFI は 0.920以上, SRMR は 0.080以下 (ただし CFI が 0.920以上の場合), RESEA は 0.070以下 (ただし CFI が 0.920以上の場合) であることが望ましいが, これらの値は水準を充たしている (Hair, Black, Babin, and Anderson, 2014)。各構成概念の測定尺度および信頼性は表 5-1 に示されている[13]。

構成概念の妥当性については, 収束妥当性 (convergent validity) と弁別妥当性 (discriminant validity) を用いて確認する。

収束妥当性は, ①潜在変数から観測変数へのパスの有意確率と因子負荷量の標準化係数 (standardized loadings estimates) のスコアの大きさ, ②各構成概念の平均分散抽出度 (AVE: average variance extracted), ③そして信頼性係数であるクロンバックの α 係数 (Cronbach' α) と④合成信頼性 (CR: composite reliability) を用いて確認した。

その結果, 潜在変数から観測変数へのパスの標準化係数はすべて1%水準で有意となり, そのスコアはよい目安 (good rule of thumb) とされる 0.50 を超えていた (Hair et al., 2014)。各構成概念の AVE は 0.50 を上回っていた (Bagozzi and Yi, 1988；Fornell and Larcker, 1981)。

信頼性については, クロンバックの α 係数と CR を用いて確認した (表 5-1)。α 係数はすべての構成概念において 0.70 以上 (0.81～0.95) であることが確認され (Nunnally, 1978；Cronbach, 1987), CR もすべて 0.70 以上 (0.82～0.95) であった (Bagozzi and Yi, 1988；Bagozzi and Baumgartner, 1994)。

弁別妥当性については, 各構成概念の AVE が構成概念間の相関係数の平方を上回っているかで確認した (Fornell and Larcker, 1981)。その結果, 表 5-2 に示す通り, すべてのペアにおいて, AVE は構成概念間の相関係数の平方を上回っていることが確認できた[14]。

以上の検討により, 分析に用いる構成概念の妥当性を確認することができた。

サンプルの独立性の確認

以上の変数を用いて分析モデルが設定できるが, 分析に用いるデータは 21

表 5-2 構成概念の AVE と概念間の相関係数

	構成概念	AVE	1	2	3	4
1	顧客満足	0.86				
2	価　格	0.68	0.661			
3	立　地	0.71	0.451	0.500		
4	品揃え	0.60	0.570	0.490	0.448	
5	サービス	0.64	0.602	0.661	0.525	0.620

の店舗から得られたものであるため，サンプルの独立性が仮定できるかを確認しておく必要がある。具体的には，それぞれのサンプルは収集された店舗ごとに異なる傾向がある可能性があり，その場合は集計水準の違いを考慮した分析を行わなければならない。

調査対象となった企業はチェーン・オペレーションを採用しているスーパーであるため，顧客に提供する価値はチェーン全体で統一されているはずである。つまり，品揃えや価格，サービスは標準化されており，店舗ごとの差異は生じにくいと思われる。

しかし，顧客満足や利用金額については，店舗の顧客特性の違いから影響を受ける可能性を否定できない。立地に関しても，顧客にとっての店舗へのアクセスの容易さという主観尺度ではあるものの，店舗ごとに状況は大きく異なる可能性がある。ヒアリングにおいても，同一企業がそれほど広くないエリアで運営するチェーン店ですら，1店1店の状況は異なることが指摘されている。

そこで，先に操作化した変数が店舗ごとに異なるのかを確認するために，店舗を水準とする一元配置分散分析を行った。その結果，立地が1％水準で，品揃えと成果が5％水準で有意となったため，多重比較により店舗間の差を確認したところ，有意差が認められたのは立地のみであった。具体的には，調査対象となった21店舗中，特定の2店舗間でのみ，平均値の差が10％水準で有意傾向があった。そのため，この結果をもって店舗間に顕著な差があるとはいいがたい。つまり，店舗間のデータの異質性が分析に深刻な影響を与えるとは考えにくいと判断した。

統制変数

続いて統制変数について検討しておこう。モデルの非説明要因である顧客満

足と1週間での利用金額は，顧客の属性すなわち性別や年代によって異なる可能性がある。

たとえば，スーパーの利用経験は性別によって異なる可能性があり，その場合は顧客満足の水準自体が異なるかもしれない。あるいは，年代によりライフ・ステージが異なることが予想され，その場合は1週間での利用金額の差が出てくる可能性がある。

そこで，性別についてはt検定を，年代については一元配置分散分析および多重比較を実施した。その結果，顧客満足については，いずれの属性も有意差が認められなかった。一方，1週間の利用金額については，性別および年代により差があることが確認された（$t = 3.160$, $p. < 0.01$, $F = 4.330$, $p. < 0.01$）。

性別については，女性の平均が 8759.57 円であるのに対して男性は 6826.56 円であった。年代については，多重比較により，20代と 40, 50, 60, 70代の間に有意差が認められた。20代の1週間の平均利用金額は 3500.00 円であるのに対して，40代は 8653.57 円，50代は 9707.81 円，60代は 9401.90 円，70代は 8986.49 円であった[15]。以上から，1週間の平均利用金額に対して年代のダミー変数を投入することにした。

さらに，性別および年代とモデルに投入する構成概念の関係を確認してみた。性別についてはt検定を行ったが，いずれの構成概念も有意差はなかった。年代については，一元配置分散分析を行ったところ，価格のみ，年代により差がみられた（$F = 2.65$ （$p. < 0.05$））。そこで多重比較を行ったところ，80代以上と 30代，40代，50代の間で有意傾向があった（それぞれ $p. = 0.07$, $p. = 0.07$, $p. = 0.06$）。ただし，80代以上のサンプル数は6で，全体の 1.5%を占めるにすぎない。だが，慎重を期して，分析モデルにおいては，年代と価格の間に共分散を仮定することにした。

分析モデル

以上の検討から得られた分析モデルと仮説を対応させると，以下のようになる（図5-4）。小売ミックスの各要素は，「ミックス」と表現されるだけに，相互の影響関係が想定できることから，共分散を仮定している。

仮説を検証するために，構造方程式モデルにより図5-4の分析モデルの推定を行った。適合度は，$\chi^2/df. = 2.60$ （$\chi^2 = 463.125$, $df. = 178$, $p. < 0.01$），CFI

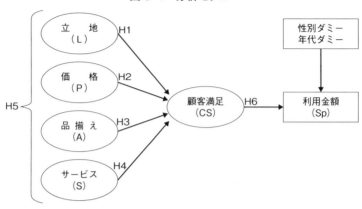

図5-4 分析モデル

注）観測変数，誤差，ダミー変数と潜在変数間のパスは省略。

= 0.949, SRMR = 0.041, RMSEA = 0.063 となった。モデルの適合度は良好であるため，このモデルにしたがって仮説の検証を進めていく。

第7節 考　察

仮説検証

　統計的に有意だったパスは，仮説2の価格と顧客満足の関係（パス係数の標準化推定値 = 0.416, $p. < 0.01$），仮説3の品揃えと顧客満足の関係（同 = 0.255, $p. < 0.01$），仮説4のサービスと顧客満足の関係（同 = 0.139, $p. < 0.05$）であった[16]。有意な影響が見られたパスの係数はすべて正の値であったため，仮説2，3および4は支持されたといえる。

　しかし，仮説1, 6は，いずれのパスも有意とならず支持されなかった。さらに，顧客満足に影響を与える小売ミックス要素は立地，価格，品揃え・サービスという順に強いという仮説5についても支持されなかった。品揃えとサービスについては，仮説では影響力は同等と想定したが，標準化係数の値は品揃え（= 0.255）のほうがサービス（= 0.139）よりも高かった。それゆえ，仮説5も支持されなかった。

　仮説の検証結果は表5-3の通りである。

表 5-3　分析結果と仮説検証

	非標準化推定値	標準誤差	検定統計量	有意確率	仮説検証
L → CS	0.06	0.05	1.17	0.24	H1 = 不支持
P → CS	0.50	0.07	6.87	0.00	H2 = 支持
A → CS	0.25	0.06	4.45	0.00	H3 = 支持
S → CS	0.15	0.07	2.09	0.04	H4 = 支持
CS → Sp	319.83	251.93	1.27	0.20	H6 = 不支持

図 5-5　分析結果と仮説検証

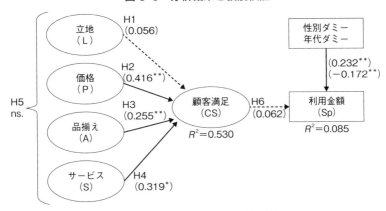

注：1）　観測変数と誤差，年代ダミーと価格間の共分散は省略。
　　2）　** = $p. < 0.01$，* = $p. < 0.05$，† = $p. < 0.10$。
　　3）　カッコ内の数値はパス係数の標準化推定値。
　　4）　実線は有意，破線は非有意。

　説明変数の影響力の強さの指標である重相関係数の平方（R^2）は，顧客満足は 0.53，利用金額は 0.04 であった。そのため，顧客満足の分散のうち 53％が，利用金額の分散のうちの 4％が，このモデルにより説明されたことになる（図 5-5）。

結果の解釈

　以上の結果から，非トップランク食品スーパーの常連客の顧客満足に影響を与える要因は，まずは価格，次いで品揃え，そしてサービスということになる。これらの傾向は，おおむね先行研究の指摘と整合的である。

価格については，品質の割に安い，特売品が安い，買い物全体（バスケット単位）としての平均的な価格が安いことが，顧客満足につながるようである。この点は，低価格志向でありながら品質も追求するというバリュー・ハンター（田村，2006a）の存在と整合的である。

品揃えについては，広さと深さ，そして欲しい商品があるということが，顧客満足につながっている。品揃えをできるだけ絞り込むことで低価格を実現するビジネスモデルは日本でも世界でも好調だが，少なくとも，調査対象企業の顧客は品揃えの広さも深さも重視しているようである。この点は，調査対象者の選択肢としてそういうタイプの店舗が通える範囲に存在しないだけかもしれず，分析対象を変えてさらに検討する必要がある。

サービスについては，店内の雰囲気，売場のレイアウト，そして従業員の対応を含むが，これらが顧客満足につながっている。今回の調査対象は非トップランク食品スーパーの常連客だが，関与度のそれほど高くない日用品の反復購買では，効率性がもっとも重視されそうだが，店の雰囲気も重視されていることは興味深い。日常的な食料品の買い物は，効率性を重視する作業という側面をもちつつ，同時に，娯楽のような側面ももっているのかもしれない。この点は，近年，国内外で店内の陳列に特色をもたせる店舗が増えていることと整合的である。

以上の小売ミックス要素の中で価格の影響力がもっとも大きい点も，興味深い。その理由は，一般的には，企業規模が大きいほど仕入れの交渉力が増すため，大規模小売業者（とその傘下）のスーパーのほうが低価格を実現しやすいように思われるが，実際には，店舗での販売価格に反映されていない可能性が示唆されるからである。

この点については，大規模小売業者のほうがオペレーションのコストが高くなっていること，あるいは，標準化された規格の生鮮食料品を大量に仕入れる必要があることによって，かえって仕入れコストが高くなってしまっていることが関連しているかもしれない。

支持されなかった仮説

支持されなかった仮説についても検討しておく必要がある。検証されなかったのは，立地の顧客満足への影響（仮説1），顧客満足に影響を与える小売ミッ

クス要素の影響力の強さの順(仮説5),そして,顧客満足から成果への影響(仮説6)である。

先に仮説6が支持されなかった点を考えてみよう。顧客満足から(1週間の)利用金額へのパスが有意にならなかったことについては2つの側面から考えることができる。

第1は,当該店舗がすでに顧客の支出における最大シェアを得ている場合である。この場合は,顧客満足が高くても,1週間での支出金額には限界があるため,顧客満足と1週間の利用金額の間に1次関数のような線形の関係は想定しにくい。

第2は,満足していないからといって1週間の利用金額が小さくならないという場合である。食品スーパーの商材は生活必需品であるため,他に魅力的なオプション(他店舗や宅配,ネット・ショッピングなど)がない場合は,顧客満足が高くなくても,利用金額は,一定以上は小さくならない可能性がある。

本章の調査対象は,都市部でチェーン展開するスーパーの顧客であるため,過疎地のように他のオプションが存在しないことは想定しにくいが,他のオプションが魅力的ではないというケースはあるだろう。

仮説1,5について,顧客満足に対してもっとも影響力が大きいと想定した立地が有意にならなかった理由も検討しておこう。3つ考えられる。

第1は,本章が継続的な利用客を分析対象にしていることである。なじみの来店客はその店舗を選好した結果として継続して来店しているため,立地(アクセスの容易さ)については,すでにある程度は満足している(あるいは最低限の要件は満たしている)可能性が高い。したがって,立地(アクセスのよさ)は,継続的な利用客を対象とした分析においては,価格や品揃えといった他の小売ミックス要素とは異なる次元の要因と捉える必要があったのかもしれない。この点は,分析モデルの妥当性の問題といえる。

第2は,調査対象者の偏りである。今回の調査は,調査協力企業の都合により,平日の昼間(13～15時)に実施された。この時間帯の買い物客は他の時間帯よりも急いでいる人は少ない。さらには,店頭での調査依頼に応じてくれる人は,そうでない人と比べて時間に余裕がある可能性が高い。立地はアクセスの容易さについての指標であるため,回答者自身が時間に余裕があるかそうでないかが分析結果に影響を与えている可能性がある。この点は,リサーチデザ

インの妥当性の問題といえる。

　第3は，顧客満足を説明する小売ミックス要素が相互に複雑に影響を与えあっており，それが解析結果に影響を与えている可能性である。今回の分析モデルは，小売ミックス要素はそれぞれが独立して顧客満足に影響を与えると想定し，それぞれの要因を足し合わせることで顧客満足への影響を確認するという，いわゆる重回帰モデルである。しかし，回帰モデルを分析に適応することがそもそも妥当ではなかった可能性がある。

　その理由は，小売ミックスは，ミックスと表現されていることからもわかるように，それぞれの要素の組み合わせが重要となるからである。つまり，独立して影響を与えているわけではないが，組み合わせ次第で顧客満足に影響を与える（あるいは与えない）要因が存在している可能性がある。

　回帰モデルにおいてこの点を考慮するためには，理論上は交互作用項を用意すればよいが，現実的には問題がある。1つは，交互作用項を増やしすぎると計算負荷が高くなりすぎて結果が出力できなくなるという問題，もう1つは，交互作用項が高次になれば結果の解釈がきわめて難しくなるという問題がある。この点は，分析方法の妥当性の問題といえる。

注───────

1　顧客満足と消費者満足を別の概念として使い分ける立場もあるが（たとえば，藤村，1993），用語の定義そのものの検討は本書の目的ではないため，以下では特別な断りがない限り「顧客満足」という用語で統一する。
2　アメリカと日本のコンテクストの違いを考慮し，JCSIではいくつかのアレンジが施されている。たとえば，日本の消費者はアメリカの消費者ほど製品・サービスに対する苦情を口に出さない傾向があるため，オリジナルのACSIでは「苦情行動」としているところをJCSIでは「クチコミ意図」に変更している。そのほかにも，調査方法や推定方法に違いがある。詳しくは，小野（2010b）および南・小川（2010）を参照のこと。
3　たとえば，小野（2010b）では11の業界における顧客満足モデルの実証結果が示されているが，その中には，サービス業だけでなく小売業も含まれている。具体的には，百貨店，通信販売，コンビニが取り上げられている。
4　本章で分析に用いるデータが収集されたのは2013年であることから，参照するデータも2013年のものにした。
5　相関係数（スピアマンの順位相関係数）は，品揃え=0.590，店の雰囲気=0.584，スタッフの親切さや愛想よさ=0.555，そして，対応の迅速さ=0.631で，すべて1％水準で有意であった。
6　標準化回帰係数は0.305から0.540の値をとり，10代の接遇から顧客満足へのパスと，30代の店舗の感性から顧客満足へのパスが5％水準で有意，それ以外は1％水準で有意であった。
7　店舗快適性については，田村（2001）のアクセスという小売ミックス次元が中心となっている

ものの，それ以外の要素も因子の中に含まれている。なお，因子ごとの尺度の信頼性や妥当性は論文内には示されていないが，因子負荷量を見る限りでは，5つ中3つの構成概念（店舗の感性，接遇，店舗快適性）は尺度の妥当性について再検討の余地がありそうである。

8　ここでは態度的ロイヤルティに影響を与える小売ミックス要素のみを取り上げているが，高橋（2004）では，態度的ロイヤルティだけでなく，行動ロイヤルティや業績面から捉えた成果（従業員1人当たり販売額など）と小売ミックス要素（従業員の評価と顧客の評価）の関係もあわせて分析されている。

9　ただし，品揃え，接客対応，チラシ広告，催事・イベントは2001年のデータでのみ影響関係が見られ，独自サービスについては2002年のデータで関係が確認されたのみであった。両年ともに影響が確認されたのは店内の感じだけであった（標準化係数 = 0.158（$p. < 0.05$），0.743（$p. < 0.01$））。このような結果となった理由の1つとして，2001年には10項目だった調査項目が2002年には15に増えていることが考えられる。

10　標準化係数は，それぞれ0.554，0.284，そして0.181であった。

11　調査については2つの注意点がある。1つは，調査対象企業の希望により，調査を行った日時が平日の特定の時間に限られたことである。つまり，サンプルに偏りが生じてしまっている。もう1つは，今回の調査ではすべての設問で同じ数字に丸をつけるといった明らかに不正と思われる回答が多かったことである。理由としては，回答者に謝礼を用意したため，それを目的として調査依頼に応じたが適当に回答した人が多かったからかもしれない。これらの点については結果を解釈する際に十分注意しなければならない。

12　念のために Podsakoff, MacKenzie, Lee, and Podsakoff（2003）が推奨するバイアスの確認法の1つである single-method-factor approach を採用したモデルの分析も行ったが，パス構造が複雑になりすぎて，Amos22 では推定結果を出力できなかった。

13　立地を構成する質問項目のうちの2つ（「買い物をするのに便利な場所にある」と「来やすい場所にある」）に若干の天井効果が生じてしまった。質問票のデザインや回答者の答えやすさ，そしてパイロット調査の結果を考慮して，今回の調査ではJCSIの10件法ではなく7件法で問題ないと判断したが，先行研究が指摘する通り（たとえば，Fornell, 1992），右に偏向した分布が生じてしまっている。そのため，これらの2項目を外した分析も試みたが，適合度が少し下がったくらいで結果に大きな違いは生じなかった。

14　論文によっては，わかりやすさを考慮して，AVEの平方根（$\sqrt{\ }$）と構成概念間の相関係数を比較している場合もある。

15　80代以上の平均利用金額も9566.67円で20代とは大きな差があったが，この水準のサンプル数は6と少ないため統計的に有意とはならなかった。

16　なお，ダミー変数を投入したモデルと投入しなかったモデルを比較してみたところ，適合度のスコアはほとんど変わらなかった（χ^2/df. = 2.66（χ^2 = 378.176, df. = 142, $p. < 0.01$），CFI = 0.957, SRMR = 0.038, RMSEA = 0.064）。

第6章

顧客満足の規定因②

集合論アプローチ

> 前章では，本書の課題①「非トップランク小売業者はどのような点で小売市場において競争優位を構築できているのか」を検討するために，スーパーの顧客満足を小売ミックスという枠組みから統計的因果分析を行った。
> 本章では，前章での統計的因果分析の結果を受けて，顧客満足と小売ミックスの関係について集合論的因果分析，具体的にはファジィ集合を用いた質的比較分析（fsQCA：fuzzy set qualitative comparative analysis）を行う。fsQCA により，顧客満足に影響を与える小売ミックス要素の組み合わせを明らかにすることができる。

第1節　本章の課題

前章の発見事項と課題

　前章では，顧客満足に影響を与える小売ミックス要素を明らかにするために統計的因果分析を行った。いくつかの課題が残ったが，本章では，顧客満足に対してもっとも大きな影響を与えると考えられた要因（＝立地）の影響が確認されなかったことに焦点を当て，改めて詳しく議論する。

　立地の影響が認められなかった点について，前章では3つの理由を指摘した。第1は，常連の来店客を分析対象とした場合には，立地を独立変数と想定するのは妥当ではないかもしれないこと，第2は，サンプルが平日昼間の常連客に偏っていること，第3は，小売ミックスのような組み合わせのパフォーマンスが問題になるような要因については，回帰モデル（$Y = a + b_1 X_1 + b_2 X_2 + b_3 X_3 +$

b_4X_4+e) による統計分析が妥当ではないかもしれないこと,であった。

そこで,本章では,顧客満足に影響を与える小売ミックス要素を,回帰モデルではなく,ファジィ集合を用いた質的比較分析を用いて検討する。この分析アプローチを採用することで,上述の第3の問題を解決することができる。

第2節 fsQCAの特徴

質的比較分析とは

質的比較分析(QCA:qualitative comparative analysis;以下,QCA)は,集合論とブール代数を用いた分析手法で,結果(outcome)を生み出す原因条件(causal conditions)やその組み合わせ(configurations)[1]を探り当てることを得意としている(Ragin, 2000, 2008)。

その種類は3つある。①2値変数のみを用いるクリスプ・セットQCA(csQCA),②3つ以上の値をとりうる多値変数を扱うマルチ・バリューQCA(mvQCA),そして③集合への部分的な所属を容認することで(キャリブレーションという手続きを経た上で)連続変数を扱うことができるファジィ・セットQCA(fsQCA)である。連続変数を用いることが多い既存の統計的因果分析と相性がよいのは fsQCA である。

QCA の背景

この手法が開発された背景には,社会科学分野における定量的研究と定性的研究の断絶がある。具体的には,社会科学分野の研究は,大量サンプルによる多変量解析と,ごく少数のサンプルによる事例分析に二分化されている(図6-1)。QCAはこの断絶を超えるための方法として開発された。

開発者の C. Ragin はもともと政治学の研究者であったが,政治学においては大量サンプルを得にくい場合がある。たとえば,社会主義の崩壊を議論する場合,そのサンプルは数えるほどしかない。その場合,従来の社会科学研究の方法論では,単一事例を深く分析するスタイルや,複数事例を比較するスタイルが採用された。しかし,QCAは,このように大量のサンプルがどうしても得られない場合でも,因果経路が考察できるようになることを期待して開発された。

図 6-1 相対的研究数と各研究で用いられるケースの n 数の関係

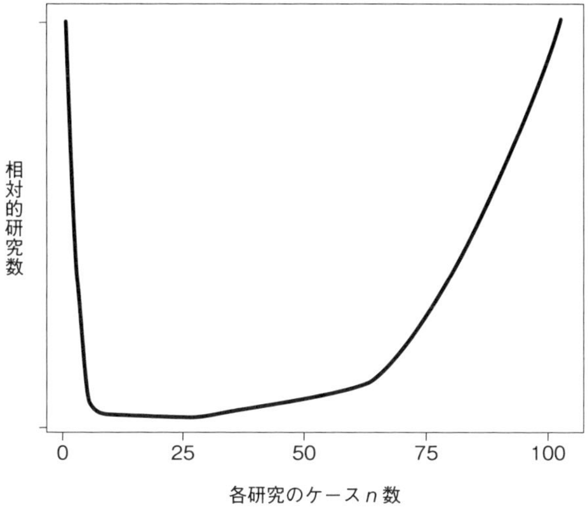

(縦軸：相対的研究数／横軸：各研究のケース n 数)

出所：Ragin（2000）p. 25.

QCA の現状──日本と世界

QCA は，日本では鹿又・野宮・長谷川（2001）などが継続的に紹介してきたが，2009 年に数理社会学会が発行する『理論と方法』(24(2)) で特集が組まれている。

経営学領域では，2016 年に *Journal of Business Research*（69(4)）で特集号が組まれており，日本では，田村（2006b）が QCA を紹介し，田村（2015）で方法と使用例が詳しく解説されている。さらに，2016 年には Rihoux and Ragin（2009）の訳書（『質的比較分析（QCA）と関連手法入門』石田・齋藤監訳，晃洋書房，2016 年）も出版されている。

経営学やマーケティング論の分野で QCA が活用され始めたのは 2010 年代になってからである。経営学分野のトップ・ジャーナルの 1 つである *Academy of Management Journal* や *Journal of Marketing* にも fsQCA を用いた論文が掲載されている（Fiss, 2011；Frösén, Luoma, Jaakkola, Tikkanen, and Aspara, 2016）。その他にも，当該領域内で評価が高い学術誌で QCA を用いた論文が掲載されている（Ordanini, Parasuraman, and Rubera, 2014；Woodside, 2013）。リウ＝レイガン（2016）によれば，2014〜15 年にかけて，QCA を用いた応用研究がも

っとも多い分野は経営学であったという（序文 iv 頁）。

QCA の活用例

QCA の活用の仕方は，これまでのところ，2つのパターンがあるように思われる。

第1は，重回帰分析や共分散構造分析などの統計的因果分析を補完・代替する手法として用いられるパターンである。経営学領域では，2018 年時点ではこちらの活用スタイルが大勢を占めている。

この場合は，従来の統計的因果分析よりも fsQCA を用いるほうが妥当であることを強調するために，注や補論で追加的あるいは補足的にクラスター分析や回帰分析を行うことが多い（Fiss, 2011；Frambach, Fiss, and Ingenbleek, 2016 など）[2]。似たようなアプローチだが，多変量解析の結果を本文内に示しつつ，fsQCA からの発見の優位性を考察する場合もある（たとえば，Frösén et al., 2016；Ho, Plewa, and Lu, 2016 など）。いずれにしても，リサーチ設計や仮説・命題を根拠に fsQCA を用いることの妥当性が主張される。

第2は，少数事例から因果を探るための方法としても用いられるパターンである（田村，2015）。具体的には，観察・アクセス可能な調査対象が限定されている場合（たとえば，渡辺，2001）や，複数事例分析における考察をさらに進める場合（たとえば，Öz, 2004）がある。これまでのところ，このパターンでの QCA の活用例は，第1のパターンほど多くない。

QCA と伝統的手法の方法論的立場の違い

ただ，注意しておきたいのは，QCA は伝統的な統計的因果分析アプローチとは，その思想的背景がまったく異なっている点である（表6-1）。

つまり，一編の論文内で両手法を同時に用いることは，厳密にいうならば，それぞれ異なる認識論的前提を同時に容認しているということになる。両手法の認識論的立場の違いをどう受け止め，どう受け容れていくのかについては，さまざまな学術分野や学術誌の動向を見守っていく必要があるだろう。

現状では，QCA による分析を行い，その結果の頑健性や優位性を確認するために，注や補論等で回帰分析やクラスター分析などの結果を提示する，というアプローチが多い。

表 6-1 統計解析と QCA の違い

統計手法（MRAやSEM）	QCA
変数（variables）	集合（sets）
測定（measurement）	較正（calibration）
従属変数（dependent variables）	質的結果（qualitative outcomes）
所与の母集団（given populations）	構成された母集団（constructed populations）
相関（correlations）	集合論的関係（set theoretic relations）
相関行列（correlation matrix）	真理表（truth table）
効果（net effects）	因果の組み合わせ（causal recipes）
反事実推定（counterfactual estimation）	反事実分析（counterfactual analysis）

出所：Ragin（1987／2014）をもとに筆者作成。

因果関係の捉え方

伝統的な統計的因果分析と QCA の認識論的前提の違いの中でも，とくに注意しなければならないのは因果関係の捉え方である。重要な点は，QCA の因果関係の前提が統計分析の基本的仮定を満たさない，ということである。

QCA では，因果関係を考察する際の一般的な仮定を緩めることで因果関係の分析の拡張を図っている。具体的には，結合因果（conjunctural causation）の想定を置いている。

結合因果とは，「要因の異なる配置が，同じ結果を導くかもしれないことを意味する」（リウ＝レイガン，2016，18頁）。換言すれば，結合因果の想定を置くことはつまり，ある因果の組み合わせは特定の結果を生み出す唯一のルートではなく，ほかの組み合わせも同じ結果を生み出す可能性があると仮定することである。結果を生み出す要因が複数（多元）あれば，それは「多元結合因果」（multiple conjunctural causation）と呼ばれる。

この想定のもとでは，通常の統計分析が前提とする加算性（additivity），因果関係の唯一性（permanent causality），因果効果の一様性（uniformity），因果関係の対称性（causal symmetry）を仮定しない（リウ＝レイガン，2016，21頁）。それぞれを詳しく見ていくことにしよう。

(1) 加算性を仮定しない

加算性とは，各個別の要因は，他の因果的に関連する要因の値にかかわらず，結果に対して，それぞれ個別に独立した影響をもつことにより一定の増分効果

をもつという考え方である。

　たとえば，「店舗の立地（要因A）に対する評価が上がれば，顧客満足は高くなる（結果）」というパスと，「商品の価格（要因B）に対する評価が上がれば，顧客満足は高くなる（結果）」というパスは，それぞれが独立して顧客満足に影響を与えると考えることである。そのため，影響があるパスの数が増えるほど，結果に対する説明力は高くなっていく。

　それに対して，加算性を仮定しないということは，結果を生じさせるいくつかの原因が同時に存在し，因果の組み合わせを構成していると考えるということである。たとえば，「立地（要因A）と価格（要因B）に対する評価が組み合わさることで，顧客満足は高くなる（結果）」といった因果の組み合わせを考えることである。

(2) 因果関係の唯一性を仮定しない

　因果関係の唯一性を仮定しないということは，ある因果の組み合わせは特定の結果に至る唯一のルートではなく，他のルートもありうると考えることである。

　たとえば，「立地（要因A）と価格（要因B）に対する評価が組み合わさることで，顧客満足は高くなる（結果）」というパスと同時に，「品揃え（要因C）とサービス（要因D）に対する評価が組み合わさることで，顧客満足は高くなる（結果）」というパスも成り立つと考えることである。

(3) 因果効果の一様性を仮定しない

　因果効果の一様性を仮定しないということは，要因Aは要因Bと結びついたときには結果を生じさせるかもしれないが，要因Cと結びついたときには結果を生じさせない，という仮定を前提とするということである。

　たとえば，「立地（要因A）と価格（要因B）に対する評価が組み合わさることで，顧客満足は高くなる（結果）」が，「立地（要因A）と品揃え（要因C）に対する評価が組み合わさっても，顧客満足は高くならない（結果）」ことが同時に成り立つと考えることである。

(4) 因果の対称性を仮定しない

　因果の対称性を仮定しないということは，ある結果が生じることの説明と，ある結果が生じないことの説明がそれぞれ異なるという，因果非対称性（causal asymmetry）を想定することである。

　因果の対称性を仮定する世界では，たとえば，「立地（要因 A）に対する評価が上がれば，顧客満足は高くなる（結果）」という命題は，「立地（要因 A）に対する評価が下がれば，顧客満足は低くなる（結果）」と同一である。しかし，因果非対称性の仮定する世界では，顧客満足が高くなることの説明と，低くなることの説明はそれぞれ異なる可能性を考慮しなければならない。

必要条件と十分条件

　因果関係について以上のような仮定，すなわち，因果が多元的に結合した多元結合因果の世界を前提とした場合，鍵となるのは，必要条件と十分条件という考え方である。

　必要条件は，それがなければ結果が生じない条件，すなわち結果を導く条件パターンすべてに共有される条件のことである。十分条件は，それがあれば必ず結果が生じる条件のことである。

既存の統計手法と比較した場合の fsQCA の優位性

　ここで，改めて分析方法としての fsQCA の優位性について検討しておこう。Frösén et al.（2016）の整理がわかりやすい。

　Frösén et al.（2016）では，因果関係に複雑な相互作用が想定される場合，原因条件の必要条件や十分条件を明らかにしたい場合，等結果性（equifinality）や因果非対称性を想定したい場合に，従来の統計的手法，すなわち交互効果を想定した回帰分析，クラスター分析，潜在クラス分析（latent class/plofile analysis），偏差スコア分析（deviation score analysis）などよりも fsQCA のほうが適していることが主張される。それぞれの確立済み手法と fsQCA の違いを説明していこう。

　まず，交互作用項を考慮した回帰分析は，個々の条件の影響を検討できるという特徴があるものの，高次で複雑な交互作用項を投入したモデルは，計算負荷が高くなりすぎる上に，多重共線性の問題が生じるために計算結果が不安定

表 6-2　確立済みの類似手法と fsQCA の違い

方　　法	複雑な相互作用 (因果複雑性)	個別要因の影響力 (必要条件 vs. 十分条件)	等結果性	因果非 対称性	アプローチ
交互効果 (回帰分析)		✓			確認的
クラスター分析	✓		✓		探索的
潜在クラス分析	✓		✓		探索的
偏差スコア分析	✓		✓		確認的
fsQCA	✓	✓	✓	✓	探索的

出所：Frösén et al. (2016) p. 69.

になる。たとえうまく計算できたとしても，結果の解釈がきわめて難しい。

　クラスター分析や潜在クラス分析といった分類系の解析は，要因間の複雑な交互効果を検討できるものの，要因の影響力，あるいは，どの要因が必要条件と十分条件なのかを識別できない。組織タイプの類型に関する研究で用いられる偏差スコア分析も，どの要因が必要条件と十分条件なのかがわからない。

　回帰分析を除く上記の解析は，異なるパス（因果経路）が同じ結果を導きうることを意味する等結果性を検討できるものの，因果非対称性は想定できない（表 6-2）。

　つまり，fsQCA の特徴は，要因間の複雑な交互効果を検討できる点，個々の要因の影響力（必要条件か十分条件か）を明らかにできる点，等結果性を想定できる点，そして因果非対称性を考慮できる点にあるといえる。

　とくに，他の類似した分析アプローチでは扱うことができないという点で，fsQCA の際立った特徴は，因果非対称性の仮定の下で，結果を生じさせる原因条件の組み合わせパターンと，結果を生じさせる必要条件と十分条件を探っていくこと，といえるだろう。

　以上の検討から，本章で fsQCA を用いることにより，顧客満足という成果を生み出す原因条件（小売ミックス要素）の組み合わせを明らかにすることができるはずである。以下では，上述の前提に基づいて，小売ミックスと顧客満足の関係についての命題を改めて検討することにしよう。

第3節　命題の設定

再考──小売ミックスと顧客満足の関係

　第5章第3節のレビューでは，顧客満足に影響を与える要因を抽出することを目的に，Mägi and Julander（1996），進藤・戸梶（2001），髙橋（2004），そして寺島（2007, 2008, 2009a, 2009b）をそれぞれ詳しく見てきた。これらは統計分析を行っており，具体的には，Mägi and Julander（1996）は相関分析や差の検定を，それ以外はすべて，回帰分析や構造方程式モデルにより独立変数が顧客満足に与える影響を検討している。前章もこの流れに沿うかたちで，小売ミックス要素を独立変数とみなし，その顧客満足への影響を分析した。

　しかし，小売ミックスという概念は，「ミックス」と表現されるだけに，それぞれの要因のみならず，その組み合わせ方自体も重要となるはずである。小売ミックスは業態を識別するために顧客の側から見える店舗の属性の組み合わせのことだが（Levy and Weitz, 2012；田村，2001），当然のことながら，どの属性をどう組み合わせるかは，業態がターゲットとする顧客の選好に合わせているはずである。

　したがって，小売ミックス要素の組み合わせは業態によって多様である。コンビニは価格よりも立地を重視しているであろうし，ディスカウント・ストアではサービスよりも価格を重視しているであろう。小売ミックスの組み合わせを見ることで業態を識別できるのはこのためである。

　しかし，問題はさらに複雑である。小売ミックス要素の組み合わせは同業態内で共通であったとしても，どの小売ミックス要素を重視するか，すなわち要素の重み付けは，企業によって異なる可能性が高い。同じ食品スーパーを展開しているとしても，たとえば価格志向の戦略を採用する企業は，スーパーとしての品揃えの基準を満たしつつも，低価格の実現をより重視するであろう。

　さらに複雑なのは，同一業態同一企業の店舗であっても，商圏内で複数の顧客クラスターを対象としている場合である。この場合，店舗は，それぞれの顧客クラスターが評価する小売ミックス要素にバランスよく注力する必要がある。同一店舗の顧客であっても，価格志向が強い顧客は価格を他の要因よりも重視するであろうし，品質志向の強い顧客は品揃えやサービスを重視するであろう。

つまり，同一業態同一企業であっても，店舗が異なれば重視する小売ミックス要素は異なる可能性がある。以上から，次の命題1を提示できる。

　命題1　顧客満足に影響を与える小売ミックス要素の組み合わせは複数ある。

　ただし，上で検討したように，顧客満足を導く小売ミックス要素には重み付けが存在する可能性が高い。前章での実務家の証言にもあったように，同じ小売ミックスを構成する要素であっても，顧客満足を生み出す上では，ある要素は他の要素よりも重要であるということは起こりうる。

　ある要因（の組み合わせ）は必ず高い顧客満足をもたらすかもしれないし（＝十分条件），ある要因は顧客満足をもたらす複数の原因条件の組み合わせのすべてに共有されているかもしれない（＝必要条件）。以上から，次の命題2を設定できる。

　命題2　顧客満足に影響を与える小売ミックス要素には，必要条件と十分条件がある。

因果非対称性を想定した場合の顧客満足と小売ミックスの関係

　続いて，因果非対称性を想定することにより提示可能になる命題を検討しておこう。

　顧客満足と小売ミックスの関係については，前章では，統計学の前提を踏まえ，因果は対称的であると（暗黙的に）想定した。この想定のもとでは，高い顧客満足をもたらす要因は，同時に，低い顧客満足をもたらす要因となる。具体的には，ある小売ミックス要素への評価が高くなるほど顧客満足が高くなるならば，その要素への評価が低くなれば顧客満足も低くならなくてはならない。

　しかし，因果は必ずしも対称的ではないという想定を置いた場合，前章とは異なる命題を構築することができる。すなわち，高い顧客満足と低い顧客満足はそれぞれ異なる小売ミックス要素の組み合わせの結果として生じる，という考え方である。以上から，以下の命題3がいえる。

　命題3　高い顧客満足をもたらす小売ミックス要素と，低い顧客満足をもたらす小売ミックス要素は異なる。

もう少し踏み込んでこの命題を検討しておこう。現代の消費者は、価格志向と品質志向がともに高く、それらを同時に追求する（バリュー・ハンター）ことが指摘されている（田村，2006a）。本章においては，品質とは，品揃えとサービスを含んだ概念であると考えられるため，田村（2006a）の指摘に依拠すれば，価格と品揃えおよびサービスは高い顧客満足を生み出す上で欠かせない条件，すなわち必要条件といえる。以上から，次の命題4が導ける。

　命題4　価格と品揃えとサービスへの高い評価は，高い顧客満足の必要条件である。

　では，高い顧客満足だけではなく，非常に高い顧客満足や低い顧客満足はどのような小売ミックス要素によってもたらされるだろうか。

　先行研究では，顧客満足とロイヤルティの関係は単純な線形ではないことが指摘されており，それによれば，満足度が高い人でも，それを他人に勧めるほどのロイヤルティをもつ人と，満足度は高いが他にもっとよい選択肢があればそちらに移ってしまう程度のロイヤルティしかもたない人がいることがわかっている（Heskett, Sasser, and Schlesinger, 1997）。このことから，単に「高い顧客満足」だけではなく，「非常に高い顧客満足」も識別することには，学術的にも実務的にも意義があるだろう。

　加えて，低い顧客満足を生み出す小売ミックス要素を明らかにしておくことにも意義があると考えられる。その理由は，現代の日用品の小売競争においては，顧客の維持がきわめて重要だからである。さらには，現代社会ではSNS等の普及によりクレームの拡散が以前よりも格段に容易になっているため，そうしたことを予防するためにも，低い顧客満足を生み出す小売ミックス要素を検討しておくことには意義があるだろう。

　これらについては，サービス・マーケティングにおける研究成果が参考になる。具体的には，非常に高い顧客満足については顧客感動（customer delight）の研究が参考になる。

　顧客感動とは「良い意味での驚き（びっくり），嬉しい，楽しい，興奮した，といった覚醒を伴ったポジティブな感情」（小野，2010a，41頁）のことだが，食品スーパーにおいてそれが生じる契機はサービスである可能性が高い。その理由は，食品スーパーでの買い物は日常的なルーティンであるため，アクセス

条件はもともと変わりようがないし，価格や品揃えについても劇的な変動がほとんど見られないことから，顧客感動に相当するポジティブな感情は生じにくいと考えられるからである。唯一，サービスについては，スーパーでの食料品の日常的な買い物においても，顧客感動を生じさせる可能性がある。以上から，次の命題5を設定しうる。

　命題5　非常に高い顧客満足は，サービスへの高評価によって生じる。

　加えて，素朴な想定ではあるが，小売ミックス要素のすべてが高水準の場合にも非常に高い顧客満足が生じる可能性がある。以上から，次の命題6を提示できる。

　命題6　非常に高い顧客満足は，小売ミックス要素がすべて高水準であることによって生じる。

　一方，低い顧客満足については，関係性からの離脱過程の研究を参考にすることにした。因果非対称性を想定した場合，低い顧客満足を生み出す要因を理解するには，単に高い顧客満足を生み出す要因の符号を逆にすればよい，というわけにはいかないからである。

　離脱過程について，山本（2001）は，Coulter and Ligas（2000）の分類に従って次のように議論している。すなわち，顧客の離脱は①解消段階，②離脱段階，③解消後段階に分かれ，解消段階はさらに，引き金段階，解消を考慮する段階，解消を意思決定する段階に分かれている。

　本章の文脈で重要なのは，解消段階における引き金段階および解消を考慮する段階であろう。引き金段階では，不満足の体験や自身のニーズが満たされなかった体験などの問題が見出される。続く解消を考慮する段階では，不満足な体験等が2回目以降にも生じるかをチェックし，そのような体験が続くようであれば，解消の意思決定へとつながる。

　解消を考慮している段階においては，次の4つの要因が考慮されることが指摘されている。すなわち，製品そのものの評価，顧客自身の要因[3]，市場要因[4]，その他関連要因[5]，の4つである。顧客はこれらの4つを考慮しながら，関係性からの離脱のコストを検討する。

　食品スーパーでの購買における小売ミックスという文脈では，引き金段階の

不満足体験は店内のサービスにおいて生じる可能性が高い。その理由は，立地や価格，品揃えといった他の小売ミックス要素は，チェーン経営の食品スーパーにおいては相対的に安定した要因で，それに対する評価の急激な変動は想定しにくいからである。この点は，上述の，非常に高い顧客満足を生み出すロジックと同様である。したがって，以下の命題7がいえる。

　命題7　低い顧客満足は，サービスへの低評価によって生じる。

　加えて，（関係性の）解消を考慮している段階で考慮する4つの要因のうち，小売ミックスという文脈では「製品そのものの評価」が重要となる。食品スーパーにおいて「製品そのもの」といえるのは，価格と品揃えであろう。その理由は，価格と（品質を含む）品揃えは，ルーティンで購買される日用品の小売業における提供価値の中心と考えられるからである。つまり，以下の命題8が提示可能である。

　命題8　低い顧客満足は，価格と品揃えへの低評価によって生じる。

第4節　方　　法

分析モデル

　分析に用いる変数は，前章で操作化したものと同じである。次のような論理式を fsQCA により導き出すことで，顧客満足という結果が生じる小売ミックス要素の組み合わせを明らかにすることができる。

$$X_1 * X_3 + X_2 * \sim X_4 \rightarrow Y \qquad (式1)$$

　ここで，Y は結果である顧客満足を表し，X は原因である4つの小売ミックス要素を指す。「＋」は論理和すなわち「あるいは（or）」を，「＊」は論理積すなわち「かつ（and）」を，「〜」は「否定（not）」を，「→」は左辺の条件が存在すれば必ず右辺の結果が存在することを表す。

　したがって，X_1 を立地，X_2 を価格，X_3 を品揃え，X_4 をサービスとすると，例示した式1は，「立地と品揃えがよい場合，あるいは，価格が安くてサービスがよくない場合，高い顧客満足が実現する」ということになる。

手続き

fsQCAを実施するためには，具体的には以下の手続きが必要となる。

まず，①原因条件を抽出する。この点は統計的因果分析と同じで，先行研究や理論，あるいは定性的な調査に基づいて原因条件を特定する。続いて，②原因条件のコード化を行う。fsQCAは連続変数を扱うことができるが，そのためには後で詳述するキャリブレーション（calibration：較正）と呼ばれるメモリ調整を行い，0～1の値をとるメンバーシップ・スコアを設定する必要がある。さらに，③結果すなわち目的をコード化する。具体的な手続きは②と同様である。④作成したデータ行列を用いて真理表アルゴリズム分析を行い，不完備真理表を完成させる。不完備真理表により，論理的に可能な原因条件の組み合わせと，それに対応するサンプル数，さらには，その組み合わせが妥当かどうかを判断することができる。⑤不完備真理表に示されているPRI整合性のスコアに基づき，（原因条件の組み合わせの妥当性という意味で）結果に1，0のスコアを与え，完備真理表を完成させる。最後に，⑥完備真理表を用いて標準分析（standard analysis）を行い，分析結果の妥当性を示す各指標を確認しながら結果を生み出す原因条件を特定し，結果を解釈する。

前章での検討により，顧客満足を生じさせる原因条件はすでに明らかになっているため，以下では，②，③の原因条件と結果のキャリブレーションから順に行っていく。

キャリブレーション（較正）の方法

fsQCAを実施するためには，分析に用いる変数について，キャリブレーション（較正）と呼ばれるメモリ調整を行い，その変数を0から1までの値をとる成員スコア（membership score）に変換する必要がある。

この方法には，直接キャリブレーション法と間接キャリブレーション法があるが，本章では直接キャリブレーション法[6]を用いることにした。その理由は，本章のデータは7件法の連続尺度で測定しているものの，そのスコアの分布状況には緩やかながら外的基準のようなものが見出せるためである。

具体的な手続きとしては，まず，以下の3つの閾値（thresholds），すなわち，完全所属（full membership），完全非所属（full non-membership），そして境界点（cross-over point）を用いて，7件法で測定した観測変数からなる構成概念のス

図6-2 顧客満足の度数分布表

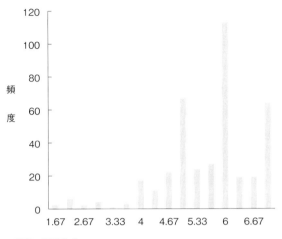

出所：筆者作成。

コアを区切る。中でも境界点は，成員か非成員かを分類する質的分岐点となるので，さまざまな要因を考慮して慎重に決定する必要がある。閾値を決定したあとで，対数オッズを用いて成員スコアを計算する[7]。

原因条件と結果のキャリブレーション

　原因条件である小売ミックス要素（立地，価格，品揃え，サービス）については，7点のリッカート・スケールを用いていることから，閾値は上位25％，50％，75％に設定した。

　結果すなわち目的である顧客満足については，①高い成果をもたらす条件組み合わせ，②非常に高い成果をもたらす条件組み合わせ，③低い成果をもたらす条件組み合わせ，をそれぞれ明らかにする必要がある。そのため，結果の条件のキャリブレーションの閾値の設定を3種類用意することで，①「高い顧客満足」，②「非常に高い顧客満足」，③「低い顧客満足」という3つの目的変数を作成した。閾値の設定は，先行研究や，図6-2に示された顧客満足のスコアの分布状況を参考にして以下の通りとした[8]。

　まず，①「高い顧客満足」については，上位10％，50％，90％を目安に閾値を設定した。ただし，図6-2を見るとわかるように，同じスコアをもつ回答

者が複数いるため，具体的な値としては，7件法で7点満点を記録した上位64番目以上を完全所属（上位16.0%），スコアが5.67点の上位216番目を境界点（上位53.9%），スコアが4.33点の上位356番目以下を完全非所属（上位88.8%）とした。

②「非常に高い顧客満足」については，7件法の7点満点を完全所属（上位16.0%），スコアが6点の上位103番目を境界点（上位25.7%），スコアが4点の上位367番目以下を完全非所属（上位91.5%）とした。

「非常に高い顧客満足」は，境界点をどこに置くのかという点で，「高い顧客満足」と大きく異なっている。fsQCAにおいては，境界点は，それ以上を成員，以下を非成員と判断する質的分岐点であるため，この閾値をどこに置くのかがきわめて重要となる。ここでは，「高い顧客満足」の境界点は上位53.9%としている一方，「非常に高い満足」では上位25.7%としているため，後者は前者よりもかなり厳しい基準を課しているということになる。

③「低い顧客満足」は，①と②の2つとは逆に，スコアが低い場合に完全所属，高い場合に完全非所属となる。具体的には，スコアが5点の上位267番目以下を完全所属（下位33.4%），スコアが6点の上位103番目を境界点（下位74.3%），スコアが7点以上を完全非所属（下位84.0%）とした[9]。

第5節　分　　析

不完備真理表と完備真理表

これまでの作業で得られたデータ行列を用いて，①「高い顧客満足」，②「非常に高い顧客満足」，そして③「低い顧客満足」をそれぞれ目的とする分析を，Fuzzy Truth Table Algorithm を用いて実行した。

具体的には，まず不完備真理表を作成し，そこで提示された条件組み合わせの妥当性を PRI 整合性のスコアを用いて判断した。今回は Ragin (2008) が推奨する 0.75 という基準を採用し，それよりも大きければ1，小さければ0とコード化して，組み合わせ条件の結果の欄に入力し，完備真理表を完成させた[10]。

高い顧客満足をもたらす条件組み合わせ

①「高い顧客満足」を目的変数として fsQCA を行った結果，3つの論理式と

表6-3　高い顧客満足を実現する条件組み合わせ

論理式	素被覆度 (raw coverage)	固有被覆度 (unique coverage)	整合性 (consistency)
①立地＊価格＊サービス	0.43	0.06	0.89
②立地＊品揃え＊サービス	0.46	0.08	0.89
③価格＊品揃え＊サービス	0.47	0.10	0.89
解被覆度（solution coverage）	0.61		
解整合性（solution consistency）	0.87		

注：＊は「かつ」を表している。

被覆度および整合性のスコアが得られた（表6-3）。

　素被覆度（raw coverage）は，当該組み合わせパターンをもつケースが結果をどれだけカバーしているかの指標である。組み合わせパターン①が0.43，②が0.46，③が0.47であったため，たとえば①の条件組み合わせパターン（立地＊価格＊サービス）をもつ顧客の43％が高い顧客満足を感じているということになる。

　固有被覆度（unique coverage）は，当該組み合わせパターンをもつケースだけで結果をどれだけカバーしているかの指標である。①が0.06，②が0.08，③が0.10であったため，たとえば，組み合わせ条件パターン①のみで高い顧客満足を説明できる割合が6％だということである。

　整合性（consistency）は，当該組み合わせにどの程度の矛盾が含まれるかを示す指標であり，①～③がすべて0.89であった。このスコアには有意確率のような基準値はないが，0.75もしくは0.80を基準とする場合が多い（Ragin, 2008；Fiss, 2011）。したがって，析出された3つの条件組み合わせの妥当性は高いといえるだろう。

　解被覆度は，高い顧客満足をもつ顧客のうちの61％が析出された3つの組み合わせパターンをもつことを示しており，解整合性は3つの組み合わせパターンの全体としての妥当性を示している。結果と被覆度の関係は，ベン図と呼ばれる図6-3のように表現できる。

　以上のスコアから判断すると，析出された論理式はうまく顧客満足の原因条件を表していると判断できる。表6-3に示された論理式により，高い顧客満足は，①立地がよく，価格が安く，サービスがよいと顧客が認識している場合，

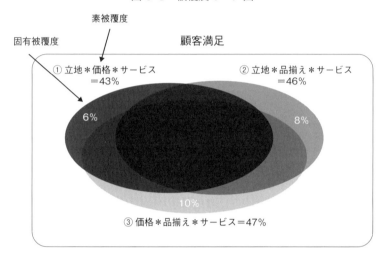

図6-3 被覆度のベン図

②立地がよく，品揃えがよく，サービスがよい場合，③価格が安く，品揃えがよく，サービスがよい場合，に実現すると考えられる。

これらの3つの組み合わせは，それぞれが十分条件といえる。その理由は，3つの組み合わせのすべてが高い顧客満足という結果を導くからである。3つの組み合わせの中に登場する立地という条件は，価格とサービス，あるいは品揃えとサービスと組み合わさることで十分条件となることができる。したがって，前章での解析結果とは異なり，高い顧客満足と立地は無関係ではないといえる。

3つの組み合わせすべてに共通する条件であるサービスは，高い顧客満足という結果が生じる際に必ず存在していることから，必要条件といえる。換言すれば，サービスという条件がなければ高い顧客満足は生じない，ということである。

非常に高い顧客満足をもたらす条件組み合わせ

続いて，②「非常に高い顧客満足」を目的変数としてfsQCAを行った結果，1つの論理式と被覆度および整合性のスコアが得られた（表6-4）。

組み合わせパターンは1つしか析出されなかったため素被覆度と固有被覆度，

表6-4　非常に高い顧客満足を実現する条件組み合わせ

論理式	素被覆度 (raw coverage)	固有被覆度 (unique coverage)	整合性 (consistency)
①立地＊価格＊品揃え＊サービス	0.40	0.40	0.87
解被覆度（solution coverage）	0.40		
解整合性（solution consistency）	0.87		

注：＊は「かつ」を表している。

そして解被覆度は同じ値となる。それによると，小売ミックス要素の4つすべてが高い水準にあるパターンをもつ顧客の40％が非常に高い満足を感じている。整合性のスコアは0.87で基準を満たしていることから，このパターンの組み合わせとしての妥当性は高いといえる。

　以上から，非常に高い顧客満足は，単に高い顧客満足とは異なり，アクセス条件がよく，価格が安く，品揃えもサービスもよい場合に実現するということになる。つまり，非常に高い顧客満足は，すべての小売ミックス要素を高いレベルで実現することで，はじめて生じるということになる。

低い顧客満足をもたらす条件組み合わせ

　最後に，③「低い顧客満足」を目的変数としてfsQCAを行った結果，2つの論理式と被覆度および整合性のスコアが得られた（表6-5）。
　表6-5が示す通り，素被覆度は，組み合わせパターン①が0.55，パターン②が0.51であったため，たとえば①の条件組み合わせパターン（～価格＊～サービス）をもつ顧客の55％が低い顧客満足を感じているということになる。
　固有被覆度は，パターン①が0.13，②が0.09であったため，たとえば，組み合わせ条件パターン①のみで低い顧客満足を説明できる割合は13％だということである。
　整合性は，パターン①，②ともに0.90であったため，析出された2つのパターンの組み合わせとしての妥当性は高いといえる。
　解被覆度は，低い顧客満足をもつ顧客のうちの65％が析出された2つの組み合わせパターンをもつことを示しており，解整合性は2つの組み合わせパターンの全体としての妥当性を示している。これらのスコアから判断すると，析出された論理式はうまく低い顧客満足の原因条件を表していると判断できる。

表 6-5　低い顧客満足を実現する条件組み合わせ

論理式	素被覆度 (raw coverage)	固有被覆度 (unique coverage)	整合性 (consistency)
①〜価格＊〜サービス	0.55	0.13	0.90
②〜価格＊〜品揃え	0.51	0.09	0.90
解被覆度（solution coverage）	0.65		
解整合性（solution consistency）	0.89		

注：〜は「否定」，＊は「かつ」を表している。

以上から，低い顧客満足は，①価格が安くなく，かつ，サービスがよくないと顧客が認識している場合，あるいは，②価格が安くなく，かつ，品揃えがよくない場合，に実現すると考えられる。

　これらの2つの組み合わせは，それぞれが十分条件といえる。その理由は，2つの組み合わせのすべてが（実際にはすべてではなく55％と51％）低い顧客満足という結果を導くからである。

　2つの組み合わせに共通する条件である価格（への悪い評価）は，低い顧客満足という結果が生じる際に必ず存在していることから，必要条件といえる。換言すれば，価格への低い評価がなければ低い顧客満足は生じない，ということである。

第6節　考　察

命題の確認

　以上の結果から，命題1，2，3は支持されたといえるだろう。命題4については，高い顧客満足の必要条件はサービスのみであったことから，支持されたとはいえない。

　非常に高い顧客満足に関する命題5および命題6については，非常に高い顧客満足は4つの小売ミックス要素すべてを高いレベルで備えている必要があることから命題6は支持されたといえる一方，命題5については支持されたとはいえない。

　低い顧客満足に関する命題7および命題8については，命題8は支持されたが，サービスは必要条件ではなかったため，命題7は支持されたとはいえな

い。

結果の解釈

　fsQCA により，非トップランク食品スーパーの常連客の顧客満足は，いくつかの小売ミックス要素の組み合わせから生じることが明らかになった。中でも，サービスと価格が重要である可能性が高い。その理由は，サービスは高い顧客満足を生み出すための必要条件で，価格は低い顧客満足を生み出す必要条件だからである。

　サービスについては，顧客感動の研究が示すような驚きや感動をもたらすものでなくても，一定以上のレベルを保っておく必要があるということが示唆される。ただし，この点については，食品スーパーの業態内においてどの戦略グループに属しているのかによって結果が変わる可能性がある点に留意が必要である。

　日本の食品スーパーの業態内の多様性は今のところ，諸外国と比べると高いとはいえない。換言すれば，日本の食品スーパーの立地条件や価格，品揃え，サービスはどこも似ている。この状況のもとでは，店舗差別化を促す要因としてサービスが重要な役割を果たすことになるだろう。

　価格については，現代の消費者は価格と品質を同時追求するバリュー・ハンター（田村，2006a）であるとしても，やはり価格に対する評価が低いことは必ず低い顧客満足を生み出す。そのため，価格への評価は，食品スーパーを運営する上でもっとも欠いてはいけない小売ミックス要素といってよいかもしれない。サービス・マーケティングにおける知見と関連させるならば，価格は，最低条件（musts）と満足因子（satisfier）の両方の性質をもっているといえるだろう[11]。

　ただしこのことは，価格は安くなければならない，ということと同意ではないことに注意が必要である。本書の調査では，小売ミックス要素についての質問は，一般的なお店と比べた場合の評価を問うものであったことから，顧客の相対的な評価を扱っている。この点で，価格への評価は他店との関係における相対的な位置づけとなっている。

　加えて，常連顧客の価格への評価は，その他の小売ミックス要素の水準から影響を受けるものと思われる。具体的には，この品質にしては安いとか，この

サービスにしては安い，少し高いけれど家から一番近いから，といったように，他要因を考慮に入れた上で価格評価を行っている可能性がある。質問に「品質を考えると商品の価格は安い」という項目を入れて対策してはいるが，この可能性も考慮しなければならないだろう。いずれにしても，絶対的な価格の安さだけが重視されているわけではないということに注意が必要である。

結果のロバスト・チェックについては，今回の解析ではできる限り実施したが，fsQCAを用いた先行研究では，メンバーシップ・スコアの閾値を動かしたり，ランダムに変数を抜いて何度も解析したり，成果（目的条件）として異なる指標を用いて対応している（たとえば，Frösén et al., 2016）。とくに，fsQCAでは，メンバーシップ・スコアの閾値の設定は分析者自身が行わなければならないため，この点には細心の注意が必要である。

統計的因果分析とfsQCAの結果の比較

最後に，前章で行った統計的因果分析と本章のfsQCAの結果を比較しておこう。両解析手法にはそれぞれ強みと弱みがある。統計的因果分析では，顧客満足に影響を与える要因とその効果（net effect）を明らかにすることができる。それによると，顧客満足に影響を与える要因は，価格，品揃え，サービスで，顧客満足に対する影響力は，強い順に，価格，品揃え，サービスであった。

それに対してfsQCAでは，高い顧客満足を生み出す要因の組み合わせを明らかにすることができる。それによると，高い顧客満足を生み出す原因条件には3つの組み合わせパターンがあることがわかった。それらは，立地と価格とサービス，立地と品揃えとサービス，価格と品揃えとサービス，という組み合わせであった。

加えて，非常に高い顧客満足を生み出すのは4つの小売ミックス要素を高いレベルで備えた場合であることが，低い顧客満足を生み出すのは価格とサービス，および，価格と品揃えに対する低評価が組み合わさった場合であることが明らかになった。

以上から，統計的因果分析に加えてfsQCAを実施したことにより新たに判明したことは，次の3点といえる。

第1に，立地は顧客満足に対して単独では影響を与えていない可能性があるものの，顧客満足と無関係ではないということである。立地の影響力の強さは，

fsQCAの結果からは推測できないが，少なくとも，高い顧客満足と非常に高い顧客満足を実現する原因条件の中には立地（アクセスの良さ）が含まれている。そのため，立地は，（必要条件ではないため）不可欠とはいえないものの，重要な小売ミックス要素の1つであるといえる。

第2に，サービスは，統計的因果分析では，その影響力は価格や品揃えと比べて高くなかったが，fsQCAからは，高い顧客満足を生み出す3つの原因条件の組み合わせすべてに関わっていた（＝必要条件）。つまり，サービスは，顧客満足に対する単体の影響力は相対的に小さいが，顧客満足をもたらす複合条件という観点からは，必要不可欠の条件であるといえる。

第3に，価格は，低い顧客満足を生み出す2つの原因条件にともに関わっていた（＝必要条件）。つまり，価格に対する低評価は必ず低い顧客満足を生み出すということである。

注
1 causal recipes と表記される場合もある。
2 たとえば，Fiss（2011）では，補論において，two-stepクラスター分析，偏差スコア（deviation score）分析，そしてトービット・モデルを用いた回帰分析が実施されており，以降の研究もこのやり方に続いている（たとえば，Ordanini et al., 2014）。
3 「顧客自身のニーズや特性，製品を需要するために必要な知識など」（山本，2001，80頁）。
4 「競争企業の提供する製品がどれくらい優れているかという問題」（同上）。
5 「例えば，家族や他の顧客の意見など直接的にその製品の購入に関わる要因」（同上）。
6 この方法は，外的基準がある変数をメンバーシップスコアに変換するときに用いられる手続きである（Ragin, 2008）。外的基準があるというのは，たとえばスコアが6だと完全メンバー，4だと中間，2以下だと完全非メンバーというように，特定の基準を用いることができる状態のことである。
7 Raginらが開発したパッケージ・ソフト「fs/QCA2.5」の「compute」のコマンドを用いれば成員スコアは自動的に計算可能である。計算の詳細についてはRagin（2008）および田村（2015）を参照のこと。
8 fsQCAを含む集合論的方法の限界の1つは，分析者が概念的な閾値を主観的に設定することにある。そのため，キャリブレーションの閾値（完全成員，完全非成員，境界点）を変更しても，あるいは整合性の基準値をより厳しくしても同様の結果が得られるかチェックする必要がある。本章においても，キャリブレーションの閾値については異なる区切りを数多く試してみたが，条件組み合わせがどの程度矛盾を含むかについての指標であるPRI整合性のスコアが低水準になるという問題が生じることが多かった。つまり，今回の分析においては，発見事項の安定性や頑健性はそれほど高くないといわざるをえない。この点は今後の課題である。
9 スコアは7件法のリッカート・スケールで測定しているため，絶対的なスコアに基づくならば，4点以下が「低い顧客満足」となるはずである。しかし，今回のデータは来店客を対象としたものであるため，絶対的なスコアではなく相対的な順位づけにより「低い顧客満足」を定義するこ

とにした。
10 論理的には存在しうるが、それに対応する現実のケースが存在しない組み合わせ（＝論理残余）は、今回のデータでは存在しなかった。
11 最低条件とは、「一定の水準（P^*）を下回ったら、商品・サービスとしての存在意義すら疑われる最低許容水準を維持することが求められる属性」（小野, 2010a, 88～89頁）、満足因子とは、「属性水準を上げれば上げるほど、比例的に満足度が高くなる関係をもつ属性」（同, 89頁）のことである。

第6章補論

fsQCA の具体的手続き

fsQCA を実施するためには，以下の手続きをとらなくてはならない。

> ① 原因条件の抽出とコード化（キャリブレーションによりメンバーシップ・スコアを設定）
> ② 結果のコード化（キャリブレーションにより結果のスコアを設定）
> ③ 作成したデータ行列を用いて真理表アルゴリズム分析（不完備真理表の完成）
> ④ PRI 整合性のスコアに基づき結果に 1，0 のスコアを与える（完備真理表の完成）
> ⑤ 完備真理表を用いて標準分析（standard analysis）を行い，各種の指標を確認しながら結果を解釈する

まず，①対象となる複数の事例を詳細に分析することで，ある結果の原因となる条件を抽出する。たとえば，大規模小売業者が国際化する際の原因条件群を事例の分析から特定する，といったことがそれにあたる。

次に，②抽出した原因条件にメンバーシップ・スコアを与える。スコアは，0か1の質的な場合もあれば，複数の値をとる連続的な場合もある。質的な場合は，たとえば，小売企業のガバナンスがトップダウンであれば1，ボトムアップであれば0というスコアを与える。これに対して，企業規模のように連続的な値をとる場合には，直接（direct）キャリブレーション法と間接（indirect）キャリブレーション法という2つの方法がある。前者は，分析者が完全成員，完全非成員，そして質的分岐点の閾値を設定した上で，対数オッズを計算し，そのスコアによってメンバーシップの度合いを判断する。後者は，そうした閾値を設定できない場合で，この場合は，たとえば企業規模の場合には，1万人

表6A-1　不完

location	price	assortment	service	number
0	0	0	0	81 (22%)
1	1	1	1	77 (42%)
0	1	1	1	24 (49%)
0	1	0	0	23 (55%)
1	0	0	0	21 (61%)
0	0	1	0	19 (66%)
1	0	1	1	18 (71%)
0	0	0	1	17 (75%)
1	1	0	0	16 (80%)
1	1	0	1	15 (84%)
1	0	1	0	12 (87%)
1	0	0	1	11 (90%)
0	1	0	1	10 (93%)
0	1	1	0	10 (95%)
0	0	1	1	8 (98%)
1	1	1	0	7 (100%)

出所：筆者作成。

表6A-2　完備

location	price	assortment	service	number
1	1	1	1	77
0	1	1	1	24
1	1	0	1	15
1	0	1	1	18
1	1	1	0	7
0	1	0	1	10
0	1	1	0	10
1	1	0	0	16
0	0	1	1	8
0	1	0	0	23
1	0	0	1	11
1	0	1	0	12
1	0	0	0	21
0	0	0	1	17
0	0	0	0	81
0	0	1	0	19

出所：筆者作成。

備真理表の例

cs	raw consist.	PRI consist.	SYM consist
	0.40	0.11	0.11
	0.91	0.86	0.93
	0.93	0.86	0.91
	0.79	0.44	0.48
	0.67	0.21	0.23
	0.63	0.09	0.10
	0.90	0.76	0.85
	0.71	0.19	0.20
	0.85	0.56	0.63
	0.93	0.82	0.854
	0.78	0.29	0.32
	0.78	0.37	0.38
	0.90	0.67	0.74
	0.90	0.67	0.70
	0.86	0.47	0.51
	0.91	0.72	0.72

真理表の例

cs	raw consist.	PRI consist.	SYM consist
1	0.91	0.86	0.93
1	0.93	0.86	0.91
1	0.93	0.82	0.85
0	0.90	0.7	0.85
0	0.91	0.72	0.72
0	0.90	0.67	0.74
0	0.90	0.67	0.70
0	0.85	0.56	0.63
0	0.86	0.47	0.51
0	0.79	0.44	0.48
0	0.78	0.37	0.38
0	0.78	0.29	0.32
0	0.67	0.21	0.23
0	0.71	0.19	0.20
0	0.40	0.11	0.11
0	0.63	0.09	0.10

以上を 1，7500〜9999 人までを 0.75，5000〜7499 人までを 0.5，といった感じでスコアを与えていく。

これらについては，Ragin（2008），田村（2015），リウ゠レイガン（2016）に詳しい解説がある。

次に，③事例の結果（成果）を定義してスコアを与える。このスコアについても②と同様のキャリブレーションが必要となる。

結果（成果）のスコアを入力することでデータ行列が完成する。

次に，④作成したデータ行列を用いて真理表アルゴリズムを用いた分析を行う。なお，用いるソフト（fsQCA2.5）およびそのマニュアルは無料でダウンロード可能である（http://www.u.arizona.edu/~cragin/fsQCA/software.shtml）。R でも解析が可能である。

真理表アルゴリズムを用いた分析により得られるデータ行列が，不完備真理表である。不完備真理表では，2 掛ける原因条件の数乗（2^k）の論理的に可能な原因条件の組み合わせが提示される。そして，その組み合わせパターンの中で現実の事例（サンプル）が存在するかどうか，存在する場合は当てはまる事例（サンプル）の数も示してくれる。表 6A-1 はその例示である。

1 列目から 4 列目が原因条件で，1 行目が 0，0，0，0 という組み合わせ（causal recipe あるいは configuration），2 行目が……という形で，$2^4 = 16$ 通りの組み合わせパターンが示されている。5 列目の number の列が，その条件組み合わせパターンをもつサンプルの数，カッコ内はその累積構成比を示している。

なお，今回は存在しなかったが，論理的に可能な組み合わせパターンに現実の事例（サンプル）が存在しないものは論理残余（logical remainder）と呼ばれる。探索的な研究であれば，論理残余自体を考察の対象とする場合もある（詳しくは，田村，2015）。

次に，⑤真理表アルゴリズムを用いた分析により得られた不完備真理表で，チェックすべきは，8 列目の「PRI consist.」（PRI 整合性：proportional reduction in error）である。fsQCA では，この指標により，その行の組み合わせパターンに矛盾がどの程度含まれているのかを確認することができる。

この指標には，有意確率のように明確な基準が存在するわけではない。研究の性格により分析者が設定する必要があるが（Ragin, 2000；田村，2015），現状では，経営学系のジャーナル（*Academy of Management Journal*，*Journal of*

図6A-1　標準分析のアウトプットの例

```
********************
*TRUTH TABLE ANALYSIS*
********************

File：C:/Users/yokoyama/Desktop/解析/QCA/CSのfsQQCA.dat
Model：cs=f(location, price, assortment, service)

Rows：    16
     Rows：   12    75.0%
     Rows：    4    25.0%
     Rows：    0     0.0%

Algorithm：Quine-McCluskey
     True：1

--- COMPLEX SOLUTION ----
frequency cutoff：7.000000
consistency cutoff：0.904275
```

	raw coverage	unique coverage	consistency
location * price * service	0.433263	0.061916	0.893959
location * assortment * service	0.456012	0.084665	0.890844
price * assortment * service	0.469457	0.098110	0.890171

solution coverage：0.616038
solution consistency：0.865868

Service Research, Journal of Business Research, Journal of Marketing) に掲載された論文では0.75以上、あるいは0.80以上という基準が多く用いられている (Fiss, 2011；Ordanini et al., 2014；Frambach et al., 2016；Frösén et al., 2016)[1]。

　PRI整合性のスコアに基づき結果（空白となっている6列目）に1か0のスコアを割り当て、完備真理表を完成させる。なお、この作業の際には、PRI整合性の列を基準に降順に並べ直すと便利である。

　⑥標準分析を行い、結果を解釈する。fsQCA2.5を用いた標準分析では、複雑解（complex solution）、最簡解（parsimonious solution）、中間解（intermediate solution）がアウトプットとして出力される。図6A-1はそのサンプルである。

　複雑解は、現実事例が存在しない原因条件の組み合わせパターン（＝論理残余）をも含めた経験データから導かれた解である。したがって、論理残余がもともとない場合、あるいは論理残余を削除して解析を行うと、複雑解と中間解のスコアは同じになる。

　それに対して最簡解は、すべての解の中で原因条件と演算子が最も少なくなる、すなわち複雑ではない解である。論理式を簡単にしたときにこれ以上簡単

にならない項 (prime implicant) が複数ある場合もある。

　素被覆度 (raw coverage) とは，高い顧客満足をもつ顧客がその条件組み合わせパターンをもっている比率である。たとえば，論理式，すなわち条件組み合わせパターン①（立地＊価格＊サービス）をもつ顧客の43％が高い顧客満足を感じているということである。

　固有被覆度 (unique coverage) とは，その組み合わせ条件だけで説明できる割合を示している。たとえば，組み合わせ条件パターン①のみで高い顧客満足を説明できる割合が6％であるということである。

　整合性 (consistency) は，その条件組み合わせパターンの妥当性（矛盾がないか）を示している。有意確率のような基準値はないが，大量サンプルを用いた解析の場合は0.75もしくは0.80を基準とする場合が多い（Ragin, 2006, 2008；Fiss, 2011）。今回の解析例ではすべての組み合わせで0.89というスコアが得られているため，組み合わせの妥当性は高いといえるだろう。

　解被覆度は，高い顧客満足をもつ顧客のうちの61％が析出された3つの組み合わせパターンをもつことを示しており，解整合性は3つの組み合わせパターンの全体としての妥当性を示している。

アウトプットの表記法

　論文によって，コア条件 (core condition) と周辺条件 (peripheral condition) を識別する場合があるが，その場合は，前者は最簡解の解を，後者は複雑解や中間解で析出された最簡解以外の解を用いている。

　なお，fsQCAでは不在条件 (absent) や否定 (not)，そして結果に関係のない条件 (don't care) を表現するために，アウトプットの表には伝統的な統計解析では使わないような記号が用いられることが多い。表6A-3はそのサンプルである。この表記法は，Ragin and Fiss (2008) によって紹介されたもので，以降の研究も，現状ではこの表記法にならう場合が多い（たとえば，Fiss, 2011；Frambach et al., 2016；Frösén et al., 2016など）。

　ここで「●」はコア条件を，「•」は周辺条件を指しており，「⊗」はコアの不在条件を，「⊗」は周辺の不在条件を指している。空欄はドントケア条件で，あってもなくても関係がない条件ということである。

　この表記法以外にも，明らかにしたい内容を適切に表現するための表記法の

表6A-3　Frambach et al.（2016）のアウトプットの表

	configuration			
	1	2	3	4
Orientation				
Customer Orientation	●	●	●	•
Competitor Orientation			•	•
Technology Orientation		•	⊗	•
Strategy				
Defender	●	●		⊗
Environment				
Competitor Dynamism	⊗		•	
Other				
Size	⊗	⊗	⊗	●
Consistency	0.91	0.93	0.94	0.92
Raw Coverage	0.42	0.41	0.33	0.23
Unique Coverage	0.07	0.08	0.05	0.08
Overall Solution Consistency	0.90			
Overall Solution Coverage	0.66			

出所：Frambach et al.（2016）p. 1432.

バリエーションがあるが，経営学領域では，2018年10月時点では，この表記法が定番として使われている。

注

1　もともとは，Ragin（2008）が0.75以上を推奨しており，それを参考にしたFiss（2011）の *Academy of Management Journal* 掲載論文では0.80という基準が示された。以降，さまざまな学術誌で0.75あるいは0.80という基準が採用されている。

第7章

小売組織内での知識創造
小売店頭の知識創造モデル（r-SECI モデル）

> 前章までの議論から，本書の課題①「非トップランク小売業者はどのような点で小売市場において競争優位を構築できているのか」を明らかにすることができた。
>
> 本章では，本書の課題②「非トップランク小売業者の組織はどのようにして小売市場において競争優位を構築できているのか」を議論するために，小売組織内における店頭労働を通じた知識創造を検討する。具体的には，小売店頭の特質を整理した上で，小売組織内において店頭従業員がいかに知識を生み出すのかを考察する。

第1節 知識研究の展開

　本章では，小売業の組織内における知識がどのような性格をもち，どのような現実を生み出すのかを検討する。この問題を論じなければならない理由は，小売業のビジネスとしての特質に適合した知識についての認識論的前提をもつことで，小売業ならではの競争優位についての議論が可能になると考えるからである。まずは，経営関連領域の研究において知識がどのように扱われてきたのかを見てみよう。

経営学における知識研究

　経営学では，知識は組織学習（organizational learning）研究において古くから扱われてきているが（Cyert and March, 1963 ; Argyris and Schon, 1978 など），1990

年代にP. F. ドラッカーなどが経営における知識の重要性を強調して以降，知識を扱う研究は多様なアプローチにより数多く蓄積されている。

その中でも，日本において大きな影響をもたらしたのは，野中郁次郎らの一連の議論であろう。代表的な著作は，野中・竹内（1996）である。

ここでは，日本企業の強さの根拠は，これまでは職人的技能の範疇に入るとされてきた知識やスキルを言語化して組織的に活用する仕組みがあるからだという主張がなされ，組織内で暗黙知が形式知に変換される知識創造モデル（SECIモデル）が提示された。今日では，こうした議論はナレッジ・マネジメントとして世界中で研究が蓄積されている。

知識については，創造ではなく移転についても多くの研究が蓄積されている。社会のグローバル化の進展に伴い知識移転の重要性はますます増しているが，知識はそれが生み出されたコンテクストに埋め込まれているという性質をもつことから，移転の困難性が強調されることが多い。とくに，埋め込みの度合いが高い暗黙知は組織内部で移転される傾向が強い。

こうした研究のほかに，経営者がビジネスモデルを構想するときに働く創造的な知がどのようなもので，それはいかに生み出されるのかについての考察（石井，2009）や，知識そのものを商材とした場合のマーケティングのあり方の考察（冨田，2015）などもある。

流通研究における知識の扱い

経営学領域では以上の展開を見せている一方，流通研究においては，知識を取り上げる研究はあまり蓄積されていない。その理由は，流通論はモノが生産されてから消費されるまでのプロセスを対象とする学問で，伝統的に，流通の機能（function），産出（output），構造（structure），政策（policy），活動（activities），機関（institution），客体（objects）に焦点を当ててきたため，その集計水準はマクロ視点が基本となってきたからである。

近年では，マクロレベルでの流通の機能や構造といった研究分野独自の理論課題を考察するという目的のもとで，小売業態や企業形態に焦点を当てるミクロ視点での研究が蓄積されてきている。より最近では，流通企業だけでなく，流通企業と周辺産業と関わりを論じる研究も増えてきている（小川，2006）。

矢作（2011）は，前者のマクロ視点の研究をマクロ流通構造分析，後者のミ

第 7 章　小売組織内での知識創造　151

図 7-1　矢作（2011）の小売事業システムの分析枠組み

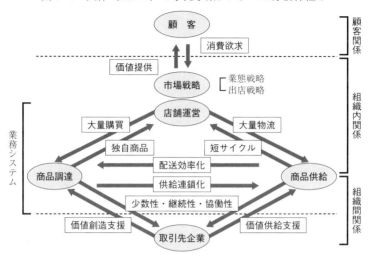

注：矢印は作用の働く方向を示す。
出所：矢作（2011）19 頁。

クロ視点の研究をミクロ流通行動分析と区分しているが，こうした研究の系譜がある中で，知識と関連が深そうなのは，流通企業の組織能力を議論する研究だろう。なぜなら，能力は知識や学習と密接に関わるからである。

流通業の組織能力研究の展開

　流通企業の組織能力を議論する研究は，小売業の国際化研究において数多くの蓄積がある（矢作，2007；Dawson et al., 2006；Dawson and Mukoyama, 2013）。

　小売国際化研究は，小売業が国をまたいで展開するプロセスという複雑な現象を対象としていることから，そのビジネスモデルの解明に焦点を当てているものも多いが（Dawson et al., 2006；Dawson and Mukoyama, 2013），経営学における多国籍企業論や国際経営研究と同様に，知識の移転や組織能力も重要なテーマの1つとなっている（矢作，2007）。

　小売国際化研究以外にも流通業の組織能力に言及した研究は存在する。矢作（2011）は，組織能力に焦点を当てたミクロ視点の流通研究の代表例であろう。

　ここで用いられた分析枠組みは，小売事業システムを，市場戦略（小売業態・

出店戦略），店舗運営，商品調達，そして商品供給の各事業システムから捉える包括的なもので（図7-1），これに基づき複数の優秀小売企業の事例分析を行うことで，小売企業の中核的な組織能力を考察している。

論点の整理

　以上をまとめると，国内外を問わず，小売業の組織能力研究は，業績を支える能力は何なのか，それは歴史的にどのように生じてきたのかを明らかにすることに注力している場合が多い。こうした研究の成果により，小売業の競争優位をもたらす組織能力についての理解は深まってきているといえる。

　その一方で，なぜその能力の形成が可能であったのかについては，個別事例の中で言及されてはいるものの，そのメカニズムにまで踏み込んで体系化を試みている例は少ない。あっても抽象的な指摘にとどまることがほとんどである。その理由は，小売業における組織能力の形成は，歴史的条件から影響を受けることから経路依存的であり（矢作，2010），加えて，組織能力と業績の関係は，小売業の場合はとくに，他産業と比べると高度に状況依存的だからである[1]。

　しかし，組織能力の形成メカニズムが議論できないわけではない。むしろ，詳細に考察する必要があるだろう。その理由は，この部分の理論化・体系化が行われないと，いつまでたっても個別企業の個別状況下での事例研究が積み重なるだけで，学術研究としての知見の上積みが難しいからである。

　いうまでもなく，小売企業の組織能力は，ビジネスモデルの構成要素の中に所与のものとして実在しているわけではない。ビジネスモデル（およびそれを構成する個別事業システム）を構築する能力や，構築したシステムをうまく運営する能力は，いつ，どこで，どのように生み出され成長していくのだろうか。

　そうした能力は，高度に状況依存的な小売業においては，外から移転するのは難しいと考えられるため，組織内部で自ら創造している場合が多いと思われる。そのため，小売企業の組織能力，換言すれば小売企業の競争優位を議論するためには，内部での組織能力の構築・運用に対する言及も必要であろう。

　そうした点に言及した数少ない研究の1つが岸本（2013）である。小売企業内部のオペレーションを論じた岸本（2013）は，小売企業における組織能力を店頭オペレーションの実行能力という視点から考察した研究である。

　岸本（2013）は，小売業の本部組織が店頭オペレーションをサポートする仕

第7章 小売組織内での知識創造　153

図7-2　岸本（2013）の分析フレーム

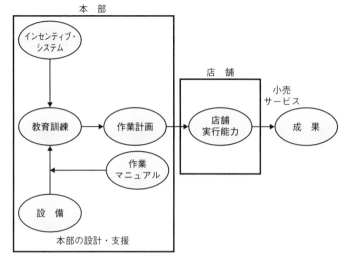

出所：岸本（2013）117頁。

組みを作り上げることで店舗実行能力が実現するという想定を置き，図7-2の分析フレームを提示し，実証分析により，組織内からサポートを受けた店舗実行能力が業績に影響を与えるという結論を導いている[2]。

　小売業の競争優位は，事業システムをうまく組むことで自動的に実現されるわけではない。岸本（2013）の指摘からわかるように，事業システムのパフォーマンスの場である店頭で業務がうまく遂行されなければならない。この点で，店舗実行能力を考察した岸本（2013）は，「うまい仕組みを作るための研究」ではなく，「仕組みをうまく機能させるための研究」といえ，流通研究の新たな地平を拓いているという点で，大いに意義があると思われる。

本章の課題

　ただし，図7-2の分析フレームにおいては，岸本（2013）が自ら指摘しているように，店舗実行能力をブラックボックスと想定しており，どのようなインプットを行えば安定した成果がアウトプットされるのかについての分析に注力している。そのため，店舗実行能力がどのようなメカニズムによって成果を生

み出しているのかについて検討の余地が残されている。

　その理由の1つには，分析対象の集計水準の問題がある。岸本（2013）の研究では，組織能力を観察するもっとも小さな集計水準は店舗で，それよりミクロレベルの能力は観察していない。その理由は，「店舗小売業務を遂行する店舗実行力というものは，チーム活動によって発揮されるものであり，1人1人の個人に還元できるものではない」（岸本，2013，114頁）と想定しているからである。

　加えて岸本（2013）は，小売店舗のオペレーションの主たる担い手であるパートの知的熟練には否定的なスタンスをとっており，変化への対応力よりむしろマニュアルによって定められた普段の作業を安定的に実行することを強調している。

　たしかに小売業の成果を考えた場合，グループ単位で普段の作業を安定的に実行することのほうが，個々の従業員が日常業務に対して臨機応変な対応をとることよりも重要であろう。しかし，だからといって，組織内における個人の問題が重要でないわけではない。その理由は2つある。

　1つは，組織能力は重層的に捉える必要があることと関連する。組織能力には，①知識ベース（区別可能な個別資源としての知識に着目）から生み出されるローカル能力，②知識フレーム（個別的な知識が全体として安定的なパターンをもつことに着目）から生み出されるアーキテクチャ能力，③知識ダイナミクス（相互作用を通じて個別知識をダイナミックに結合・変換するプロセスに着目）から生み出されるプロセスの能力，という3層の重層構造が存在するという主張がある（楠木，1996）。この主張に沿って考えると，岸本（2013）の研究は②の組織能力を検討したことになるが，本章ではそれに加え，①や③も射程に入れて議論する。

　もう1つは，店舗は，オペレーションを実行して価値を伝達する場であるだけでなく，価値を創造する場でもあると考えられることである。店頭における従業員間の，あるいは従業員と顧客のインタラクションからは，小売ビジネスを改善するヒントがたくさん得られるはずである。店舗は，企業にとって学習の場，換言すれば，組織能力を涵養する場所であるという捉え方もできるのである[3]。

　では，個人の能力はどこからきてどのように活用されるのだろうか。そして

それはどのように組織的に活用されるのだろうか。

個人の能力も，他と同様に所与ではなく，組織の仕組みや，外部からの知識移転，内部での知識創造によって支えられているはずである。したがって，次のステップとして，これらについてさらに研究を進めていく必要がある。

そこで，次節では，小売業内部での知識創造を議論する前提として，知識についての既存研究の認識を確認することにしよう。

第2節　知識概念の整理──暗黙知，実践知

経営学における暗黙知の登場

認知心理学では伝統的に，知識を宣言的知識（declarative knowledge）と手続的知識（procedural knowledge）に区分してきた。宣言的知識とは，事実に関する言語で表現できる知識のことで，手続的知識とは，言語で表現することが難しいやり方や方法についての知識のことである（Anderson, 1983）。

一方，経営学では，（製造）企業における個人スキル熟達や（製造）企業における知識創造についての研究において暗黙知という概念の重要性が指摘され，研究が蓄積されている。

これらの研究では知識を2つに分けている。1つは形式知（explicit knowledge）で，これは「文法にのっとった文章，数学的表現，技術仕様，マニュアル等に見られる形式言語によって表すことができる知識」（野中・竹内，1996，序文iii頁）である。これに対して暗黙知（tacit knowledge）は，「人間一人ひとりの体験に根ざす個人的な知識であり，信念，ものの見方，価値システムといった無形の要素を含んでいる」（同上）とされる。

暗黙知の重要性が主張された背景には，日本企業の業績を説明するためには従来の知識という概念だけでは説明しきれない部分があったことがある。

本章の知識認識──概念整理

大まかにまとめると，既存研究では，言語化可能な知識を相対化する目的で，手続的知識や暗黙知という概念が提起されてきたと捉えることができるだろう。

しかし，宣言的知識－手続的知識と形式知－暗黙知の定義は微妙に異なっている。松尾（2006）によると，手続的知識と野中・竹内（1996）が参考にした

Polanyi (1958) の暗黙知は同一の概念ではない。その理由は,手続的知識はすべてが言語化できないわけではない一方で,暗黙知は言語化できない知識と定義されているからである(松尾, 2006)。

しかし,ポランニーの暗黙知概念 (tacit knowledge ではなく tacit knowing) を厳密に適用すれば,暗黙知が形式知に変換されるプロセスを想定する野中・竹内 (1996) の知識創造モデルが成り立たなくなる[4]。

そこで少しややこしいが,本章では,ポランニー流ではなく野中・竹内 (1996) 流の暗黙知の捉え方に沿って議論を進める。誤解を恐れずにいえば,それはつまり,野中・竹内 (1996) がいうところの暗黙知を,認知心理学の伝統がいうところの手続的知識に近い概念として捉えるということである。

知識を支える能力——学校知と実践知

上述の知識は,知能 (intelligence) によって支えられている。認知心理学においては,学校知 (academic intelligence) と実践知 (practical intelligence) という考え方がスタンバーグらによって提唱されている。

実践知は,Sternberg (1985) の知能の鼎立理論における3つの知能(実践的知能,分析的知能,創造的知能)の1つと位置づけられている。実践的知能は,日常生活の文脈における問題を解決するために経験を通して学んだ知識を適用・活用し,実行・達成を支える知能,分析的知能は,なじみのある問題の解決において,問題を認知し,計画を立て,分析・比較し,評価することを支える知能,創造的知能は,新奇な問題解決において,新しいアイデアの創出(創造,発見,設計)を支える知能,とされている。

実践知という考え方の必要性が指摘された背景は,暗黙知という考え方の必要性が主張された背景とよく似ている。

認知心理学の世界では,狭義の知能の定義(=抽象的思考能力)に基づいて操作化された知能検査で測られる IQ は,学校の成績(学校知)に対して高い予測力をもってきた。しかしその一方で,(学校を終えた後の)職場での業績に対しては低い予測力しかもたなかったという問題があった。そのため,仕事などの実践の場面における知能を説明・予測するために実践知という考え方が提唱されたのである。

いずれも,中心的に議論されてきた知能・知識(学校知・形式知)だけでは

説明しきれない現実があることから開発された概念であるといえるだろう。

形式知・暗黙知と学校知・実践知の関係

　実践知の提唱者であるスタンバーグやワグナーは，暗黙知を，仕事の中で経験から直接獲得された知識であり，仕事上のコツやノウハウなどと定義している（Sternberg and Wagner, 1992 ; Wagner, 1987）。一方，実践知は，「熟達者（expert，エキスパート）がもつ実践に関する知性」（楠見，2012, 4頁）である。

　したがって両者は，「実践知は，経験から実践の中に埋め込まれた暗黙知（tacit knowledge）を獲得し，仕事における課題解決にその知識を適用する能力を支えている」（同，12～13頁）という関係になる。本章でも，この捉え方，すなわち，暗黙知の獲得・適用を実践知がサポートするという想定で議論を進めていく。

　知識概念の整理ができたので，続いて，小売業を研究するためには，知識をどのように扱う必要があり，知識のどのような側面を重視しなければならないのかを検討する。

第3節　小売業の研究における知識

知識の特徴

　小売業の研究において知識をどのように捉えるとよいのか。まずは，冨田（2015）の議論を手がかりにしよう。冨田（2015）は，特許の対象となるような知識を念頭に，サービス財と比較した場合の知識の特徴をまとめている。それらは，累積性，状況依存性，新規性，非公開性，評価の困難性である（冨田，2015）。

　累積性とは，「知識は既存の知識をベースにその上に積み上げられるもの」であり「使用による減少がない」，状況依存性とは，「特定の人，企業，さらにはその特定の状況においてのみ，知識が意味あるものとなる」ことである。新規性とは，「知識は新規性を有したもの」，非公開性とは，金銭的価値が下がってしまうため「知識は公開不可能だということ」，評価の困難性とは，知識の「金銭的価値への置き換えが難しいこと」である（冨田，2015, 51～53頁）。

　この中で，小売業の組織内での知識ととくに密接に関連する特徴を挙げると

すると，それらは，累積性，状況依存性，評価の困難性であろう。新規性についてはどの知識でも同じといえるのでわざわざここで言及する必要はないだろう。非公開性については，小売業における知識が特許のように金銭的価値を有することは多くないと思われる。

小売業における知識の特殊性

　小売業の知識を議論する際には，小売業に特有のコンテクストを考慮する必要がある。とくに重要だと考えられるのは，組織階層とそこで活用される知識タイプの関係である。その理由は，組織内の一部門（あるいは，関連諸部門）だけが対象となる新製品開発研究における知識の議論とは異なり，（店舗型の）小売業においては，トップ・マネジメント，ミドル・マネジメント，ロワーの各階層において，異なるタイプの知識がそれぞれ重要な役割を果たすと考えられ，さらに，どの組織階層に所属していようと，店頭というフィールドを考慮する必要があるからである[5]。具体的に考えてみよう。

　組織内のトップおよびミドル・マネジメント層の知識は，自らの職務経験や，研修のような外部からの取得によって形成される。現場からのたたき上げのマネジメントであれば，長年の現場経験から得られた暗黙知（言語的に表現することが難しいやり方や技能についての知識）を，外部から中途入社したマネジメントであれば前職における経験から得られた暗黙知をもっているはずである。加えて，ビジネスパーソンとして長い経験をもつマネジメントは，職務マニュアルや研修など，メディアから取得する知識も豊富にあるであろう。

　ロワー階層の従業員もまた，マニュアルを通じた知識と，自らの職務経験の中で学んだ知識をもっているが，複雑なのは，小売業は一般消費者を対象としたビジネスであるがゆえに，主としてパートやアルバイトなどのロワー階層の従業員は，売り手側ではなく買い手側，つまり消費者としての小売店舗の利用経験から得られた暗黙知をもっている場合が多いことである。

　マニュアルから得られる形式知は，いったん身につけてしまえばそれで終了になるが，従業員としての職務経験から得られる暗黙知と，一般消費者として小売ビジネスの利用経験から得られる暗黙知は，日々の生活の中で蓄積され続けていく。

　小売店頭はきわめて状況依存的であることから，現場の働き手は，ときには

マニュアルにないような臨機応変な対応が求められ，そこから新たな（手続的）知識が得られることがある。その一方で，消費者として他の小売ビジネスの利用経験を重ねることで店舗間の比較評価が可能になり，そこから新たな知識が得られることもある。

　つまり，ビジネスモデル全体の価値判断がなされる店頭という場をもつ小売業においては，製造業と比べて，言語化が難しい知識の重要性が相対的に高いといえる[6]。

小売業における店頭業務の役割

　小売業において必要とされる知識を，形式知と暗黙知に区分して捉えることで，労働集約的な産業といわれる小売業の「労働」が何を指しているのかを明確に理解できるようになる。

　小売業における（とくに店頭の）労働は，定型的な手続きを自動的に実行すること，つまりマニュアル（とプログラム）さえあればロボットでも実施できる作業と捉えられることがある。しかし，このようなシンプルな捉え方には問題がある。その理由は，この捉え方では，現場で言語化が難しいノウハウやコツ，すなわち暗黙知が積み重なり，それが現場の改善やひいてはビジネスモデルのインクリメンタル，プロセス・イノベーション，あるいは新たな業態開発につながる，という現実を説明できないからである。

　つまり，小売業における店頭での労働は，商品を顧客に売り渡すことに関わる諸作業でありながらも，知識（形式知と暗黙知）の創造・獲得を促すものである，と捉えなければならない。それはつまり，企業としてのパフォーマンスが現場の知に依存する程度が，労働集約的ではない他産業と比べて相対的に大きい，ということを示している。

　小売業における店頭業務は，チェーン・オペレーションを採用している場合はとくに，マニュアルを守るだけのルーティン・ワークであると捉えられがちである。しかし，以上で考察したように，マニュアル化されにくい知識，すなわち暗黙知にまで視野を広げれば，店頭における業務は，顧客満足を高めることができる創造的な営みであり，組織に恩恵をもたらすものであると位置づけることができる[7]。

　そこで，次に，形式知と暗黙知がどのように作用して小売業に成果をもたら

しているのか，そのロジックを検討することにしよう。

第4節　小売店頭の知識創造モデル——r-SECIモデル

野中・竹内（1996）のSECIモデル

　店頭従業員の業務実践とそこから得られた暗黙知が成果に至るロジックを検討するために，野中・竹内（1996）の知識創造モデル（SECIモデル）を援用する。

　このモデルを取り上げる理由は，小売業においては，店頭が起点となった業務改善やビジネス・プロセス・イノベーションが実際に生じており，そこでは実践から得られた個人的な知識（暗黙知）が形式知に変換され組織的に活かされている可能性が高いと考えられるからである。

　そこでまずは，野中・竹内（1996）のSECIモデルの概略を示しておこう。SECIモデルでは，暗黙知が形式知に，形式知が暗黙知に変換されるモードが説明され，以下の4つのフローが回り続けることで組織に知識が創造される。

　最初が共同化（socialization）である。このプロセスで，人は観察や体験から暗黙知を獲得する。こうして得られた暗黙知を言語化（形式知化）するプロセスが次の表出化（explanation）である。形式知化された知識は，組み合わされることによって新たな知識が創造される。このプロセスが連結化（combination）で，新たに創造された知識を実践することによってさらに新たな暗黙知を獲得する内面化（internalization）へと至る。この一連の流れが回り続けることで組織的な知識創造が可能になる（図7-3）。

　ただし，知識創造モデルは製造業における製品開発担当者の知識創造を想定してつくられたものである。後に続く研究が数多く蓄積されたことからわかるように，きわめて魅力的なモデルだが，小売業の店頭従業員に適用しようとする場合には慎重な姿勢が求められる。この点を詳しく検討しておこう。

小売業における知識創造

　小売業における知識創造を考える上で考慮しなければならない前提は，小売業の店頭業務における状況依存性の高さである。

　店頭の状況は店舗ごとに異なる。忙しい店もあればそうでない店もある。立

図7-3　野中・竹内（1996）の知識変換モード

```
          暗黙知              暗黙知
      ┌─────────────┬─────────────┐
      │   共同化    │   表出化    │
暗黙知 │ socialization│externalization│ 形式知
      ├─────────────┼─────────────┤
      │   内面化    │   連結化    │
暗黙知 │internalization│ combination │ 形式知
      └─────────────┴─────────────┘
          形式知              形式知
```

出所：野中・竹内（1996）93頁。

地により客層もさまざまである。同一店舗内ですら，季節や時間帯あるいはその日の天気によって，現場の状況は刻一刻と変化する。とくに生鮮食料品は品質を維持できる時間が短いため，売り切れや売れ残りといったロスをシビアに管理する必要が出てくる。その他にも，外部環境の一時的な変化（近くでイベントが行われることなど），店内におけるトラブル（顧客の体調変化などの不測の事態の発生）など，枚挙に暇がないほどである。

　以上のような状況の多様性は，店頭業務を複雑化させる。小売業の店頭従業員は，チェーン・オペレーションを採用している企業であれば，程度の差はあるが，基本的にはマニュアルにより管理されている。しかし，店頭は状況依存性が高いがゆえに，実際には，マニュアルによる標準的な管理だけでは高い顧客満足は得られにくい。

　このような小売業における業務の現状を鑑みた場合，現場の知の組織的活用は製造業のそれよりも難しいといわざるをえない。その理由は，現場，すなわち数ある店舗の特定の状況下で創造された知識が，他の現場でも適応できるかは不明確だからである。状況依存性が高い小売店頭で生み出された知識の状況依存性もまた，高いということである。

　店頭の状況が多様であればあるほど，生み出される知識の状況依存性は高くなるはずで，そうなれば他への適用はますます難しくなる。仮に，ある店舗で創造された知識が業務遂行上きわめて有効であった場合，それを組織的に活用しようとすると，その知識は，店頭従業者から店長経由で本部にあがっていく

ことになる。この組織階層を上昇していくプロセスで、その知識が有効な状況（コンテクスト）についての情報が失われてしまう可能性があるし、その知識はそれが発見された店舗でしか通用しないものかもしれない。

つまり、小売業においては、状況依存性が高い現場で生まれた知識を組織レベルで活用するのはきわめて難しい。これが、店頭を起点とした小売業のナレッジ・マネジメントの特徴であるといえる。

知識創造における店頭の重要性

しかしながら、組織レベルで活用するのは難しくても、それをもって現場の知（＝店頭で発見されたインサイトや独自のノウハウなど）が不要である、ということにはならない。むしろ、現場の知は、マネジメント層にとっても店頭従業員にとってもきわめて重要である。

店頭従業員にとって現場の知は、多種多様な対応が求められる店頭において、臨機応変な対応やきめ細やかな対応、あるいはスムーズな業務実践を可能にするという点で、きわめて重要である。マネジメント層にとっても、経営上の意思決定に活かすことができるインサイトを得るためのヒントとなるという点で重要である。

店頭からインサイトが得られるとすると、もっとも要となる立場にあるのは、顧客との接点において日々の業務を行っている店頭従業員ということになる。特定のコンテクスト（店舗の状況）に埋め込まれた多くの現場の知を集約する立場にある売場のリーダーや店長はもちろん、各部門の従業員も独自の知見をもっているはずである[8]。

たとえばスペインの ZARA では、店頭従業員の中でレジ係だけが職場をローテーションされないとされているが（Burt, Dawson, and Larke, 2006）、その理由はレジ係に知見が蓄積すると考えられているからである。

だが、チェーン・オペレーションを採用する小売業者が現場の知を組織的に活用できているかというと、必ずしもそうとはいえない場合が多い。現場の知の活用、と簡単にいっても、先述した通り、それを組織レベルで活かすのは難しいからである。

では、店頭で生まれた知識のほとんどすべてが埋もれてなくなっていくのかというと、そうではないと思われる。コンテクストから切り離しても有効性が

失われないごく一部の知識は組織的に活用され，それ以外の，現場で生まれた多くの知識は現場でうまく活用されている可能性が高い。

とくに，日本の小売市場のように，世界と比べると市場の多様性が相対的に低く，競争がきわめて高レベルかつ拮抗している場合は，細やかな現場の対応の違いが店舗の差別化に大きな影響を与えている可能性がある。そのため，顧客からの支持を集める店舗では，現場の知がうまく活用されていると想定しても問題ないと思われる。

小売店頭の知識創造モデル（r-SECI モデル）

このような小売業の現状を踏まえ，野中・竹内（1996）の知識創造モデルを小売業に適用すると，次のようになる。

店頭の従業員は，日々の業務実践の中での観察・体験や消費者としての自身の経験から暗黙知を獲得する（共同化）。獲得された暗黙知の中でも，日々の業務を遂行するにあたって有益な知は，仕事仲間とのおしゃべりや上司への報告という形で言語化される（表出化）。

以降のプロセスは，小売業の場合，次の2のルートがありうる。1つは，言語化された知が組織の上層部に届いてマニュアル化され，それが組織の下層に伝達され実践されるというルートである。これは SECI モデルにおける通常のルートで，組織的な活用がなされたということである。

もう1つのルートは，表出化が行われた後に連結化プロセスを経ずに内面化プロセスに直接的に至るルートである。表出化のプロセスにおいて言語化された形式知は，現場レベルのきわめて狭い範囲で共有されることにより，他の従業者も実践可能となる。つまり，表出化のあと連結化が行われないまま，個々の従業員は日々の業務実践を続けることで，形式知が暗黙知へと体化されるという経路が，小売店頭には存在すると考えられる。

まとめると，野中・竹内（1996）のオリジナルの知識創造モデルでは，(1)→(2)→(3)→(4)→(1)→……という4つの知識変換モードを通じて，より高次の存在レベルであるグループや組織で形にされる「知識スパイラル」（野中・竹内，1996，108頁）を生じさせる。それに対して小売業の店頭の知識創造においては，知識スパイラルが生じることもある一方で，(1)→(2)′→(4)→(1)→……という，連結化のプロセスが省略された知識スパイラルが発生する可能

図 7-4 小売店頭の知識創造モデル（r-SECI モデル）

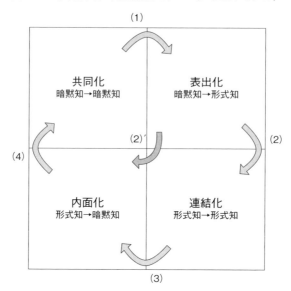

性もある（図 7-4）。前者を通常ルート，後者を短縮ルートと呼んでおこう。

知識創造における店頭従業員の役割

　知識スパイラルによる知識創造においては，日々の業務を実践する店頭従業員がきわめて重要な役割を果たす。店頭従業員の中でも，パート・アルバイトと正社員は，店頭での知識創造において異なる役割を果たしていると考えられる。

　パート・アルバイトは，社員として業務実践を行うわけではないので，社員と比べて業務に忙殺されにくい。加えて，パート・アルバイトは多くの場合，自分自身が消費者として小売業と関わりをもっている。つまり，売り手の気持ちもわかるし，買い手の気持ちもわかる立場にある。このような立場の重層性により，パート・アルバイトは，顧客のことを共感的に理解できるようになる。ポランニー流にいえば，対象への棲み込み（dwelling in）ができるようになる。そのため，業務実践から有益な知恵がより得やすくなる[9]。

　それに比べて正社員は，日常業務が多岐にわたり業務量も多いことから，そ

れに忙殺されることが多く，顧客のことを共感的に理解する心理的・時間的余裕もなければ，パート・アルバイトのように対象（＝顧客）への棲み込みが自ずとできるような立場にあるわけでもない。

しかし，正社員は，売場というコミュニティに属しながら，同時に，たとえばリーダー会議や店長会議といった店頭とは別のコミュニティにも属している。つまり，組織の中でマルチ・メンバーシップ（多重成員性）を構築しやすい立場にある。

マルチ・メンバーシップにより学習サイクルの継続が可能になる（Wenger, McDermott, and Snyder, 2002, 邦訳書, 52頁）。対象（近位項）への棲み込みに成功した場合には，全体像（遠隔項），石井（2009）がいうビジネス・インサイト，を見通す可能性が高いのも社員であろう[10]。

まとめると，小売店頭の知識創造モデルにおいて，共同化プロセスでの暗黙知の獲得は，パート・アルバイトのほうが立場上やりやすく，逆に，連結化プロセスにおける形式知の組織的活用は，社員のほうが立場上やりやすいと考えられる。後者のプロセスは前者のプロセスを前提としているため，日々の業務実践や日常生活から暗黙知を獲得するパート・アルバイトは，単純作業者ではなく，価値創出の起点となる重要なプレイヤーということになる。もちろん，社員にとっても，日々の業務実践およびそれを支える実践知はきわめて重要である。

第5節　店頭での知識創造を促す要因

r-SECI モデルにおける知識創造を促すポイント

小売店頭において上述の通常ルート（「(1)→(2)→(3)→(4)→(1)→……」）と短縮ルート（「(1)→(2)′→(4)→(1)→……」）の2つの知識スパイラルが生じるためにもっとも重要なポイントは，共同化プロセスにおいて獲得された暗黙知が形式知化される表出化プロセスであろう。その理由は，このプロセスがうまく働かなければ，現場におけるノウハウは共有化しにくくなるし，より高次の組織に上っていく知識スパイラルも生じないからである。

このプロセスがうまく動くために必要なのは，職場の人間関係であると思われる[11]。その理由は，人間関係がうまくいっていれば，店頭従業者間のイン

タラクションが生じやすく、その中で暗黙知の言語化（形式知化）も促されやすいと考えられるからである。暗黙知が形式知化されることなく同僚に伝わる可能性もあるが[12]、こちらにおいても人間関係は重要な要因であろう。

この重要なポイントを検討するためには、学びの性質およびプロセスに踏み込んで考察を進める必要がある。具体的には、状況に埋め込まれた学習（situated learning）と実践共同体（community of practice）という考え方が参考になる。詳しく見ていこう。

状況に埋め込まれた学習と実践共同体

まず、状況に埋め込まれた学習とは、従来の学習についての考え方とは一線を画している。従来の学習は、教育プログラムなどを受講することで教える側から学ぶ側に提供され、学習者の頭の中で行われる過程とみなされてきた。この学習の前提には、知識や技能の習得は文脈を離れても受け渡しが可能なものであるという考え方があり、先に見た形式知が伝達される知識に相当する。

これに対して、ウェンガーらは、知識や技能の習得は、それが活用されている状況に依存的であり、状況から切り離してしまうと重要な側面が抜け落ちてしまうという想定を置く。ここでやりとりされるのは暗黙知で、学習をあるコミュニティでの実践に参加することから生じる過程とみなしている。つまり、学習を知識の獲得・蓄積の過程と捉えるのではなく、社会文化的実践を行うコミュニティへの成員度を深めていく過程と捉えている。

ここでは、学習は、何かを知る、学ぶ、というよりは、実践を行うコミュニティにおいて十全的参加（full participation）するメンバーに移行することを意味し、それにより知識や技能の習得が可能になると指摘されている。そのための参加対象が実践共同体である。

実践共同体とは、「あるテーマに関する関心や問題、熱意などを共有し、その分野の知識や技能を、持続的な相互交流を通じて深めていく人々の集団」(Wenger et al., 2002, 邦訳書, 33頁) である。この学習や熟達に関わるコンセプトは、ウェンガーとレイヴが徒弟制度の観察から構築したものである（Lave and Wenger, 1991）。

ここでは、学習は、状況に埋め込まれた社会的実践であることを前提とし、実践を行う共同体の正式なメンバーとして参加することの重要性が指摘されて

図 7-5　小売店頭における実践共同体（例）

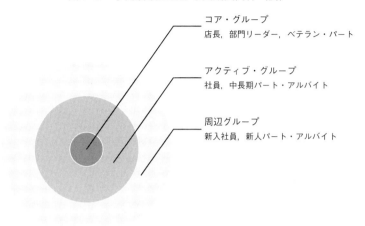

いる。そのメンバーシップのあり方が，正統的周辺参加（legitimate peripheral participation）である。実践共同体において，実践を行うことで正統的周辺参加者から十全的参加者に至る過程が学習である。暗黙知は，実践知に支えられつつ，そうした営みから獲得される。

小売店頭における実践共同体

上述の議論に依拠すると，小売店頭において知識をうまく創造していくためには，業務に対する積極的な姿勢や，経験から暗黙知を学びとる能力（＝実践知）はもちろん前提として必要だが，職場に実践共同体が構築され，それに多くの人が参加することが重要になる。

実践コミュニティへの参加は階層構造になっており，コア・グループ，アクティブ・グループ，そして周辺グループの3つのレベルがあるという指摘（今田，2008）に依拠して，店頭での実践共同体を考えてみよう。

チェーン・オペレーションを採用している一般的な小売企業の店頭における実践共同体であれば，コア・グループには，店長，部門リーダー，ベテラン・パートなどが，アクティブ・グループには，社員や中長期のパート・アルバイトなどが，周辺グループには，新入社員や新人のパート・アルバイトなどが所属することになるだろう（図7-5）。

この実践共同体に対して、本部スタッフ、他店舗スタッフ、地域コミュニティ、顧客、取引業者などが関わることになる。

実践共同体の育成

　Wenger et al.（2002）によれば、実践コミュニティを育成するには7つの原則が必要になる。それらは、①進化を前提とした設計を行う、②内部と外部それぞれの視点を取り入れる、③さまざまなレベルの参加を奨励する、④公と私それぞれのコミュニティ空間をつくる、⑤価値に焦点を当てる、⑥親近感と刺激を組み合わせる、⑦コミュニティのリズムを生み出す、の7つである。
　小売店頭というコンテクストで考えてみよう。
　まず①についてだが、小売店頭では、労働の仕組みとして、従業者が一定期間に一定数が入れ替わることが前提となっている。社員であれば新規・中途採用や部署移動があるし、パート・アルバイトはもともと入れ替わることが前提の制度である。したがって、もともと進化を前提とした設計になっていると考えられる。
　②の内部者の視点については、「コミュニティの本質を見抜くことができる、部内者の視点が不可欠」（Wenger et al., 2002, 邦訳書, 97頁）とされているが、その役割は、職場におけるコミュニケーションの結節点にいるキー・パーソン（店長やベテラン・パート）が果たすことができる。外部者の視点により、「知識を開発し世話する潜在能力がコミュニティにどれほどあるかを理解する」（同, 98頁）ことができるようになるが、それは、その多様な職場・職種・職位を経験してきたキャリアの長い正社員が担うことができるだろう。
　③については、小売店頭にはもともと多様な立場の人が集まるため、おのずとコミュニティへの参加度合いには濃淡ができるはずである。職場で顔を合わせる頻度を考えると、ベテラン・パートや店長を含む正社員はコア・グループになりやすいだろうし、出入りが頻繁にあり、不定期な参加者でもあるアルバイトは周辺グループになりやすいだろう。
　④については、ミーティング等が公共空間、職場や休憩場所での個人的な会話は私的空間といえるだろう。ただし、ここでどの程度の交流が行われるのかについては、その職場の人間関係やマネジメント方針や施設の状況に依存するだろう。

⑤については、「メンバーに価値をはっきりと言葉に表すように絶えず働きかける」（同，105頁）ことが大切だとされ，これは店舗の業績に責任をもつ正社員が担うべきだろう。ただし，業務や私生活の愚痴をこぼすことなどは，ストレス・リリースという価値があり，それは社員に限らず誰にでも言葉にできる。

⑥については，メンバーの不定期的な入れ替わりが親近感と刺激を組み合わせる役割を果たすだろう。あるいは，職場におけるルーティンは，それに従事する者に親近感を醸成するかもしれない[13]。ルーティン・ワークがある一方で，店頭での顧客との接触においては予期せぬことが起きることもあるので，それは実践共同体に刺激をもたらすことができるだろう。

⑦については，店舗における業務に忙しい時間帯と暇な時間帯があることや，時期によって忙しさに濃淡があることがうまく働くだろう。そのような店舗や業務を取り巻く環境の変化は，実践共同体にリズムを生み出すであろう。

いずれにしても，もっとも重要なのは，職場において実践共同体と表現できるような非公式的なグループが存在するかどうかである。それは，組織的な制度設計によって可能になる部分もあるだろうが，もっとも重要なのは職場の人間関係であろうと思われる。

第6節　店頭起点の知識創造の役割

小売業における競争の焦点は時代ごとに変遷してきた。小売業近代化初期の段階（1950年代～）では，いかに販売数量を大きくしながら効率的なマネジメントが行える業態（ビジネスモデル）を構築するかが競争の焦点となった。生産における規模の経済を享受するためである。

それが，実現したのちには，さらなる業態開発も重要な課題でありながら，すでに社会に定着している既存業態でいかに顧客を囲い込み収益を上げられるかに競争の焦点が移り変わってきている。田村（2006a）の指摘によれば，近年の消費者は価格と品質の両面を追い求める傾向があるため，既存業態でそれを実現するよう努力しなければならない。

長期的に需要の成長が見込めない状況下では，現状のビジネスモデルのインクリメンタル・イノベーションを志向しながらも，現時点で自社を支持してく

図 7-6 店頭起点の知識創造の役割

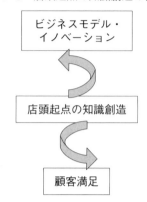

れている顧客を囲い込むために，よりいっそうの顧客満足の向上を図る努力が不可欠となる。

　このような中，店頭を起点とした小売組織内における知識創造は，組織レベルではビジネスモデルのイノベーションに貢献する可能性があると同時に，店舗レベルでは，より高い顧客満足を生み出すことに，あるいは不満足を生み出さないことに，それぞれ貢献する可能性がある。従業員間，従業員と顧客間のインタラクションにより知識が創発される場である店頭は，顧客満足とビジネスモデル・イノベーションの起点となる点できわめて重要である（図7-6）。

　累積的で，状況依存性が高く，評価が困難，という性質をもつ知識を小売業の競争優位につなげるためには，r-SECIモデルがうまく知識スパイラルを生じさせる必要がある。そのためには，積極的な業務実践から暗黙知を得ること，そのための能力（実践知）や実践者のコミットメント（熱意や献身）といった従業員個人の要因も必要だが，それ加えて，職場における実践共同体や，それを支える職場の円滑な人間関係，組織的サポートが必要になるだろう。

　次章と次々章では，店頭従業員に焦点を当て，その積極的な業務実践や能力獲得について検討する。

注
1　たとえば，高い組織能力を誇る小売業の店舗の業績は，その店舗が置かれた状況に依存的である。より高い組織能力を誇る小売業の店舗の近くにあれば業績はよくならないだろうし，逆に，

組織能力が低くても，競合店が少ないエリアの店舗は好業績になる。顧客目線で見ると，自宅から遠くに高い組織能力を誇る小売業の店舗があって，自宅からすぐ近くに低い組織能力しかもたない小売店舗があった場合，後者が選ばれる可能性は高い。この意味で，小売業における組織能力は業績と連動しにくいものといえ，その扱いは難しい。

2　実証分析を行う際には，このフレームに2つの改良を加えている。1つは，店舗実行能力に直接影響を与える要因として小集団活動を加えたこと，もう1つは「作業マニュアル」と「教育訓練」を統合したことである（岸本，2013，165頁）。

3　セブン＆アイHDの鈴木敏文元会長は店頭での「仮説 - 検証」を重視するし，食品中心のディスカウント・ストアとして好業績を誇るオーケースーパーの飯田勧会長は自らショッピング・カートを押しながら店内を歩く。そのほかにも店頭に姿を現すエグゼクティブは多い。その理由は，有益なインサイトが得られるからだろう。もちろん，現場に発破をかける目的もある。

4　野中・竹内（1996）の暗黙知概念がポランニーのそれと異なっていることはさまざまなところで議論されてきた（たとえば，洞口，2009）。野中・竹内（1996）が参考にしたのは，Polanyi（1958）のtacit knowingという概念である。「暗黙知」と訳されたtacit knowingについては，知識の背後に「暗黙的に知っていること」という次元があることを主張するために創り出された概念であり，語りえない知識とは異なる概念である（詳しくは，石井，2009）。しかし，本書は，流通研究に知識を持ち込むことでより深く現象を理解したいというスタンスであることから，この問題にはこれ以上踏み込まず，野中・竹内（1996）が提唱した「暗黙知」概念に沿って議論を進めることにする。

5　このフィールドは，組織のコンセプトを伝える場でもあり，売買を成立させる場でもあり，顧客接点の場でもあり，知識創造・獲得の場でもあるという点で，小売業にとってきわめて重要である。

6　この傾向は，サービス・エンカウンターにおける売り手と買い手の相互作用がより重要な役割をもつサービス業においてより顕著であると思われる。

7　本書第2章で言及した「マクドナルド化」の議論の中でも従業員のロボット化の問題が言及されているが，そうした指摘は，マニュアル化される知識，すなわち形式知（宣言的知識，学校知）だけに焦点を当てたことによると思われる。

8　トップ・マネジメント層の現場経験ももちろん重要だが，現場を離れた期間が長くなればなるほど，現場の知が得られる店頭のコンテクストはトップ・マネジメント層が経験したものと乖離していく可能性が高くなる。

9　このメカニズムについては，石井（2009）を参照のこと。

10　ただし，そのためには一定期間以上の実務経験が必要であろうと思われる。

11　ちなみに，暗黙知を生成・獲得する共同化プロセスにおいて重要なのは従業員個人の対象（人，知識［理論］，物事）に棲み込む力や実践知である。

12　楠見（2010）は，暗黙知の獲得・適用を支える実践知を獲得する学習形態の1つに観察学習を挙げている。観察による学びが可能であるなら，暗黙知の獲得・適用をサポートする実践知を，従業員Aが職場内で他の従業者Bから学びとることが可能になり，そうして得た実践知により，Aは実践の中から新たな暗黙知を得ることが可能になるはずである。

13　ルーティン・ワークは同時に，何も考えずに単純作業として業務実践にあたる従業員を生み出してしまうという弊害もあるだろう。

173

第8章

店頭従業員の進取的行動

現場での創造性とモチベーション

> 前章では，本書の課題②「非トップランク小売業者の組織はどのようにして小売市場において競争優位を構築できているのか」を議論するために，小売店頭での知識創造モデル（r-SECI モデル）を提示した。
>
> それを受けて本章では，非トップランクの食品スーパーの知識創造の源泉の1つであると考えられる，店頭従業員の自律的な行動について検討を行う。具体的には，小売業のフロント・システムへの顧客の評価に影響を与えると思われる店頭従業員の自律的な業務実践に影響を与える要因を，市場志向という視点から実証的に検討する。

第1節 小売業の市場志向

小売業の市場志向研究

小売店頭において価値を創造するためには，顧客や競合の変化に迅速かつ効果的に対応しなければならないが，そうした市場志向の研究は，マーケティング分野においてきわめて多くの研究蓄積がある。

Day（1990）や Deshpande, Farley, and Webster Jr.（1993）や Kohli and Jaworski（1990）や Narver and Slater（1990）らによって市場志向のフレームワークが示されて以降，市場志向の先行要因や市場志向と成果の関係，あるいはそれらの全体的な関係を実証的に検討する研究が盛んに行われてきた。

近年では，蓄積された研究の知見を統一的に理解するためのメタ研究（Kirca, Jayachandran, and Bearden, 2005；石田，2015）や，実証研究によって明らかにさ

れた変数間関係がどのようなプロセス・メカニズムで作用するか，市場情報 (market intelligence) がどのように生成するのか，あるいは，市場志向のタイプ別に適したマネジメントを探求する，といったことに研究関心が移りつつある（猪口，2012）。

こうした流れの中で，市場志向を小売業に適用しようという研究は 2000 年代以降に蓄積が進んでいる。初期には，市場志向の尺度を小売業に適用できるかどうかを定性的なアプローチにより検討する研究（たとえば，Elg, 2003）もあるが，定性的アプローチにより構築した市場志向と成果の関係についての仮説を経験的に検証する研究が多い。

このような研究は，大きくは 2 つに分類することができる。1 つは，小売業における市場志向がどのような要因から影響を受けているのか（要因 X → 市場志向）を探るもの（Harris and Piercy, 1999；Harris, 2000；Piercy, Harris, and Lane, 2002）で，もう 1 つは，市場志向が成果に対してどのような影響を与えているのか（市場志向 → 成果）に着目するもの（Panigyrakis and Theodoridis, 2007）である。つまり，原因系と結果系それぞれで検討が進められてきた。

それと同時に，市場志向は中小小売商にも適応できるかについての検討も行われている（Kara, Spillan, and DeShields Jr., 2005；Megicks and Warnaby, 2008）。本書全体を通しての目的，すなわち小売構造のダイナミクスを理解するためには，日本における非トップランク食品スーパーの競争優位の源泉を解明する必要があるので，これらの研究を簡単に紹介しておこう。

Kara et al. (2005) は，市場志向が成果（過去 3 年の売上高，収益の成長，過去 3 年の ROI に対する評価）に対してポジティブな影響を与えるかというシンプルな関係を検討し，市場志向が中小小売商にも適応可能かを確認した。それに対して，Megicks and Warnaby (2008) は，市場志向が成果に与える影響を検討するにあたって，3 つの成果指標（ROI の変化：change in return of investment, 顧客維持率の変化：change in customer retention, 合成指標：composite index）を用意し，外部環境（市場の混乱具合：market turbulence, 競争状態：competitive intensity）やサンプルの属性（営業年数，従業員数，店舗数，経営者の年齢）を考慮しながら詳細に検討している。

これらの研究は，小売業の市場志向研究について新たな知見を提供するという点で重要なインプリケーションがあるが，小売業の競争優位あるいは顧客満

足を考える上では，店頭従業員の働きに関する検討にやや物足りなさを感じざるをえない。その理由は，小売業における店頭従業員は，サービス業におけるサービス・プロバイダーほどではないにしても，前章で検討したように，ビジネスモデルのフロント・システムの一員として顧客に価値を伝える役割や，消費者インサイトを探るリサーチャーとしての役割も果たしている可能性が高いからである。つまり，店頭従業員の役割を先行研究よりも高く評価しているということである。

店頭従業員への注目

　店頭従業員を重視する傾向は，日本においてとくに顕著であるように思われる。その理由は，日本の小売業は，従業員をあたかもロボットのように見立てて職務記述書（job description）を守ることを第一目的とするようなマネジメント・スタイルをとっていない場合が多いからだと考えられる。日本のスーパーにおいては，店頭で挨拶するだけの係，品出しするだけの係，といった職務は一般的ではなく，多くの場合は，店内における複数の業務を臨機応変にこなすことが求められる。

　つまり，日本のスーパーにおいては，店頭従業員は価値の創造・提供者であり，顧客接点（サービスエン・カウンター）における重要なプレイヤーだと捉える必要があると思われるのである。そのため，非トップランクの食品スーパーの競争優位の源泉を探るためには，店頭における従業員の働きに対する視線は不可欠である。

　この観点から本書の関心にもっとも近いのは，Piercy et al.（2002）による，小売業の市場志向と従業者の職務態度の関係についての研究である。Piercy et al.（2002）は，組織の市場志向が高いほど店長（store manager）の信念（サービス品質，戦略的計画〔planning strategically〕，顧客中心〔customer focus〕，長期志向）は高くなる一方，組織の市場志向の程度は職務態度（モチベーション，コミットメント，団結力〔team spirit〕，自律性〔autonomy〕）には影響を与えない，という命題を検証している[1]。分析の結果，信念に関する4変数はいずれも市場志向と正の相関が認められ，態度については，コミットメントのみ正の相関があるものの，他の3変数については相関がないことが確認された。

　この研究の発見は，顧客接点における従業者の対応を重視する立場に対し，

きわめて重要な示唆を与えてくれる。その理由は，小売業においては，組織の市場志向の高低とは別の次元で，店頭従業員の職務態度をうまくコントロールできないと，顧客の支持を得て信頼を維持することが難しくなることを明らかにしているからである。

したがって，店頭従業員への着目は，価格以外の小売ミックス要素（立地やサービス，品揃えなど）を戦略上重視している小売業にとって，より重要であると思われる[2]。

第2節　本章の課題

以上でレビューしてきた研究は，小売業の市場志向についてすぐれた知見を提供してくれるが，本章の目的に照らした場合，① 成果の内容，② 店頭従業員の意識・行動について，新たな想定を導入する必要がある。

成果の内容

成果の内容については，小売業の市場志向研究においては ROI（return of investment）の変化，顧客維持率（customer retention）の変化，あるいはビジネス目的や成功の達成についての総合指数（composite index）といった指標が用いられてきた（Megicks and Warnaby, 2008）。多くの研究がこのような指標を用いており，それは研究目的と照らした場合に妥当であるといえるが，用いられる指標は全社レベルのものであるため，単純に，店舗レベルでは活用しにくい面がある。

具体的には，ROI の変化は企業全体の成果を反映したものであり，店舗レベルで変化を見てもほとんど意味をなさない。顧客維持率についても，店舗の市場・競争環境に依存する可能性が高い。たとえば，近隣に競合店が出店した場合とそうでない場合の顧客維持率は，同列には語れない。

ビジネス目的や成功の達成という指標にしても，それらをどのように設定するかによって達成がどの程度の成功であるのかが不明である。たとえば，低めの目標を設定した場合と高めの目標を設定した場合では「達成」を同列には語れないし，そもそも目標の設定の仕方は企業によって異なるはずである。

以上の理由により，店舗レベルでの成果を考える場合には既存研究の知見を

店頭従業員の意識・行動

　店頭従業員の意識・行動についても，店舗レベルでの従業員の働きに注目する場合には，全社レベルで市場志向と成果の関係を検討する場合とは異なり，従業員の内的要因により深く踏み込んでいかざるをえない。

　現実問題として，店頭従業員が想定した通りの働きをしなければ，たとえ妥当な成果指標を設定したとしても，あるいは，市場志向と成果の関係について外部要因をうまくコントロールできるモデルをつくれたとしても[3]，市場志向と成果の関係を明らかにはできない。外部要因をコントロールすること自体は重要だが，店舗レベルでの成果を想定した場合は，マクロあるいはメゾレベルでの外部環境よりもむしろ，職場の環境などのミクロレベルの環境や従業者の働きぶりといった要因を考慮する必要がある[4]。

　日本のスーパーでは，組織の命令通りに店頭従業員が行動することを前提とした上で，さらに，その＋αが求められる。マニュアルに従って忠実に行動することを前提として，さらに，臨機応変で柔軟な自律的行動が求められるということである。

　第6章で確認されたように，サービスは，顧客満足にもっとも強く影響を与える要因というわけではないが，顧客満足を実現するために欠かすことができない要因である。買い物行動が複雑で（たとえば，鮮魚の処理など），競合との競争がきわめてシビアな日本の小売市場においては，店舗レベルでの従業員の臨機応変かつ柔軟な対応は，長期的な顧客満足に重要な影響を及ぼしている可能性が高い。

　つまり，非トップランク食品スーパーの競争優位の源泉を，市場志向という組織的な方向性との関わりで検討するためには，Piercy et al.（2002）よりもさらに深く店頭従業者の内的要因に踏み込んでいく必要がある。具体的には，どのような指標を成果として捉えればいいのか，店頭従業員の態度や行動はどのような変数間関係になっているのか，それらに対して市場志向はどのように影響を与えているのか，を検討する必要がある。

第3節　仮説構築

　そこで，第7章で提示した小売店頭における知識創造モデルを踏まえながら仮説を検討することにしよう（図7-4；164頁参照）。

　まずは，共同化プロセス（暗黙知→暗黙知）を手がかりにしよう。r-SECIモデルにおける共同化プロセスは，店頭従業員の自律的な業務実践の帰結として暗黙知を獲得し，それに基づいて観察や体験を蓄積することにより，新たな暗黙知を獲得していくプロセスである。ここでは，業務実践が自律的であることが重要である。なぜなら，マニュアルに従うだけのロボット化された従業員には，気づきや創造性が生じにくいと考えられるからである（Ritzer, 2004）。

　店頭従業員の自律的な業務実践を考える場合に参考になるのは，小売業の販売員のモチベーションの高さが顧客志向の販売活動（customer-oriented selling）に影響を与えるという指摘である（Pettijohn, Pettijohn, and Taylor, 2002）。この知見を踏まえると，店頭従業員のモチベーションは，店頭における従業員の自律的な行動に正の影響を与えるといえそうである。以上から，次の仮説1を設定することができる。

　仮説1　意欲が高いほど，店頭従業員はより自律的な行動をとる。

　次に，表出化プロセス（暗黙知→形式知）を考えてみよう。自律的行動に基づく実践により獲得された暗黙知が形式知化されるためには言語化が必要であるが，これには職場の雰囲気が影響を与える可能性が高い。この点については，職場の集団凝集性が高い，すなわち，従業員相互の関わりあいが強い職場ほど，社会関係資本の蓄積が促進されやすくなるため協調的な態度をとりやすく，その結果として，組織や仕事のための創意工夫が起きやすいという指摘（鈴木，2011b）が参考になる。小売業の店頭従業員に対しても同様のロジックを適用できるだろう。

　すなわち，職場の人間関係が良好であるほど，店頭での観察や業務体験から得た暗黙知を，公式な場（たとえば，会議）か非公式な場（たとえば，雑談）かを問わず，同僚や上司に話しやすくなるはずである。話をするためには言語化が必要となるため，話す機会が多いほど暗黙知の形式知化が促されやすいとい

うことになる。結果として，個人や組織が日常業務に利用可能な形式知のレパートリーは増えていくことになる。獲得した形式知が多いほど（マニュアルや職務記述書にとどまらず），仕事上の役割を拡張しやすくなるし，さらなる業務上の工夫も実行しやすくなる。

小売店内の販売員を調査対象とした Boles, Babin, Brashear, and Brooks（2001）では，協力的な職場環境は顧客志向の販売活動に対して正の影響があることが明らかにされている。調査対象は異なるが，鈴木（2011b）においても，職場内での人間的な関わりの強さを示す指標である集団凝集性が従業員の進取的行動に正の影響を及ぼしていることが明らかにされている。加えて，職場の団結力という集団要因が従業員のモチベーションという個人要因に作用して進取的行動に影響を与える，という関係も想定しうる。以上から仮説2と3を導くことができる。

仮説2　所属集団の団結力が高いほど，店頭従業員はより自律的行動をとる。
仮説3　所属集団の団結力が高いほど，従業員の意欲は高くなる。

これらの変数間関係に対して，職場の市場志向の程度が直接的あるいは間接的に影響を与えている可能性がある。まずは直接的な関係を考えてみよう。

初期の市場志向研究においては，市場志向と何らかの成果の直接的関係を検証していることが多く，小売業を対象とした市場志向研究においても，市場志向と成果の直接的な関係が明らかにされている（Kara et al., 2005；Panigyrakis and Theodoridis, 2007）。

その後，市場志向と成果の関係を調整（moderate）あるいは媒介（mediate）する要因に関する研究も進んでいるが，小売店頭のような小さなユニットにおいては，市場志向が直接的に従業員の行動に影響を与える可能性がある。したがって，仮説4を設定できる。

仮説4　職場の市場志向が高いほど，店頭従業員はより自律的行動をとる。

以上に加え，職場の市場志向は，所属集団や個人意識を経由して，あるいは所属集団や個人意識が置かれた状況に依存して，自律的行動に影響を与える可能性もある。

このような，市場志向と成果の関係を精緻に捉えようとする研究としては，

外部環境(市場,競争,技術変化)の状況がモデレーターとして重要であることを指摘する研究(Grewal and Tansuhaj, 2001；Slater and Narvar, 1994；Harris, 2001)や,組織の革新性やマーケティング能力といった組織能力が間接効果をもつことを検討する研究が進んでいる(Hult, Ketchen Jr., and Slater, 2005；Menguc and Auh, 2006；Murray, Gao, and Kotabe, 2011；Krasnikov and Jayachandran, 2008)。

大手小売業の店長を調査対象としたPiercy et al. (2002)では,組織の市場志向と店長の信念や職務態度の一部(＝モチベーションとコミットメント)との間には相関関係があることが示されている。小売業を対象とした研究ではないが,Jaworski and Kohli (1993)でも,市場志向が高まるほど組織コミットメントや団結心が高まることが指摘されている。小売業の店頭レベルにおいてもこのような関係を想定しうるため,以下の仮説を設定することが可能である。

仮説5　職場の市場志向が高いほど,店頭従業員の意欲は高くなる。
仮説6　職場の市場志向が高いほど,所属集団の団結力は高くなる。

第4節　方　法

調査方法

以上の仮説を検証するために,食品スーパーA社の店舗内の主要部門で働く従業者を対象に,2013年6月に調査を実施した。

非トップランクの食品スーパーを対象とした理由はすでに第4章で論じているが,付け加えておくと,資本規模が大きくない企業のほうが,バイイング・パワーに基づく価格競争力を実現しにくいという点で,店頭での知識創造や創意工夫がより重視されやすいと考えられるからである。

具体的な調査方法は,まず調査者がスーパーAの本部に依頼した上で質問票を本部に送付し,それを本部が社内便にて各店舗に再送し,従業員に対して質問票調査への協力を要請した。その際には,本部が従業員に依頼することにより生じうるバイアス(組織からの評価が高まるような回答をするなど)を回避するため,無記名で個人が特定されないように配慮した。

調査の結果,対象となった21の店舗から289票の回答が得られた。回答者の属性だが,職位の内訳は,チーフが114名(39.4%),サブチーフが22名

(7.6％),正社員(役職なし)が92名(31.8％),パート・アルバイトが61名(21.1％)であった。主な担当部門は,青果が45名(15.5％),魚が43名(14.9％),肉が44名(15.2％),ドライ食品が31名(10.7％),日配が30名(10.4％),惣菜が38名(13.1％),掃除が58名(21.1％)であった。調査時点での職務経験の長さは平均71.61カ月(標準偏差＝41.76),性別は男性が184名(63.7％),女性が105名(36.3％)であった。

測定尺度

　尺度は,先行研究において信頼性および妥当性が確認されているものを中心として分析に用いることにした。目的変数は,鈴木(2011b)の「進取的行動」(PB：proactive behavior)という構成概念(3項目で測定)を用いることにした。説明変数は,職場の団結力として堀・山本・松井(1994)から「チームワーク」(Tw：teamwork)という構成概念(4項目で測定)を用いることにした。

　ただし,意欲については,Cameron and Quinn(1999)や堀ら(1994)の仕事や学習への意欲についての指標はあるものの,それらには本書が重視する内省的な側面が含まれていない。そこで,意欲については内省的な側面を含意した指標を作成し,「学習意欲」(LM：learning motivation)として3項目で測定した。

　市場志向については,Kohli, Jaworski, and Kumar(1993)の市場志向尺度(MARKOR)に基づく水越(2006)の尺度を参考に,小売業の店頭従業員向けにワーディングを調整し,インテリジェンス生成(intelligence generation),インテリジェンス普及(intelligence dissemination),反応(responsiveness)の3つの構成概念に関する職場の雰囲気について,12項目で質問した。なお,Kohli et al.(1993)のオリジナルの尺度ではなく水越(2006)を用いたのは,日本のコンテクストを考慮したためである。

　上記の構成概念のうち,市場志向は,基本的には製造業のマーケティング実務家を対象としていることから,日本の小売業の店頭従業員にも適応可能か確認しておく必要がある。この尺度についてはKara et al.(2005)がアメリカの中小規模の小売・サービス企業を対象にその妥当性を確認しているが[5],ここでの調査対象は小売業に限られないため,日本の食品スーパーの店頭従業員にも妥当かを検討しておくほうがよいだろう。

そこで，市場志向を構成する12項目について，固有値1以上を因子の抽出条件とする探索的因子分析を行った。推定には最尤法を用い，解釈の容易化のためにプロマックス回転を実施した。

　分析に際しては共通性が0.25以下，因子負荷量が0.4以下の項目を削除し，複数の因子に対して（相対的に）高い因子負荷量をもつ項目を削除していった結果，析出された因子は，想定した3つではなく2つであった。固有値は，第1因子が3.18，第2因子が1.06で，累積寄与率は47.32%であった。したがって，この2つの因子により全体の分散の約47%が説明されたことになる。

　第1因子には，インテリジェンス生成を構成するはずだった項目とインテリジェンス普及を構成するはずだった項目が混ざっていた。第2因子は反応に関する2項目から構成されていた。

　因子が3つに分かれなかった理由は，やはり小売業の店頭従業員を調査対象としているからであると思われる。

　Kara et al.（2005）のように，中小規模の小売・サービス企業の所有者あるいは経営者が調査対象であれば，その職位上，インテリジェンスの生成と普及が別々に行われると想定するのは妥当である。しかしながら，小売業の店頭従業員の場合は，店頭業務から得た知見はすぐに現場での日常業務の中で活用されることが多いため，インテリジェンスの生成と普及が一体化していると考えてもおかしくはない。

　インテリジェンスの生成と普及が一体化しているという想定はむしろ，第7章で検討した小売店頭の知識創造モデル（r-SECIモデル）と整合的である。つまり，小売業の店頭従業員においては，表出化が連結化を経ずに内面化に至っている可能性がある。

　以上から，市場志向という尺度については，析出された2つの因子の第1因子を「インテリジェンス生成・普及」（MO1：market orientation 1），第2因子を「反応」（MO2：market orientation 2）と名づけて分析に用いることにした。

コモン・メソッド問題

　なお，今回のデータは同一の回答者から得られたものであるため，回答者が組織的に，あるいは社会的に望ましい回答をしてしまう，あるいは，自らの回答に一貫性をもたせるようにしてしまう，といったバイアスが生じる可能性が

ある。

　調査においては，回答者の匿名性を保持することに留意し，質問項目の順序を乱数表に基づきランダムに配置してはいるが，店頭従業員の意識や行動的側面についての説明変数と結果変数を，同一の回答者に，同一時間・同一コンテクストで回答してもらっているため，ここからバイアスが生じる可能性を考慮する必要がある。

　そこで，バイアスの程度を診断するためにハーマンの単一因子テストを実施した（Podsakoff and Organ, 1986）。すべての観測変数を対象として固有値1以上を抽出条件とする探索的因子分析（主因子法，回転なし）を行った結果，固有値1以上の因子は4つ析出された。第1因子の寄与率は33.0%であったため，大多数ではない。そのため，今回のサンプルにおいてはコモン・メソッドによるバイアスは深刻ではないと判断した。

構成概念の妥当性

　仮説検証に先立ち，測定尺度の妥当性と信頼性を確認した。まず，分析に用いるすべての構成概念を投入して確証的因子分析を行った（最尤法，プロマックス回転）。

　モデルの適合度は，χ^2値は有意となったものの（$p. < 0.01$），相対χ^2値は2.12（χ^2値 = 231.5, df. = 109）と許容範囲に収まっている（Carmines and MacIver, 1981）。他の指標についても，データのサンプル数が289（250以上），観測変数の数が17（12以上30以下）であることを考慮すると，CFI = 0.944（> 0.920），SRMR = 0.048（< 0.080），RMSEA = 0.062（< 0.070）と良好な値を示している（Hair et al., 2014）。結果は，表8-1の通りである。

　収束妥当性については，潜在変数から観測変数へのパスの因子負荷量の標準化係数はすべて1%水準で有意となり，そのスコアは0.50を超えていた（Hair et al., 2014）。各構成概念のAVEは，1つの構成概念を除いて0.50以上（0.40〜0.68）であった（Bagozzi and Yi, 1988；Fornell and Larcker, 1981）。

　市場志向の変数である「反応」についてはスコアが0.40であったため，この概念を構成する項目には相応の誤差が残っていると考えられる。とはいえ，この潜在変数を構成する各項目の標準化因子負荷量はすべて有意であり（Anderson and Gerbring, 1988），そのスコアは0.57から0.71で，基準となる0.50

表 8-1 測定尺度と信頼性

構成概念	質問項目	平均	SD	α	CR
進取的行動 (PB)	仕事をよりよくするための新しい方法を自分自身で取り入れている	4.94	1.225	0.82	0.81
	仕事の中に新しい取り組みや試みを積極的に取り入れるようにしている	4.67	1.187		
	これまで用いていなかった方法ややり方を自分自身で新しく取り入れている	4.37	1.126		
学習意欲 (LM)	過去の失敗や間違いの経験を次につなげるように常に心がけている	5.72	1.027	0.85	0.86
	自分の行動が間違っていたり，失敗したときには，なぜそうなったのかを常に考える	5.62	1.103		
	直面している問題や課題を上手く解決できなかった場合は，やり方を変えてみる	5.11	1.065		
チームワーク (Tw)	仕事仲間の一員でいたい	5.39	1.339	0.87	0.87
	仕事仲間はベストを尽くすよう励まし合う	4.94	1.368		
	仕事仲間はチームワークがとれている	5.08	1.283		
	仕事仲間とうまくやっていける	5.36	1.200		
インテリジェンス 生成・普及 (MO1)	競合の価格変更にどう対応するのかすぐに決まる	3.99	1.283	0.76	0.77
	他の部門の担当者とお客さんの将来のニーズについて議論することが多い	3.06	1.335		
	競合について何か大事なことがわかったとき，他の部門にその情報を流すのが早い	3.98	1.478		
	店頭の観察や販売データから定期的に業務を改善するための検討を行っている	4.45	1.338		
	市場や顧客についてのリサーチを数多く実施している	3.86	1.285		
反応 (MO2)	お客さんの不満にはすぐに部門で対応できる	4.18	1.368	0.77	0.78
	お役さんのニーズの変化にすぐ対応できる	4.03	1.224		

を上回っていた（Hair et al., 2014）。

　この尺度は，先行研究において十分に妥当性が確認されたものを参考にしてはいるものの，小売業の店頭従業員用にアレンジしたことにより探索的な側面をもつため，もっとも厳しい基準ではないものの，上記の基準により妥当性が確認されたと判断することにした。

　信頼性については，クロンバックのα係数と合成信頼性（CR）を用いて確認した（表8-1）。α係数はすべての構成概念において0.70以上（0.76〜0.87）であることが確認され，CRもすべて0.70以上（0.77〜0.87）であった（Bagozzi

表 8-2 構成概念の AVE と概念間の相関係数

構 成 概 念	AVE	1	2	3	4
1　進取的行動（PB）	0.68				
2　学習意欲（LM）	0.63	0.66			
3　チームワーク（Tw）	0.64	0.37	0.55		
4　インテリジェンス生成・普及（MO1）	0.59	0.41	0.35	0.48	
5　反応（MO2）	0.40	0.41	0.28	0.44	0.59

and Yi, 1988；Bagozzi and Baumgartner, 1994）。

　弁別妥当性については，各構成概念の AVE が構成概念間の相関係数の平方を上回っているかで確認した。その結果，表 8-2 に示す通り，すべてのペアにおいて，AVE は構成概念間の相関係数の平方を上回っていることが確認できた（Fornell and Larcker, 1981）。

　以上の検討により，分析に用いる構成概念の妥当性を確認することができた。

サンプルの独立性の確認

　以上の変数を用いて分析モデルを設定する前に，サンプルの独立性を確認しておくことにしよう。分析に用いるデータは，同一企業から得られたものとはいえ，それぞれ異なる店舗で業務に従事する従業員から得られたものである。つまり，所属店舗という集団からの影響を受けている場合がある。

　この場合は，成果である進取的行動に対して，個人の要因が影響を与えているのか，集団の要因が影響を与えているのか判断できなくなる。つまり，集計水準が個人と集団の 2 階層になり，その場合は階層線形モデル（hierarchical linear model）やマルチレベル構造方程式モデル（multilevel structural equation model）を用いた分析を行う必要がある。

　そこで，操作化した構成概念が店舗ごとに異なるかを確認するために，店舗を水準とした一元配置分散分析を行った。その結果，学習意欲（LM）と反応にそれぞれ有意傾向が確認された（$F = 1.57$ ［$p. < 0.10$］, $F = 1.60$ ［$p. < 0.10$］）。

　そのため，多重比較によりさらに詳細に調べたところ，両変数ともに，特定店舗間で有意な差は存在しなかった。以上から，店舗間のデータの異質性が分析に深刻な影響を与える心配はないと判断した。

統制変数

　続いて，統制する必要がある変数を検討しておこう。本章では，店頭従業員の自律的な業務推進，すなわち進取的行動に焦点を当てているが，それに対して従業者の職位，担当部署，職場経験の長さ，そして性別といった属性が影響を与える可能性がある。順に検討しておこう。

　職位については，パート・アルバイトよりも正社員（役職なし）のほうが，正社員（役職なし）よりもチーフやサブチーフのほうが，進取的行動をとりやすい可能性がある。その理由は，組織内での職位が上位になるほど，その行動の範疇が広がり権限が付与されるからである。

　担当部署も影響を与える可能性がある。今回の調査対象には，食品関係の部門のほかに清掃部門の従業員も含まれている。臨機応変な対応や自主的な業務範囲の拡張が行いやすい部門もあれば，そうでない部門もあるだろう。たとえば，清掃部門はそうした対応や拡張をしやすそうだが，基本的に規格品を扱うドライ食品部門ではそうしたことが起きにくそうである。

　職場経験については，長いほうがよさそうである。その理由は，職場経験が長くなることによって業務範囲の把握が正確になり，かつ，業務中の観察や洞察のスキルは高くなると予想されるからである。そのため，職場経験の長い従業員のほうが進取的行動をとるための条件をより備えているといえそうである。

　性別については，従業員としての職場体験ではなく，消費者としてのスーパーの利用体験が性別によって異なる可能性を考慮する必要があるだろう。一般的には，消費者としてのスーパーの利用経験が豊富であるほど，売場に精通することになる。つまり，従業者としての店頭の評価だけでなく，消費者としての立場で店頭を評価できるようになる。このように視野が広がるほど店頭での改善点などに思い至りやすくなり，結果として進取的行動を促す可能性がある。

　そこで，これらの属性が進取的行動と関係するのかを確認するために，職位と担当部署については一元配置分散分析を，職場経験については相関分析，性別については t 検定を行った。

　その結果，担当部署，職場経験，性別については，有意差は認められなかった。一方，職位については，有意差が認められ（$F = 3.75$, $p. < 0.05$），多重比較からその差はチーフ（$= 4.86$）と役職なしの正社員（$= 4.42$）との間の差から生じていることが明らかになった（$p. < 0.05$）。以上の検討から，進取的行

図 8-1 分析モデル

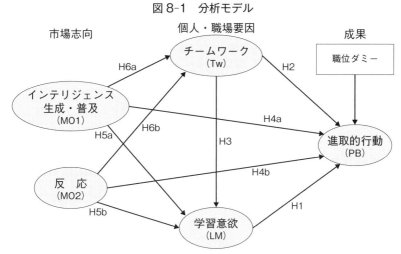

注:観測変数と誤差,ダミー変数と説明変数間のパスは省略。

動に対しては職位ダミーを統制変数として投入することにした。

さらに,職位と他の構成概念との相関を確認してみた。職位は名義尺度ではあるものの,割り振られたスコアが小さくなるほど職位が上がる,すなわち権限が大きくなるという関係が想定できるからである。その結果,弱い関係ながら,反応およびチームワークと職位との間に正の相関が認められた(相関係数 = 0.170 ($p. < 0.01$), = 0.167 ($p. < 0.01$))。

そのため,これらの関係をコントロールするために,分析モデルにおいて,説明変数である反応と職位との間に共分散を,職位から媒介変数であるチームワークに向かうパスを,それぞれ仮定することにした。

分析モデル

以上で検討した構成概念と統制変数を投入することで,分析モデルは図 8-1 のようになった。

表8-3 分析結果と仮説検証

	非標準化推定値	標準誤差	検定統計量	有意確率	仮説検証
LM → PB	0.66	0.08	7.89	0.00	H1 = 支持
Tw → LM	0.48	0.08	6.28	0.00	H3 = 支持
MO2 → PB	0.25	0.09	2.86	0.00	H4 = 支持（部分的）
MO1 → Tw	0.44	0.12	3.55	0.00	H6 = 支持
MO2 → Tw	0.21	0.08	2.46	0.01	H6 = 支持

第5節 分　析

仮説検証

　以上の分析モデルに基づき，構造方程式モデル（structural equation model）を用いて変数間関係を推定した（最尤法による推定）。モデルの適合度はχ^2/df. = 2.03（χ^2 = 250.188, df. = 123, $p < 0.01$），CFI = 0.943, SRMR = 0.049, RMSEA = 0.060となった。各指標のスコアはモデルの当てはまりが良好であることを示しているため（Hair et al., 2014），このモデルを用いて仮説の検証を行う。

　統計的に有意だったパスは，仮説1の学習意欲と進取的行動の関係（パス係数の標準化推定値 = 0.60），仮説3のチームワークと学習意欲の関係（同 = 0.49），仮説4の反応と進取的行動の関係（同 = 0.25），仮説6のインテリジェンス生成・普及および反応とチームワークの関係（同 = 0.34および0.23）であった。

　これらの係数はすべて正の値であったため，仮説1，3，6は支持されたといえる。仮説4については，反応からの影響しか認められなかったため，仮説としては部分的に支持されたということになる。仮説2と仮説5については支持されなかった。仮説の検証結果は，表8-3にまとめている。

　決定係数（R^2）は，進取的行動が0.51，学習意欲が0.31，チームワークが0.28であった。したがって，進取的行動の分散のうちの51%がこのモデルにより説明されていることになる。以上が仮説の検証とモデルの説明力である（図8-2）。

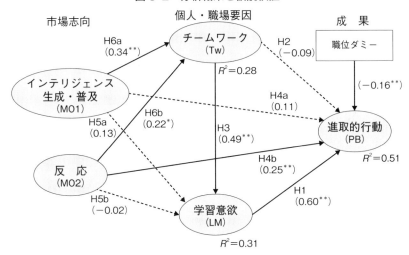

図 8-2　分析結果と仮説検証

注：1）　観測変数と誤差，ダミー変数と説明変数間のパスは省略。
　　2）　$** = p. < 0.01$, $* = p. < 0.05$, $† = p. < 0.10$。
　　3）　カッコ内の数値はパス係数の標準化推定値。
　　4）　実線は有意，破線は非有意。

直接効果と間接効果

　では，パス構造における変数間の関係を検討していくことにしよう。まず，店頭従業員の進取的行動に影響を与える要因についてだが，市場志向尺度の1つである反応と学習意欲には直接効果（direct effect），すなわち，進取的行動に対する直接的な影響関係が確認された。

　つまり，市場志向の中でも反応についての職場の雰囲気や，自らの業務を内省的に捉えて学習しようとする従業員個人の傾向は，店頭従業員による臨機応変な対応や業務内容の自主的な拡張を促しているということである。

　それに対して，インテリジェンス生成・普及とチームワークには間接効果（indirect effect），すなわち，他の説明要因を経由することによる間接的な影響関係が認められた。具体的には，インテリジェンス生成・普及は，まずはチームワークに影響を与え，さらに学習意欲を経由して進取的行動に影響を与えている。

　つまり，市場志向の中でもインテリジェンス生成・普及については，たとえ

職場内にその雰囲気があったとしても，チームワークが低ければ，あるいはチームワークが高い場合でも個人の内省的な学習意欲が低ければ，臨機応変な対応や業務内容の自主的な拡張を促さない，ということである。

したがって，学習意欲は，それ自体が進取的行動に直接的に影響を与える要因でありながら，同時に，他の要因，すなわちインテリジェンス生成・普及とチームワークが進取的行動に作用するための条件となっている。成果（performance）の規定要因（factor）でありながら，同時に媒介要因（mediator）でもあるという点で，本章のモデルにおいては，学習意欲は重要な要因であるといえるだろう。

続いて，進取的行動の先行要因である個人・職場要因と市場志向の関係を検討しておこう。Piercy et al.（2002）では，団結心（team spirit）と市場志向の間には相関関係は確認されなかったが，今回のモデルでは，市場志向を示す構成概念であるインテリジェンス生成・普及および反応ともに，チームワークに対して有意な正の影響が見られた。

本書は，大規模小売業者の店長を調査対象としたPiercy et al.（2002）とは異なり，食品スーパーの店頭従業員を調査対象としているからかもしれないが，小売店頭では，職場（組織）の志向とチームワークは密接に関わっている可能性が示唆される。この傾向は，調査対象が小売業に限定されているわけではない上に，調査対象者の組織内ヒエラルキーも異なるものの，Jaworski and Kohli（1993）の主張，すなわち，市場志向は団結心（esprit de corps）に正の影響を及ぼしているという分析結果と整合的である。

第6節 考　察

支持されなかった仮説

店頭従業員の進取的行動に対して，チームワークは直接的な影響を及ぼしていなかった（仮説2が不支持）。進取的行動に影響を与える職場と個人の要因を検討した鈴木（2011b）では，集団凝集性は進取的行動に直接影響を与えることが明らかにされている。

一方で，本書においても，チームワークは進取的行動に影響を与えることが明らかになったものの，その影響関係は直接的ではなく，学習意欲という個人

要因を経由する間接的なものであった。つまり，小売店頭においては，チームワークは重要な要因ではあるものの，店頭での臨機応変な対応や自主的な業務範囲の拡張に対して直接影響を与える要因ではないということである。

鈴木（2011b）の調査対象は大手製薬会社の研究開発部門の従業員であるため，相互の関わりあいは，チームで業務を進めていくという職務上の特徴を有するという点で，個々人の仕事ぶりにも密接に関わることが予想される。それに対して，小売店頭での業務は，基本的に部門別に管理されており，さらに，個々人の業務を遂行するために，同部門の他の従業員との関わりが不可欠となる局面は，それほど多くないと思われる。そのために，小売店頭ではチームワークがよいことが個々人の自発的な業務実践に直接つながらないのかもしれない。

職場の市場志向（インテリジェンス生成・普及と反応）と学習意欲の関係についても，有意な関係が確認できなかった（仮説5が不支持）。Piercy et al. (2002) では，店長のモチベーションはKohli et al. (1993) の市場志向尺度（MARKOR）と相関関係があることが確認され[6]，コミットメントはいずれの市場志向尺度（インテリジェンス生成，インテリジェンス普及，反応）との間にも相関関係が確認されたが，その一方で，団結心（team spirit）および自律性（autonomy）と市場志向との間には相関関係は認められなかった。

Piercy et al. (2002) とは逆に，本書では，市場志向（インテリジェンス生成・普及と反応）とチームワークの間には有意な関係が確認できた一方，学習意欲（≒モチベーション）に対する直接的な関係は確認できなかった。この結果は，Piercy et al. (2002) がイギリスの大規模小売業者に対して実施したケーススタディから導き出した仮説とは整合的である。

ただし，本書では構造方程式モデルを用いて多段階のパス構造の分析を行ったことにより，チームワークやモチベーションのパス構造上の役割を明らかにすることに成功している。それによると，市場志向はモチベーションに対して間接的に影響を与えている。具体的には，市場志向はチームワークを経由してモチベーションに影響を与えている。したがって，小売業の市場志向研究においては，店頭従業員のチームワークは成果を生じさせるための条件として重要な要因であることが示唆される。

貢　献

　本章では，店頭従業員の現場での業務実践が小売業の競争優位を構築する上で重要であるという本書の想定のもとで，食品スーパーの店頭従業員を対象に，市場志向と職場および個人の関係を実証的に検討した。学術的には2つの面で貢献があると思われる。

　第1は，小売業における市場志向と現場のモチベーションの関係，あるいは市場志向とチームワーク（団結力〔team spirit, esprit du corps〕）の関係を示した点である。これらについては，先行研究において統一された見解があるわけではない（Jaworski and Kohli, 1993；Piercy et al., 2002）。このような状況の中で，本章では，小売業の店頭従業員を対象に，市場志向，チームワーク，モチベーションの構造を示すことができた。市場志向は，現場においてはチームワークを介してモチベーションに影響を与えている可能性がある。この点を実証的に示したことは，小売業の市場志向研究に対する貢献といえるだろう。

　第2は，小売業の市場志向の成果を捉える指標として，店頭従業員の自発的かつ創造的な業務への取り組み（＝進取的行動）を用いた点である。産業を限定しない市場志向一般の研究では，市場志向が従業員にもたらす成果として，組織コミットメント，団結心，顧客志向，役割コンフリクト，そして職務満足が指標として用いられてきたが（Kirca et al., 2005），小売業を対象とした市場志向研究においては，市場志向の成果として，売上の変化，ROIの変化，顧客維持の変化，そしてそれらの総合指標などが用いられてきた（Megicks and Warnaby, 2008）。

　しかしながら，小売業の店舗を分析単位と考えた場合，上記の指標にはいずれも一長一短がある。なぜなら，本書が重視する小売店頭での従業員の業務実践に基づく知識創造は，細かく積み上げていくことで業務改善につなげることが重要で，マクロ環境やライバルの動向といったタスク環境に左右されやすい売上や顧客維持率といった成果には現れにくいと考えられるからである。こうした状況の中で，よりミクロな組織行動レベルの成果を想定し，それと市場志向や個人・職場要因の関係を明らかにしたことには意義があるだろう。いわば，マーケティング研究と組織行動研究の接合である。

課　題

　今後の課題として解析上のテクニカルな部分を指摘しておこう。具体的には，尺度の妥当性を高めること，モデルの内的・外的妥当性を高めることが挙げられる。

　尺度については，Kohli et al.（1993）の市場志向尺度（MARKOR）に基づく水越（2006）の尺度を小売業に適した形にアレンジして用いたが，因子分析では，既存研究が指摘する3つの因子，すなわち，インテリジェンス生成，インテリジェンス普及，反応という3つに分かれなかった。具体的には，インテリジェンスの生成と普及が同じ因子になり，それと反応の2因子となった。

　インテリジェンスの生成と普及が同じ因子となったことについては，2つの側面から理解することが可能である。1つは，小売店頭ではこの2つが一体として認識・運用されているという理解である。この理解は，第7章で示した小売店頭における知識創造モデル（r-SECIモデル）の想定と整合的である。この場合は，新たな尺度を検討するための基盤を示したという点で，本章の貢献と捉えることができるだろう。

　もう1つは，測定がうまくいかなかった可能性である。3因子に分かれるという想定とは異なり，インテリジェンス生成とインテリジェンス普及は1つの因子になり，反応の収束妥当性は，最低限の基準（= 各項目の因子負荷量 > 0.50）は満たしているものの，十分に望ましい水準（= AVE > 0.50）ではなかった。

　以上から，市場志向の尺度を小売業の店頭に適用するためには，さらなる検討が必要である。

　モデルの妥当性については，説明変数間の関係（mediatorかmoderatorかなど），あるいは調査対象サンプルが妥当なのかをさらに慎重に検討していく必要がある。前者については，既存研究の動向と現場の動向を加味しながら考察を進めていく必要がある。後者については，調査対象者の属性である職位が進取的行動に影響を与えていた。この点は，本書のリサーチ・デザインから生じた問題といわざるをえない。

　本書では，スーパーの店頭従業員の業務は，社員であろうとパート・アルバイトであろうと，同じ労働に従事することが想定できるので同一の母集団と想定したが，その前提を慎重に検討する必要があるかもしれない。

注

1 Piercy et al. (2002) の分析では3つの市場志向変数を用いている。1つ目は Kohli, Jaworski, and Kumer (2013) の尺度を，2つ目は Narver and Slater (1990) の尺度を，3つ目は上記の2変数を組み合わせた尺度である。
2 この点は，第6章の分析結果が示唆する通りである。
3 外部環境の問題を考慮して，Megicks and Warnaby (2008) は市場の混乱 (market turbulence) と競争の激しさ (competitive intensity) という，Jaworski and Kohli (1993) の変数をモデルに導入している。
4 小売業を調査対象としているわけではないが，個人レベルの従業員と市場志向の関係を論じた研究としては，イギリスの食品生産者を対象に従業者の市場志向に影響を与える要因を定性的に検討した Tregear (2003) や，アメリカの物流会社（サード・パーティ・ロジスティクス）の最前線サービス従事者を対象に市場志向が組織・従業員成果に影響を与える際の組織的条件を実証的に検討した Ellinger et al. (2008) などがある。
5 Kara et al. (2005) の調査対象は，アメリカの主要な州（メリーランド，ニューヨーク，ペンシルバニア）に位置する153の小売・サービス企業の所有者または経営者で，調査協力企業をランダムに勧誘し，対面ヒアリングによりデータを収集している。業種の内訳は，貿易が35.3％，金融サービスが19.6％，工芸品が10.5％，修理・メンテナンスが1.3％，出版が20.3％，小型部品 (small parts) が2.6％，原材料が5.2％，申告なしが5.2％であった。
6 Piercy et al. (2002) では，市場志向の尺度として Narver and Slater (1990) と Kohli et al. (1993)，そして両者を組み合わせた尺度の3つの変数を用いているが，モチベーションとの相関が確認されたのは Kohli et al. (1993) の MARKOR だけであった。なお，先述の通り，本章の市場志向尺度も MARKOR を下敷きにしている。

第9章

店頭従業員の能力獲得

個人要因と集団要因の影響

> 前章では，本書の課題②「非トップランク小売業者の組織はどのようにして小売市場において競争優位を構築できているのか」を議論するために，小売業の知識創造の源泉の1つであると考えられる非トップランクの食品スーパーの店頭従業員の自律的な行動について検討した。
>
> 本章では，前々章，前章での検討を受けて，非トップランクの食品スーパーの店頭従業員の能力獲得について検討を行う。具体的には，組織行動論とマーケティング論の知見を活用した分析枠組みを構築し，小売業のフロント・システムへの顧客の評価に影響を与えると考えられる店頭従業員の能力獲得に影響を与える要因を実証的に検討する。

第1節　個人の能力獲得

個人の能力獲得における外部要因の影響

　本章の目的は，非トップランク食品スーパーの競争優位の源泉の1つとして，店頭従業員の能力獲得を論じることである。

　企業経営においても個人のキャリア形成においても，個人の能力獲得は重要なテーマである。そのため，経営学，とりわけ組織行動論の領域において，これまで多くの研究が蓄積されてきたが，これらの研究の分析枠組みは，単一の分析水準にとどまるものが多かった。

　近年では，マルチレベル分析を導入することにより，個人に水準を合わせた分析に加え，その個人の所属する集団が影響を与えるという命題を検証する研

究も増えてきている（石川, 2013；北居, 2014；鈴木, 2011b, 2013, 2014）。こうした研究では，個人と集団という2つの水準をモデルに取り込むことで，集団の要因を考慮しながら，個人要因における変数間関係の検討に成功している。ただし，これらの研究では，組織行動論の研究領域としての射程の問題から，組織内の個人の行動やパフォーマンスに組織外部の要因がどう影響するのかについて，それほど考察できていない。

　しかしながら，コンティンジェンシー理論の主張からも理解できるように，企業組織は外部環境の影響を受ける存在であり，それは職場やそこで働く個人においても同様である。それゆえ，職場における個人の行動やパフォーマンスに関しても，個人要因と集団要因に加えて，職場が置かれた外部環境の影響を考慮することが重要になる。

　とりわけ，外部環境の影響を強く受ける典型的な職場の1つとして，小売店頭をあげることができる。小売業は自社で製品を製造しているわけではないので同業者間での差別化が難しく，とくに日本では店舗密度が高いこともあって，激しい競争にさらされることが多い。加えて，対応する顧客も出店エリアごとに異なる場合がある。

　このような場合，店舗間の競争や顧客特性によって従業員の能力獲得に差や相違が生じる可能性が高い。その理由は，小売業においては，従業員の能力は，日々の業務における観察と実践から得られる実践知のウェイトが大きくなると考えられるからである。

　そこで本章では，非トップランク食品スーパーの店頭従業員の能力獲得について，組織内部の要因だけでなく，店舗の外部要因の影響も考慮した分析を行う。内部要因については組織行動研究から，外部要因についてはマーケティング研究から，それぞれ知見を援用する。

個人の能力獲得に関する研究の観点

　個人の能力や能力獲得は，多様な観点から分析されている。たとえば，能力の中身そのもの，職種により求められる能力の内容，能力を獲得する方法，能力獲得に影響を及ぼす要因などである。

　能力そのものに関する研究は，コンピテンシーについての研究群で，コンピテンシーとは「ある職務または状況に対し，基準に照らして効果的，あるいは

卓越した業績を生む原因として関わっている個人の根源的特性」と定義される（Spencer and Spencer, 1993）。これらの研究は高業績者に特有の成果につながる個人特性を詳細に提示しており（Boyatzis, 1982；Spencer and Spencer, 1993），実務的な関心も高い（朝日KPMGヒューマンキャピタル，2000；Lucia and Lepsinger, 1999）。また，特定の職種や職位に焦点を当てて，そこで求められるコンテクスト固有の能力を提示する研究もある（勝原，2012；松本，1998；松尾，2006）。

能力獲得の具体的な方法に関する研究は，どのような手段や方法を用いて能力を獲得していくのか，その学習方法に関する研究群である。

楠見（2012）は，仕事の場における実践知の獲得のための学習方法として，観察学習，他者との相互作用，経験の反復，経験からの帰納と類推，メディアによる学習の5つを示している。

観察学習に関してはバンデューラの一連の議論が有名で，観察による学習を社会的学習と呼び，注意過程，保持過程，行動再生過程，動機づけ過程の4つのプロセスを提示している（Bandura, 1977）。この観察学習は，原理・原則の学習を伴いモデル（手本）となる人物が複数存在するという点から，観察学習は単なる模倣とは異なり，より創造的で有意義であり（金井，1997），大勢の他者に囲まれて生活する複雑な人間社会においては，経験学習よりも優勢であるという主張もある（古川，1988）。

楠見（2012）が論じる5つの学習方法のうち，他者との相互作用や経験の反復，経験からの帰納と類推は，経験学習と呼べるだろう。近年のリーダーシップ開発においては修羅場経験の重要性が注目されており（McCall Jr., 1988；McCall Jr., Lombardo, and Morrison, 1988），日本においても，リーダーやマネジャーの経験学習の研究蓄積が増え（金井，2002；松尾，2013；谷口，2006），同時に，それら以外の経験学習の研究も増えつつある（三輪，2013；尾形，2011）。

能力獲得の学習を促進する要因に関する研究も多い。具体的には，職場内における個人の学習を促進する他者や場（中原，2012；Wenger et al., 2002），職場の学習文化（北居，2014；Janz and Prasarnphanich, 2003），職場の凝集性（Nahapiet and Ghoshal, 1998；鈴木，2014）などである。これらの研究からは，学習の主体は学習者自身であるものの，個人が置かれた環境や人間関係によってその成果が異なることが理解できる。

第2節　本章の課題

組織行動論における能力獲得研究の課題

　以上のように，個人の能力獲得に関しては，有益な学習方法や学習の促進要因に関する研究が多い。これらの研究は，組織の中の人間行動を研究対象とする組織行動論の領域において蓄積されている。ロビンス（2009）は，組織行動論を「組織内で人々が示す行動や態度についての体系的な学問」と定義し（3頁），その目的を「人間の行動について説明し，予測し，統制するのを助けること」と主張している。組織行動論の研究対象は「組織の中の人間行動」で，その分析の単位は個人か小集団である（二村，1982，8頁）[1]。

　しかしながら，個人の行動や成長に影響を及ぼすのは組織内の要因だけとは限らない。国の文化や時代背景，企業が置かれている市場といった組織の外部要因が影響を及ぼすことも十分に考えられる。

　そこで，本章で焦点を当てるのが，組織が置かれている市場環境である。経営学の領域においては，組織の市場環境は重要な外部要因になると考えられ，この外部要因が，個人の行動や意識に影響を及ぼす可能性は高い。

　しかし，市場環境のような外部要因を組織行動論の領域で扱うことは，研究領域の射程の問題により，ほとんどなかった。集団（職場）要因と個人要因の双方が能力の獲得に影響を及ぼすことについては，近年，知見が得られつつあるが（北居，2014；鈴木，2011b，2013，2014），市場環境が個人の学習や能力獲得に及ぼす影響についての研究はほとんど目にすることができない。

　それゆえ，本章では，個人の能力獲得に影響を及ぼす組織内部の要因に加え，外部要因すなわち組織が活動する市場環境の影響も検証していく。

マーケティング論からの示唆

　市場環境については，とくに戦略的マーケティング研究において，政治，経済，社会・文化，そして技術といったマクロ環境や，需要（顧客）や競争といったタスク環境に高い関心を向けてきた[2]。

　タスク環境の影響を最も強く受ける産業の1つが小売業である。その理由は，小売業は自ら製品を製造するわけではないため，他との差別化が難しいからで

ある[3]。とくに，食料品のような日用品を扱う小売業においては，商品の代替可能性が高いため，店舗の差別化はきわめて難しい状況にある。

小売業におけるタスク環境としては，競争や費用[4]あるいは立地といった市場環境が，組織成果に影響を与える重要な要因と位置づけられている（田村，1981）。「小売業は立地産業である」という一般命題は立地の重要性を示すものであるし，製品による差別化が難しい小売業同士の競争はライバルへの対抗を主眼とした近視眼的競争に陥ることもあり（田村，2008），立地や競争といった市場環境に関する要因はきわめて重要だと位置づけられる。したがって，小売業を対象とする研究では，立地や競争のような市場要因が個人の能力獲得に影響を及ぼす可能性を十分に考慮する必要がある。

以上の検討から，本章では，個人の能力獲得に関する研究蓄積の多い組織行動論の知見に，組織と市場の関係などを研究対象とするマーケティング論の知見を加え，非トップランク食品スーパーの店頭従業員の能力獲得について検討を行う。

第3節　仮説構築

個人の能力獲得に影響を及ぼす組織内部の要因は，集団要因と個人要因に分けられる。集団要因については，小売店頭での業務実践には他者との相互作用が重要となるという想定から，具体的な変数として，職場のチームワークを取り上げることとした（北居，2014；鈴木，2013）。

チームは，知識を深めたり，スキルを身につけたり，それまで経験したことのないものの見方に触れたりすることができることから，学習に最適な場所である（Hackman, 2002）。そして，このような効果を得るためには，チームワークのよさが不可欠な要素となる。職場のチームワークが高ければ従業員同士のコミュニケーションが活性化され，職場全体で情報共有や意見交換ができるため（鈴木，2013），観察・実践からの能力獲得が促進されやすくなると考えられる。それゆえ，以下の仮説1を提示することができる。

仮説1　職場のチームワークは，従業員の能力獲得に正の影響を及ぼす。

個人要因としては，いくつか想定可能であるが，本章では組織行動論の領域

でよく用いられる情緒的コミットメントを取り上げることにした。

情緒的コミットメントとは「特定の組織に対して個々人が感じる一体感の強さ，あるいは組織への関与の強さ」と定義される（Porter, Steers, Mowday, and Boulian, 1974）組織コミットメントの下位次元の1つで，「会社のことが好きだ」「会社に愛着がある」といったように，組織に対して示す感情的・情緒的な志向性や好感度のことである（Allen and Meyer, 1990；Meyer and Allen, 1991）。

情緒的コミットメントが強い個人は，組織の価値観を受容した人といえ，職場や組織のために積極的な行動をとれる個人である（鈴木，2011a）。そのような行動の中には，知識やスキルを習得することで職場や組織に貢献しようとする学習行動が含まれる。北居（2014）では，情緒的コミットメントが個人の学習行動を促していたことが実証されている。それゆえ，本書においても，以下の仮説2を設定する。

仮説2：情緒的コミットメントは，従業員の能力獲得に正の影響を及ぼす。

市場要因として取り上げるのは立地と競争である。立地は企業活動，とりわけ小売業や飲食業に影響を及ぼす重要な要因であることが指摘されている（川端，2008）。立地，すなわち顧客側から見た場合の店舗へのアクセスの良し悪しにより，店舗ごとの集客状況は異なることになる。立地がよい店舗はそうでない店舗よりも来店客が多くなると考えられるため，店頭での業務実践は立地がよい店舗のほうが活発になり，その結果，より能力獲得が促される可能性がある。したがって，次の仮説3-1を考えることができる。

仮説3-1　立地のよさは，従業員の能力獲得に正の影響を及ぼす。

競争も，小売業者の経営戦略と成果の関係に影響を与える要因の1つとされている（田村，1981；Megicks and Warnaby, 2008）。他店との競争が激しいほど，店頭従業員の店舗での業務実践が生む顧客満足の比重は相対的に大きくなる。その理由は，競争が激しい場合には，たとえば，値下げ合戦には限界があるので，価格による競争が機能しにくくなり，結果として店頭でのサービス水準がライバルとの差別化あるいは顧客満足の向上に与える比重が大きくなるからである。そのため，競争が激しい店舗で働く従業員のほうが，日々の業務実践に対してよりいっそうの努力を投入する必要が出てくる[5]。その結果として，従

業員の能力獲得が促される可能性がある。以上から，次の仮説3-2が得られる。

仮説3-2　競争の激しさは，従業員の能力獲得に正の影響を及ぼす。

内部要因と市場要因が交互作用しながら，店頭従業員の能力獲得に影響を及ぼす可能性もある。具体的には，チームワークや情緒的コミットメントが従業員の能力獲得に与える影響関係は，店舗の立地や競争の状況よって異なる可能性がある。

チームワークや情緒的コミットメントが高まるほど従業員の能力獲得は促されると考えられるが，店頭での業務実践が活発であるほど，この関係は強まると考えられる。その理由は，業務実践が活発であるほど，現場での気づきや発見が多くなり，そこで得た洞察は，チームワークがよい場合に，あるいは情緒的コミットメントが高い場合に，より能力獲得につながりやすくなると考えられるからである。以上から，次の仮説4-1，4-2を考えることができる。

仮説4-1　立地がよい店舗において，職場のチームワークはより強く従業員の能力獲得を促す。
仮説4-2　立地がよい店舗において，情緒的コミットメントはより強く従業員の能力獲得を促す。

加えて，競争が激しい店舗で働く従業員のほうが，日々の業務実践においてライバルと差別化するための努力が求められるため，その結果として，店頭から得られる洞察は多くなると考えられる。したがって，職場のチームワークや個人の情緒的コミットメントが能力獲得に影響を与えるとしても，その程度は，競争が激しい店舗においてより強くなることが予想される。そのため，以下の仮説5-1，5-2が提示できる。

仮説5-1　競争が激しい店舗において，職場のチームワークはより強く従業員の能力獲得を促す。
仮説5-2　競争が激しい店舗において，情緒的コミットメントはより強く従業員の能力獲得を促す。

第4節 方　　法

調査対象と分析方法

　以上の仮説を検証するために用いるデータは第8章と同様である。すなわち，非トップランクの食品スーパーA社21店舗の主要部門[6]で働く店頭従業者（各店舗12名程度）を対象に，2013年6月に行われた質問票調査から得られたものである。

　ただし，本章では従業員の能力獲得を論じるため，就業年数1年未満のサンプルを除外した[7]。その結果，有効回答数は218票となった。内訳は，男性が171票（78.4％），女性が47票（21.6％），年代は，20代が126票（57.8％），30代が91票（41.7％），そして40代が1票（0.5％）で，平均在籍期間は71.9カ月であった。

　以上のデータを用いて，まず，分析に使用する尺度の信頼性と妥当性をチェックする。その上で，所属集団（店舗）の影響が想定される変数について，実際に影響があるのか，あるとすればどのような対処が必要になるのかを，集団の合意指標（$rwg_{(j)}$）と級内相関（ICC（1）およびICC（2））を用いてチェックする。このプロセスが必要な理由は，個人の知覚が集団（今回の分析では店舗）の傾向から影響を受けている場合，それが分析結果をゆがめてしまう危険性があるからである。

　具体的には，今回の調査対象は各店舗に所属する従業員だが，たとえばチームワークや店舗を取り巻く市場環境といった要因は，従業員個人の認識なのか，店舗全体の特徴なのかを判断することができない。仮に，ある店舗の従業員の認識がその従業員が所属する店舗の傾向から強い影響を受けている場合，データ内に類似傾向をもつサンプルが多数混入するという問題が生じることになる。このように，サンプルに級内相関が生じている場合，換言すればサンプルの独立性が仮定できない場合には，第1種のエラーが起こりやすくなる（筒井・不破, 2008）。

　小売業を対象とした研究では，これまで，サンプルの独立性の仮定が疑われる場合は，業種や業態といったダミー変数を分析モデルに導入することで対応してきた（たとえば，高嶋, 2013）。しかし，一言で小売業といっても，たとえ

ば食品スーパーには，同一業態内でもローコスト型やアソートメント型など，いくつかの戦略グループが存在する（岸本，2013）。さらにミクロな視点で見ると，特定の出店地域や店舗が全体平均の傾向とは異なる傾向をもつ可能性もある[8]。そのため，本章では上記の手続きをとることが適切であると判断した。

測定尺度

(1) 従属変数

個人能力については，質問票調査の前に実施したインタビュー[9]をもとに，対応力，洞察力，顧客知識という3つの構成概念からなるものと仮定した。対応力は店頭で生じているさまざまな変化に対応する能力を示す変数，洞察力は店頭で生じている変化そのものを把握する能力を示す変数，そして顧客知識は店舗周辺地域における消費者の情報を所有しているかどうかを示す変数と想定し，これらに関連する12の質問項目に同意する程度を7点尺度で回答してもらった。

想定した次元が析出されるかを確認するために探索的因子分析[10]を行ったところ，固有値1以上の因子は2つ析出され，その累積寄与率は64.88％であった。第1因子は，「季節・客層の変化などに柔軟に対応できる」「店内の変化（商品の売れ行き等）に柔軟に対応できる」「日々の業務については臨機応変に対応できる」という3項目から構成されている（$a = 0.82$）。第2因子は，「店舗周辺地域の住民の食文化は把握している」「周辺地域の住民の生活スタイルは把握している」となった（$a = 0.74$）。

以上から，第1因子は「対応力」，第2因子は「顧客知識」と捉えることができ，それぞれを構成する項目の平均値により操作化した[11]。

(2) 独立変数

① 内部要因

内部要因は，集団要因と個人要因に分かれる。

集団要因は，先行研究が示すように，個人の能力に影響を与える集団（職場や部門など）に関する要因で，チームワークを取り上げた。チームワークは「仕事仲間の一員でいたい」「仕事仲間はベストを尽くすよう励まし合う」「仕事仲間はチームワークがとれている」「仕事仲間とうまくやっていける」の4項目

($a = 0.85$）から構成されており（堀ほか，1994），各項目の平均値により操作化した。

個人要因は，能力獲得に影響を与える個人的な要因で，先行研究の中から情緒的コミットメントを取り上げた（鈴木，2011b；田中，2004）。情緒的コミットメントは「この会社の従業員であることを誇りに思う」「この会社に愛着をもっている」「この会社で起こる問題をあたかも自分の問題のように感じる」（$a = 0.85$）の3項目から構成されており，各項目の平均値により操作化した。

② 外部要因

外部要因は，店舗を取り巻く立地状況や，競争状態に関する市場要因である。調査対象のスーパーは，チェーン・オペレーションにより標準化されたフォーマットで事業展開しているため，個人要因については店舗（集団）間で大きな違いは生じないだろうが，立地状況や競争状態は店舗によってさまざまである可能性がある。

そのため，質問票の中に立地や競争といった市場要因に関する14の質問を用意した。質問項目は先行研究（Harris, 2001；Slater and Narvar, 1994；横山，2006）と調査対象企業へのヒアリングに基づき作成したが，この尺度の頑健性は十分に確認されているとはいいがたいため，従属変数と同様の探索的因子分析を行った。

その結果，析出された因子は2つであった。因子の固有値および寄与率は，それぞれ，第1因子は2.17，31.03％，第2因子が2.17，31.04％であった。第1因子は「お店はお客さんにとって来やすい場所にある」「お店までの交通手段を利用しやすい」「お店はいい場所にある」「お店はお客さんが買い物をするのに便利な場所にある」という4項目から（$a = 0.82$），第2因子は，「地域スーパーとの競争は激しい」「大型量販店（GMSなど）との競争は激しい」「大手スーパーとの競争は激しい」という3項目から構成されている（$a = 0.76$）。そのため，これらの因子は「立地」と「競争」を示す構成概念と見なすことができ，それぞれを構成する項目の平均値により操作化した（表9-1)[12]。

以上の測定尺度のうち，競争を構成する質問項目の1つ（「地域スーパーとの競争は激しい」）に天井効果が生じていた。ヒストグラムを確認したところ，それほど極端ではないものの，この項目だけは正規分布になっていなかった。この点を考慮した上で，確証的因子分析により構成概念の信頼性と妥当性を確認

表 9-1　構成概念の測定尺度と記述統計

構成概念	質問項目	平均	SD	α
対応力 M = 4.79, SD = 0.92	季節・客層の変化などに柔軟に対応できる	4.77	1.05	0.82
	店内の変化（商品の売れ行き等）に柔軟に対応できる	4.79	1.06	
	日々の業務については臨機応変に対応できる	4.82	1.10	
顧客知識 M = 3.98, SD = 1.00	店舗周辺地域の住民の食文化は把握している	3.83	1.23	0.74
	周辺地域の住民の生活スタイルは把握している	3.99	1.16	
チームワーク M = 5.07, SD = 1.07	仕事仲間の一員でいたい	5.22	1.32	0.85
	仕事仲間はベストを尽くすよう励まし合う	4.84	1.37	
	仕事仲間はチームワークがとれている	4.97	1.28	
	仕事仲間とうまくやっていける	5.27	1.17	
情緒的コミットメント M = 4.54, SD = 1.20	この会社の従業員であることを誇りに思う	4.55	1.37	0.85
	この会社に愛着をもっている	4.71	1.37	
	この会社で起こる問題をあたかも自分の問題のように感じる	4.37	1.36	
立　地 M = 4.42, SD = 1.42	お店はお客さんにとって来やすい場所にある	4.58	1.57	0.82
	お店までの交通手段を利用しやすい	4.17	1.87	
	お店はいい場所にある	4.49	1.66	
	お店はお客さんが買い物をするのに便利な場所にある	4.43	1.49	
競　争 M = 5.70, SD = 1.04	地域スーパーとの競争は激しい	5.70	1.35	0.76
	大型量販店（GMSなど）との競争は激しい	4.67	1.60	
	大手スーパーとの競争は激しい	5.45	1.35	

していく。

構成概念の妥当性の確認

　上記の構成概念をすべて投入した確証的因子分析を行ったところ，モデルの適合度は χ^2 = 254.15, 自由度 = 137, $p.$ < 0.01, CFI = 0.94, SRMR = 0.05, RMSEA = 0.06 であった[13]。さらに，天井効果が生じていた項目を外して解析を行ってみたところ，不適解が得られたため，構成概念の競争を外して再度，解析を行った。その結果，モデルの適合度は χ^2 = 202.23, 自由度 = 94, $p.$ < 0.01, CFI = 0.94, SRMR = 0.05, RMSEA = 0.07 であった。CFI の値はともに 0.95 をやや下回ったが，モデルの適合度の悪さを示す RMSEA は競争を含

表 9-2 構成概念の収束・弁別妥当性

構成概念	CR	AVE	1	2	3	4	5
1 対応力	0.82	0.61					
2 顧客知識	0.75	0.60	0.46				
3 チームワーク	0.86	0.61	0.32	0.29			
4 情緒的コミットメント	0.86	0.67	0.26	0.23	0.49		
5 立地	0.89	0.67	0.17	0.12	0.16	0.05	
6 競争	0.79	0.56	0.10	−0.04	0.16	0.07	−0.07

めたモデルのほうが低かった（Hair et al., 2014）[14]。本章は分野融合的であり探索的な性格をもつことを考慮し，競争を含めたモデルを採用することにした。

収束妥当性は，因子負荷量の標準化係数と合成信頼性（CR），そして平均分散抽出度（AVE）を用いて確認した。因子負荷量については，潜在変数から観測変数へのパスの標準化係数がすべて有意（$p. < 0.01$）かつ 0.50 を超えていた。CR はすべて 0.70 を上回り（0.75〜0.89），AVE もすべて 0.50 以上（0.56〜0.67）であった（Bagozzi and Yi, 1988）。弁別妥当性については，構成概念の AVE が各構成概念間の相関係数の平方を上回っているかにより判断できるが（Fornell and Larcker, 1981），すべて問題がないことが確認できた（表 9-2）。

コモン・メソッド問題

今回のデータは，前章と同様，従属変数と独立変数は同一の回答者から得られたものである。従属変数については，上司や同僚といった本人以外からの評価を用いるほうが妥当であるとされるが，次の2つの理由から，今回の調査においては回答者本人に申告してもらう形式をとった。

第1は，小売店頭での日常業務中の臨機応変な対応力や顧客についての知識は本人にしかわかっていない可能性があること，第2は，食品スーパーでの業務の性質上，上司が現場での部下の仕事ぶりを正確に把握できているとはいいにくい面があること，である。

ただし，前章で詳述したように，従属変数と独立変数を同一の回答者から得ている点で，変数間関係が過度に強調されてしまうという解析上の問題が生じる可能性があるため，ハーマンの単一因子テストを実施した（Podsakoff and Organ, 1986）。

すべての観測変数を対象として，固有値1以上を抽出条件とした探索的因子分析（主因子法，回転なし）を行った結果，固有値1以上の因子は6つ抽出された（累積寄与率は，63.94%）。第1因子の寄与率は23.26%で大多数を占めているわけではないため，コモン・メソッドによるバイアスは深刻ではないと判断した。

統制変数

以上の変数に，性別と当該部門の在籍期間を統制変数として分析に加えることにした。性別については，消費者としてのスーパー利用経験に差がある可能性を考慮したためである。従業員としての業務経験に加え，消費者としてスーパーの利用経験も豊富であれば，そちらも店頭業務における臨機応変な対応や知識に影響を与える可能性がある。在籍期間については，その長短が個人能力に直接影響を与える可能性を考慮したためである。「性別」は1＝女性，2＝男性，の名義尺度とした。「在籍期間」は直接記入してもらい，集計単位を月に統一し，連続尺度とした。

集団レベル変数の検討

以上の変数の中でも，店舗ごとに異なる特性をもつ可能性がある集団要因（チームワーク）と市場要因（立地および競争）については，サンプルに対する集団の影響，すなわち標本間の独立性を確認しておく必要がある。

そこで，合意指標 $rwg_{(j)}$ と ICC(1)および ICC(2)を用いて，これらの変数が集団特性をもつのかを確認した（Bartel and Milliken, 2004；鈴木・北居，2005；北居・鈴木，2007）。計算の結果，$rwg_{(j)}$は，チームワークが0.60，立地が0.65，競争が0.78であった[15]。ICC(1)は，チームワークが0.00，立地が0.27，競争が0.09で[16]，ICC(2)はチームワークが0.06，立地が0.89，競争が0.68であった[17]。

これらの値[18]から，チームワークについては店舗の影響は少なく，かつ，店舗間での差異は小さい，すなわち，チームワークは，今回の解析においては，個人要因と同一水準の変数として位置づけられることになる[19]。一方，市場要因の立地と競争については，店頭従業員が個人的に感じている立地や競争に関する認識と，店舗全体としての傾向は，解析に際しては異なる水準（レベル）

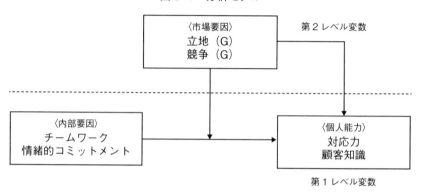

図 9-1 分析モデル

にある別々の変数として扱う必要があることがわかった。

以上から，今回の分析では，チームワークを含めた個人レベル（第 1 レベル）変数については，上で操作化した通り，変数を構成する各項目の平均値を分析に用いることにした。

市場要因については，従業員が個人的に知覚する立地や競争の状態と，店舗レベルでの立地や競争の傾向とに分けて考える必要があるが，これらについては，仮説 3〜5 と整合的になることを考慮し，集団レベル（第 2 レベル）変数を解析に用いることにした。具体的には，上で操作化した立地と競争それぞれの店舗ごとの平均値を用いて，第 2 レベル変数「立地（G）」「競争（G）」とした。なお，立地（G）の平均は 4.43，標準偏差は 1.00，競争（G）は同 5.68，同 0.59 で，サンプル数はともに 21 であった。

分析モデル

以上の手続きを経て（図 9-1）の分析モデルが構築される。

個人能力を構成する変数は，対応力と顧客知識である。モデル 1 で対応力に影響を与える要因を，モデル 2 で顧客知識に影響を与える要因を，それぞれ階層線形モデル（HLM）により分析する[20]。

階層線形モデルでは，回帰式の切片と傾きが集団によって異なると想定することが可能になる。具体的には，まず，個人レベルの変数（第 1 レベル変数）による回帰式を設定する（式 1）。

$$Y_{ij} = \beta_{0j} + \beta_{1j} \times X_{ij} + r_{ij} \quad \text{(式1)}$$

ここで Y_{ij} は個人レベルの従属変数，β_{0j} は切片，β_{1j} は回帰係数（傾き），X_{ij} は個人レベルの独立変数，r_{ij} は残差を示している。添え字 i は個人を，j は集団をそれぞれ意味し，固定効果に加えて集団によって変動する効果（ランダム効果：random effect）をあわせもつことを示している。

ランダム効果を評価するためには，式2を導入することで，式1の回帰式の切片（β_{0j}）と傾き（β_{1j}）を，集団レベルの変数（第2レベル変数）により推定することが可能になる。

$$\beta_{0j} = \gamma_{00} + \gamma_{01} \times W_j + u_{0j}$$
$$\beta_{1j} = \gamma_{10} + \gamma_{11} \times W_j + u_{1j} \quad \text{(式2)}$$

γ_{00} は切片の全体平均，γ_{10} は傾きの全体平均，γ_{01} は個人レベルの切片の回帰係数（傾き），γ_{11} は個人レベルの傾きの回帰係数（傾き），W_j は集団レベル変数，u_{0j} は集団レベルの切片の誤差，u_{1j} は集団レベルの傾きの誤差である。なお，γ は固定効果，u はランダム効果を示している。式1に式2を代入すれば以下の式3が得られる[21]。

$$Y_{ij} = \gamma_{00} + \gamma_{10} X_{ij} + \gamma_{01} W_j + \gamma_{11} W_j X_{ij} + u_{0j} + u_{1j} X_{ij} + r_{ij} \quad \text{(式3)}$$

今回の分析モデルでは，複数のレベルにまたがる交互効果，すなわちクロスレベル交互作用（cross-level interaction）を検討しなければならないため，従属変数に対する独立変数の影響から集団および個人の影響を取り除く必要がある。そうしなければ，独立変数の主効果が個人（第1レベル変数）によってもたらされたのか，集団（第2レベル変数）の傾向からもたらされたのかを判断できない，という問題が生じるからである。

そのための対応として，ダミー変数を除く第1レベルの独立変数（在籍期間，チームワーク，情緒的コミットメント）に対し，所属店舗ごとの集団平均を用いたセンタリング（group mean centering）を施した。これにより所属する集団（店舗）の傾向からの影響を第1レベルの独立変数から取り除くことができる（Hofmann and Gavin, 1998；清水，2014）。第2レベル変数については，全体平均を用いたセンタリング（grand mean centering）を施した。

第5節 分　　析

対応力に関する分析結果

　以上の分析モデルに基づいて，まず，対応力を従属変数とする分析を行った（表9-3）。

　はじめに，独立変数を投入しない null モデルによる分析の結果，切片の集団間変動（τ_{00}）は有意となり，集団平均の分散成分（variance component）の信頼性係数（reliability estimate）は 0.52 であった。このスコアは，対応力の店舗平均値の分散のうち真の店舗レベルの分散がどれほど占めているのかを示すもので，0.05 よりも大きい場合はランダム効果を仮定するほうが望ましい（Raudenbush and Bryk, 2002；清水，2014）。

　そこで，ランダム効果を仮定したまま，モデル1-1で統制変数と独立変数を加えた分析を行った。その結果，チームワーク，立地（G）そして競争（G）が固定効果として正の影響を与えていることがわかった。

　続いて，このモデル1-1において，第1レベル変数であるチームワークおよび情緒的コミットメントと従属変数の変数間関係の傾きに集団（第2レベル変数）が影響を与えているのかを，集団平均の信頼性係数を用いて確認した。その結果，チームワークは 0.30，情緒的コミットメントは 0.17 と，信頼性係数はともに 0.05 を超えていた。つまり，これらの変数間関係の傾きにおいては，集団間変動を仮定するほうが望ましいということである[22]。

　そこで，チームワークおよび情緒的コミットメントと対応力の変数間関係の傾きに影響を与える要因を明らかにするために，これらの変数と市場要因のクロスレベル交互作用項を投入した分析を行った。モデル1-2は市場要因として立地（G）を，モデル1-3は競争（G）を交互作用項として投入した。

　その結果，情緒的コミットメント×立地（G）に有意な固定効果が確認された。注目すべき点は，情緒的コミットメントは，モデル1-1では有意な影響を確認できなかったが，交互作用項として立地（G）を投入したモデル1-2では有意な影響が認められたことである[23]。

　交互作用項を投入することによって，有意な関係が見出された変数間関係の傾きにおける分散成分がどう変動したのかを確認しておこう。情緒的コミット

表 9-3　対応力に対する固定効果

		対応力			
		null	モデル 1-1	モデル 1-2	モデル 1-3
切片	γ_{00}	4.79**	4.77**	4.73**	4.79**
コントロール変数					
性別 (X_{1i})	γ_{10}		0.02	0.04	0.00
在籍期間 (X_{2i})	γ_{20}		0.00*	0.00**	0.00**
第1レベル変数					
チームワーク (X_{3ij})	γ_{30}		0.25**	0.25**	0.25**
情緒的コミットメント (X_{4ij})	γ_{40}		0.06	0.06	0.06
第2レベル変数					
立地 (G) (W_{1j})	γ_{01}		0.21**	0.16†	0.21**
競争 (G) (W_{2j})	γ_{02}		0.32*	0.29†	0.23
クロスレベル交互作用項					
チームワーク×立地 (G) ($X_{3ij}W_{1j}$)	γ_{31}			0.10	
情緒的コミットメント×立地 (G) ($X_{4ij}W_{1j}$)	γ_{41}			−0.14**	
チームワーク×競争 (G) ($X_{3ij}W_{2j}$)	γ_{32}				0.19
情緒的コミットメント×競争 (G) ($X_{4ij}W_{2j}$)	γ_{42}				−0.16
レベル1の残差分散 σ^2		0.76	0.60	0.60	0.60
切片の集団間変動 τ_{00}		0.08**	0.21†	0.20†	0.15†

注：1)　† = $p. < 0.10$　* = $p. < 0.05$　** = $p. < 0.01$。
　　2)　数値は回帰係数の推定値。
　　3)　$N = 218$（第1レベル変数），21（第2レベル変数）。

メントと対応力の関係の分散成分は，交互作用項の立地 (G) を加えることによって 0.02 から 0.01 に減少していた。したがって，この変数間関係の傾きの集団間変動には，市場要因の立地 (G) が影響を与えていたということになる[24]。換言すると，独立変数と対応力の変数間関係の傾きにおける集団間変動は，立地によってもたらされていることが明らかになった。

さらに，市場要因が変数間関係にどのような影響を与えているのか確認するために，有意な関係が認められた情緒的コミットメントと対応力の関係に対する立地 (G) の影響について図示した[25]。その結果，立地がよくない店舗においては，情緒的コミットメントが高まると対応力も高まることが明らかになるとともに，立地がよい店舗では，情緒的コミットメントが低い人の対応力の水

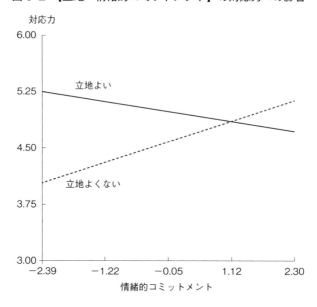

図9-2 【立地×情緒的コミットメント】の対応力への影響

準は立地がよくない店舗よりも高いものの，情緒的コミットメントが高まると対応力は減少することがわかった（図9-2）。

顧客知識に関する分析結果

続いて顧客知識を従属変数にした分析を行った（表9-4）。

nullモデルの集団間変動（$\tau 00$）は有意とはならなかったが，切片の信頼性係数は0.13（> 0.05）であった。このスコアは，顧客知識の水準が店舗ごとに異なる可能性を示唆するため，前項の分析と同様，ランダム効果を仮定した分析を続けることにした。

モデル2-1で統制変数と独立変数を加えた分析を行ったところ，情緒的コミットメントが正の影響を与えており，チームワークと競争（G）に有意傾向があることがわかった。さらに，信頼性係数を確認したところ，チームワークは0.26，情緒的コミットメントは0.14と，ともに0.05を超えていた[26]。

そこで，チームワークおよび情緒的コミットメントと顧客知識の関係の傾きに影響を与える要因を明らかにするために，これらの変数と市場要因のクロス

表 9-4 顧客知識に対する固定効果

		顧客知識			
		null	モデル2-1	モデル2-2	モデル2-3
切片	γ_{00}	3.99**	4.56**	4.54**	4.58**
コントロール変数					
性別 (X_{1i})	γ_{10}		−0.32*	−0.30*	−0.33*
在籍期間 (X_{2i})	γ_{20}		−0.00	0.00	0.00
第1レベル変数					
チームワーク (X_{3ij})	γ_{30}		0.17†	0.18*	0.18*
情緒的コミットメント (X_{4ij})	γ_{40}		0.19*	0.18*	0.19**
第2レベル変数					
立地 (G) (W_{1j})	γ_{01}		−0.04	−0.04	−0.04
競争 (G) (W_{2j})	γ_{02}		−0.24†	−0.27†	−0.22
クロスレベル交互作用項					
チームワーク×立地 (G) ($X_{3ij}W_{1j}$)	γ_{31}			0.06	
情緒的コミットメント×立地 (G) ($X_{4ij}W_{1j}$)	γ_{41}			−0.08†	
チームワーク×競争 (G) ($X_{3ij}W_{2j}$)	γ_{32}				0.18
情緒的コミットメント×競争 (G) ($X_{4ij}W_{2j}$)	γ_{42}				−0.23†
レベル1の残差分散 σ^2		1.00	0.75	0.75	0.75
切片の集団間変動 τ_{00}		0.01	0.07	0.08	0.06

注：1)　† = $p. < 0.10$　* = $p. < 0.05$　** = $p. < 0.01$。
　　2)　数値は回帰係数の推定値。
　　3)　$N = 218$（第1レベル変数），21（第2レベル変数）。

レベル交互作用項を投入した分析を行った。モデル2-2では市場要因として立地 (G) を，モデル2-3では競争 (G) を交互作用項として投入した。その結果，情緒的コミットメント×立地 (G)，情緒的コミットメント×競争 (G) に，それぞれ有意傾向が見出された。

　情緒的コミットメントと対応力の変数間関係の傾きの分散成分は，立地 (G) を投入することで0.02から0.03に増加したものの，競争 (G) を投入することで0.022から0.021に，わずかながら減少していた。つまり，この変数間関係には競争 (G) の影響が認められる。したがって，この変数間関係における傾きに集団間変動をもたらしているのは，立地 (G) ではなく競争 (G) という

図9-3 【立地×情緒的コミットメント】の顧客知識への影響

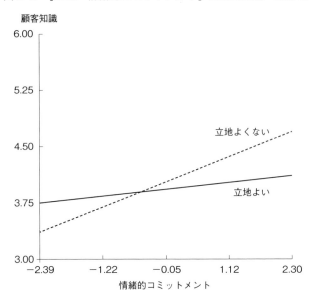

ことになる。

　さらに，変数間関係において市場要因がどのような影響を与えているのかを考察するために，有意傾向が確認されただけではあるものの，情緒的コミットメントと顧客知識の関係に対する立地（G）および競争（G）の影響を図示した。その結果，立地がよい店舗よりもよくない店舗のほうが，情緒的コミットメントが顧客知識に与える影響はより強いことがわかった（図9-3）。

　ただし，（上で確認した通り）交互作用項として立地（G）を投入しても集団間変動の分散成分は減少しなかったことから，店舗の立地状況は，条件として情緒的コミットメントと顧客知識の変数間関係に影響を与えてはいるものの，店舗の立地状況によって変数間関係の傾きが異なるわけではない[27]。

　競争については，競争が激しい店舗では情緒的コミットメントが高まっても顧客知識はほとんど向上しないのに対して，競争がゆるやかな店舗では情緒的コミットメントが高まるほど顧客知識も向上することがわかった（図9-4）。

図 9-4 【競争×情緒的コミットメント】の顧客知識への影響

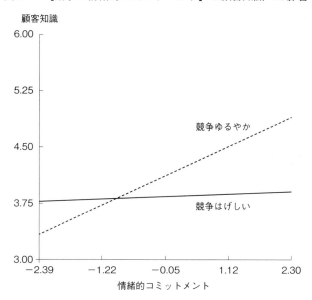

仮説の検証

　以上の分析結果から，仮説1～3はそれぞれ部分的に支持された。具体的には，チームワークは対応力と顧客知識に対して（仮説1），情緒的コミットメントは顧客知識に対して（仮説2），立地のよさは対応力に対して（仮説3），それぞれ正の影響を与えていた。

　一方，交互効果を仮定した仮説4については，図9-2および図9-3から，立地がよくない店舗のほうが，従業員の情緒的コミットメントが対応力および顧客知識に与える影響はより強くなることが明らかになった（仮説4-2）。この関係は想定と逆であるため，仮説4は支持されなかった。仮説5についても，交互作用項に有意傾向が確認されたものの，想定とは異なる関係であったため，仮説が支持されたとはいえない。

　しかしながら，これらの結果から興味深い示唆が得られるため，次節で詳しく検討することにしたい。

第6節 考　察

対応力に関する分析結果の考察

　対応力に関しては，チームワークと立地のよさが正の影響を与えていた。チームワークが高まるほど対応力が高まるという結果は，チームワークがよいことによって従業員間の公式・非公式双方のコミュニケーションが活発になり，他者との相互作用が促され，メンバー間の関わり合いの中で自分の業務経験についての内省が可能になり，その結果として対応力が向上していくことを示唆する。この点は第7章の主張や，Hackman（2002），楠見（2012）の主張と整合的である。

　立地については，立地がよい店舗のほうが来店客数は多くなるため，現場での業務実践はより活発になり，そこから得られる能力も高くなると考えられる。

　さらに，図9-2から，対応力と情緒的コミットメントの関係については，立地がよい店舗においては，情緒的コミットメントが高まっても対応力が高くなることはなく，むしろ低くなることが明らかになった。この点は仮説と異なる結果となった。

　立地がよければ来店客数は多くなるため，現場での業務実践は活性化するはずだが，立地がよいということは，特別な集客努力をしなくても顧客が集まるということでもある。そのような楽ができる環境では，コミットメントが高い従業員ほど組織にしがみつくような関わり方が誘発されやすくなり，店頭での対応力を高めようとする実践的な努力を怠る傾向があるのかもしれない。そのような環境にある店舗に対して従業員が抱く安心感や居心地のよさは，本人の成長を停滞させてしてしまう可能性がある。

　一方，店舗の立地がよくない場合，アクセスという点で他より劣っているがゆえに，他店と差別化あるいは顧客維持のためにサービスの質を高めることが有益となる。それゆえ，立地がよくない店舗においては，情緒的コミットメントが高い店頭従業員は，店舗の売上に貢献しようとする気持ちが強いがゆえに，日常的な業務を真摯に遂行する中で，結果として対応力を獲得していくのかもしれない。

顧客知識に関する分析結果の考察

　顧客知識に関しては，チームワークと情緒的コミットメントが正の影響を与えていた。チームワークについては，従業員間のコミュニケーションにより，店頭業務の中から得た顧客についての知識が共有化されるのかもしれない。情緒的コミットメントについては，職場や組織に貢献しようとする気持ちをもって業務実践することで，業務が他人事ではなくなるため，顧客知識の獲得が促されると考えられる。この点については，鈴木（2011b）や北居（2014）の見解と整合的である。

　さらに，顧客知識と情緒的コミットメントの関係については，ともに有意傾向ではあるものの，立地や競争が変数間関係に影響を与えていることが確認された。

　図9-3からは，立地がよくない店舗において，情緒的コミットメントが高まるほど顧客知識が高まることが明らかになった。この点は仮説と異なる結果となった。

　立地がよい店は立地がよくない店よりも日々の業務が忙しいことが想定されるが，その分，日々の業務を顧みる機会が少なくなり，結果として顧客知識はそれほど高まらないのかもしれない。

　逆に，立地がよくない店舗は，日々の業務実践の中で顧客を観察し，そこから食文化や生活スタイルを推測・検証する心理的・時間的余裕があるために，情緒的コミットメントが高い従業員ほど顧客知識を身につけようとする意識が高まるのかもしれない。

　また，図9-4から，競争が激しい店舗よりもゆるやかな店舗において，情緒的コミットメントが高まるほど顧客知識も高まることもわかった。

　競争が激しい店舗では，従業員は日常的な業務に忙殺され，顧客観察からの推測と検証ができず，その結果，情緒的コミットメントが高い場合でも，顧客知識が向上しない可能性を考えることができる。

　近接立地の小売店同士の競争においては，競合相手を意識しすぎるあまり顧客志向が低下する現象（＝競争マイオピア）が指摘されているが（田村，2008），これは個人にも当てはまる現象と考えられる。つまり，情緒的コミットメントが高い従業員であるがゆえに，激しい競争環境の中で，店舗が生き残るために日々の業務に没頭しすぎることになり，結果として顧客の動向や生活スタイル

といった顧客知識の獲得に目が向かなくなってしまう現象である。これを「業務遂行マイオピア」と呼べるかもしれない。

　反対に，競争がゆるやかな店舗では，日常業務をこなしながらも，顧客を観察することで，店舗周辺の近隣住民の食の嗜好や生活スタイルを推測・検証する心理的・時間的余裕をもてるために，店舗に対する情緒的コミットメントが高まるほど顧客知識の獲得が促されると考えられる。

分析結果のまとめ

　以上の分析および結果の考察から，店頭従業員の能力獲得については，外部環境が直接的・間接的に影響を与えていることが明らかになった。ただしその影響は単純なものではなく，立地状況や競争状態によって，そして，獲得する能力の性質（実践と内省を通じて得られる能力〔＝対応力〕か観察や推測・検証を通じて得られる能力〔＝顧客知識〕か）によって，影響を与える要因やそれが作用する条件は異なる。

　個人の能力獲得に関して一般化して考えると，あまりにも余裕を与えすぎてもいけないし，あまりにも緊張感を醸成しすぎてもよくなく，身につけたい能力の性質を考慮しつつ，外部要因から生じる緊張感と心理的・時間的余裕をバランスさせることが重要であるといえる。

貢　献

　本章の貢献は，学術的には，調査対象によっては，個人の能力獲得には外部要因が直接的・間接的に影響を及ぼす可能性が高いことを示した点である。とくに，情緒的コミットメントと対応力の関係については，組織外部の要因を考慮することで，はじめてその影響関係を確認することができた。この関係は，既存の枠組みだけでは捉えきれないものであった。これは，組織行動論とマーケティング論の知見を援用することによって得られたものであり，個人の能力獲得について新たな視点を提供する可能性がある。

　技術的な点では，いくつかの尺度を開発し，階層データの分析手法の詳細な検討を行った点が挙げられる。チェーン店を調査対象にした場合，得られるデータはネスト・データとなる可能性が高い。今回のサンプルでは，外部要因については店舗というグループの影響を考慮しなければならないことが判明した。

今回の分析に限らず，社会科学において統計分析を行う際には，分析に用いるサンプルの独立性が疑われるケースは少なくないと思われるため，本章が採用した分析アプローチは，方法論の選択肢を増やすという点で重要であると考えられる。

課　題

　今後の課題は，尺度の妥当性を高めていくこと，因果関係についてさらに深く検討すること，そして枠組みや発見事項の一般化可能性を探ることである。尺度の妥当性について1点だけ挙げるとすると，チームワークの測定に不安が残った。チームワークは職場レベルの変数であるはずだが，今回のデータでは，合意性や級内相関の各指標をチェックしたところ，所属集団からの影響はとくに認められなかった。

　因果関係についても検討の余地が残っている。分析に用いたデータは，サンプルの特性とリサーチの実現可能性を考慮して従属変数と独立変数を同一の回答者から得ており，それで問題がないかを確認してはいるものの，今後は，他の指標（上司や同僚の評価，あるいは売上や顧客維持率などの指標）も検討していく必要がある。さらに次のステップとして，個人要因－集団要因－外部要因といった多段階の階層構造をもつパス構造をマルチレベル構造方程式モデルにより検討する必要があるだろう。

　一般化可能性については，本章の基本枠組みは，たとえばサービス業のように，コンテクストからの影響を強く受けると想定される業種においては適応できる可能性が高い。以上の点を検討していくことも必要だろう。

注

1　組織行動論の歴史やトピックなどについては，Natemeyer and McMahon（2001）や二村（1982）などを参照のこと。
2　マーケティング関連のテキストや入門書では，例外なく需要（顧客）や競争について詳しく記述されている（たとえば，石井・栗木・嶋口・余田，2004など）。
3　近年の小売業者によるプライベート・ブランド導入の背景の1つには，こうした差別化実現の難しさがある。
4　費用の具体的に内容として田村（1981）は，「仕入原価」「人件費」「その他の営業経費」を挙げている（245頁）。
5　1人で作業するよりも競争相手やライバルがいるほうがパフォーマンスは高まることが社会心

理学において実証されている（Triplett, 1989；太田, 2007）。
6 具体的には，青果，鮮魚，精肉，ドライ（菓子，米を含む），日配，惣菜，レジに配属されている従業員が対象となった。
7 本章では，能力獲得に対する本人の認識や組織へのコミットメントを扱うが，就業年数が短いサンプルはそうした認識や能力が育成途上であると考えられるため，分析に加えるのは不適切であると判断した。
8 たとえば，全体が正の関係にあるのに特定地域には負の関係が見出されることなど。
9 本章の調査は，質問票調査の前に，店頭での業務経験が豊富な上級役員，役員，役職従業員に対して1回当たり1～2時間程度のインタビュー調査を複数回にわたり実施しており，パイロット調査後にもワーディングなどについて意見をもらっている。
10 推定は最尤法で解釈の容易化のためにプロマックス回転をかけている。分析に際しては，因子負荷量が0.4，共通性が0.25以上の項目を残し，複数の因子に対して負荷量が高い項目を削除した。
11 紙幅の関係で詳細には検討できないが，分析前に想定していた洞察力が析出されなかった理由は，この力が対応力の前提となっているからかもしれない。
12 立地と競争は一見すると相互に影響しあっているようにも思われる。なぜなら，たとえば店舗の立地がよいことにより排他的に顧客を獲得できている場合に，実際には競争が激しく行われているにもかかわらず，競争がゆるやかであると店頭従業員が認識する可能性があるからである。この危惧は完全には排除することはできないものの，因子分析において異なる因子となったこと，これらの相関係数（表9-2）は-0.07（ns）であることから，今回のデータにおいては問題ないと判断した。
13 解析にはAmos22を用いた。なお，RNIはAmos22ではCFIと同一の値となるため省略した。
14 Hair et al. (2014) は，サンプル数が250以下で観測変数が12以上30以下の場合は，χ^2値は適合度が高くても有意になること，CFIおよびRNIは0.95以上，SRMRおよびRMSEAは0.08以下（ただしCFIが0.95以上）を推奨している。
15 $rwg_{(j)}$は集団内の合意度の指標であり，観測された分散と合意がまったく存在しない場合の理論的な分散との差異を用いて計算され，0から1という値をとる（James, Demaree, and Wolf, 1984）。$rwg_{(j)}$には有意水準のような統計的な基準は存在しないが，経験的には0.70以上とする説がある（George, 1990）。
16 ICC(1)は，集団内のメンバーの回答が集団から影響を受けている程度を示す指標で，スコアは-1から1の値をとり，1に近づくほど集団からの影響が大きい（Bartko, 1976；Bliese, 2000；James, 1982）。
17 ICC(2)は，集団の平均的な評価の信頼性指標であると同時に，集団間に十分な違いがあるかを示す指標で（Ostrof, 1992），0～1の値をとり，1に近づくほど集団間の差異が大きい。
18 ICC(1)およびICC(2)にも明確な基準は存在しないが，ICC(1)は0.00から0.50の値をとりその中央値は0.12であるため（James, 1982），それ以上であれば水準に達しているという見方がある（北居・鈴木，2007）。ICC(2)は0.50から0.70が境界で0.70以上が容認可能とされる（Bartel and Milliken, 2004；Klein et al., 2000）。
19 この点については2つの理由が考えられる。1つはデータのサンプル特性によるものである。今回のデータは食品スーパーの店頭従業員を対象としているが，一般的なスーパーでは正社員は1店舗当たり10～15人程度しか配置されておらず，その正社員も部門ごとに分かれている。つまり，1店舗当たり平均10名程度のサンプルは，それぞれ別の部門に所属している。そうした状況では，集団レベル変数の各店舗での合意の程度が高くならない，あるいは店舗間で集団レベル変数に差が生じないことは不自然ではないと考えられる。もう1つは，集団（職場）レベル変数をうまく測定できていない可能性である。この点については今後の課題となる。
20 サンプルがある集団にネストされており，その集団ごとに変数間関係の傾きが異なる可能性が

ある場合は，一般線形モデルではなく，集団ごとの違いを考慮した階層線形モデルによる回帰分析が必要となる。なお，解析に用いたソフトはHLM7である。

21　異なる集計水準を混合していることから，このモデルは線形混合モデル（Mixed-Linear Model）と呼ばれることもある。

22　分散成分のχ^2値は，チームワークが28.23（$p.$ = 0.10），情緒的コミットメントが32.05（$p.$ = 0.04）であった。

23　また，情緒的コミットメントの傾きの分散成分のχ^2値は，交互作用項の立地（G）を投入することで32.05（$p.$ = 0.04）から26.36（$p.$ = 0.12）と減少し有意ではなくなったため，この傾きの店舗間変動は立地（G）がもたらしていたと判断することができる。

24　ただし，対応力の切片の分散成分のχ^2値は，統制変数を投入した時点で41.30から14.81に減少し非有意（$p. < 0.01 \rightarrow p. > 0.50$）となったので，対応力の店舗間変動は，直接的には従業員の属性により説明できることになる。

25　独立変数の値は標準化した際の±2標準偏差の値で，第2レベル変数は平均値の上下で分割しそれぞれのグループにおける変数間関係を図示した。以降で図示する場合も同様である。

26　分散成分のχ^2値は，チームワークが22.36（$p.$ = 0.32），情緒的コミットメントが20.54（$p. > 0.43$）であった。

27　この変数間関係の店舗ごと（n = 21）の傾きを確認したところ，1店舗を除くすべての店舗が正の関係であった。なお，傾きが負だった唯一の店舗は立地状況がよい店舗であった。

終 章

結論と展望

本書は何を明らかにしたか

　本書では，流通システムの構造や動態に影響を与える要因として小売業者の市場集中度をベースとした小売構造に焦点を当て，そのダイナミクスがいかにして生み出されるのかを議論し，次の5点を明らかにした。

　第1に，マクロデータを整理することによって，日本の小売構造においては，とくに食料品カテゴリーの市場集中度が欧米先進国と比べて低い水準にあり，したがって，食品スーパー業態の非トップランク小売業者が小売構造のダイナミクスに対して大きな影響力をもつことを明らかにした（第1章）。

　第2に，小売構造内で小売業者同士が消費市場における多様性への適応を巡って学習が伴う創造的競争を繰り広げることで，標準化と適応化の狭間で多様な戦略的スタンスをとる小売業者の残存が可能になり（消費者目線では多様な店舗選択が可能になり），地域の多様性が維持・再生産されるメカニズムが働くことを明らかにした（第2章，第3章）。

　第3に，小売構造のダイナミクスに対して重要な影響力をもつ非トップランク小売業者がどのような競争優位をもつのかを明らかにするために，2種類の定量分析を実施し，小売ミックスの多様な組み合わせが顧客満足を生み出していることを明らかにした。この点は，日本の消費者が食品スーパーに対して多様な選好をもっていることを示唆するものであった（第5章，第6章）。

　第4に，非トップランク小売業者の競争優位の源泉の1つである（第5章，第6章の議論で判明した）店頭でのサービスを生み出す店頭従業員の知識創造を，野中・竹内（1996）の知識創造モデル（SECIモデル）を発展的に展開し，小売店頭の知識創造モデル（r-SECIモデル）として提示した（第7章）。

　第5に，店頭起点の知識スパイラルを駆動する店頭従業員の行動や能力がど

のように生じるのかを定量的に明らかにした（第 8 章，第 9 章）。

本書の結論

これまでの議論から，本書では次のような結論を得ることができた。

すなわち，日本のグロサリー小売市場においては，非トップランク小売業者をキー・プレイヤーとした学習を伴う創造的競争が繰り広げ（＝小売構造内での小売業者間の相互作用），国内の各地域において小売業者が現地市場適応化行動をとることで，当該地域の多種多様な選好をもつ消費者を維持・再生産する（＝小売構造と消費市場の相互作用）。グロサリー小売市場のこうした一連の動きが小売構造のダイナミクスを生み出す。

以上の結論に基づくと，圧倒的な資本をもつ外資系小売業者が日本のグロサリー市場に参入し，価格優位を前面に押し出して顧客の支持を集めようとしてもうまくいかず定着できない理由は，顧客対応の質という点で，日本の小売市場において競争を勝ち抜けるほどの水準に達することができていないからだ，ということになる。

学術的貢献

本書の流通論に対する学術的貢献は，次の 4 点にあるといえる（図 4-1；78 頁を参照）。

第 1 は，小売構造のダイナミクスを理解するためには，小売構造と消費市場の相互作用が重要であり，その相互作用を理解するためには，小売構造内での小売業者間の学習を伴う創造的競争が重要であることを指摘した点である（第 2 章，第 3 章）。

これまでの研究では，①外的環境（田村，1986），②消費市場（丸山，1992；成生，1994），③就業構造（風呂，1960；石井，1996），④小売構造内部での小売業者の行動（石原，2000；加藤，2006；峰尾，2010），が小売構造に影響を与えることを指摘しているが，本書では，小売構造と消費市場の相互作用に影響を与える要因として，小売市場内の小売業者間の相互作用の重要性を指摘した。小売業者間の相互作用は，オーストリー学派の競争認識を導入することによって，小売業者間で学習を伴った創造的競争が行われるという想定を置くことで可能になったが，この点も学術的貢献といえるだろう。

第2は，小売構造のダイナミクスを生み出すメカニズムの前提（の1つ）である。食料品小売市場における消費者の選好の多様性を，顧客満足の分析から定量的に明らかにし（第5章，第6章），競争する上で鍵となる小売ミックス要素（＝サービス）に関わる小売業者の組織内の知識創造やそれを駆動する行動や能力に影響を与える要因を定量的に明らかにした点である（第7章～第9章）。

　第3は，マクロ視点の分析（第1章～第3章）とミクロ視点の分析（第5章～第9章）の接続を試みた点である。集計水準が乖離しているため両者を接続して妥当な議論を展開することは難しいが[1]，本書では，マクロ（小売構造のダイナミクス）を説明するためにメゾ（小売業者の競争優位）を，メゾを説明するためにミクロ（小売組織内での知識創造や業務実践）を議論した。つまり，集計レベルを横断して多様な主体間の相互作用を多次元で捉えることを試みた。議論の射程に入れられなかった側面（技術，制度，マクロ経済環境など）はあるものの，本書の試みにより，マクロ視点の分析とミクロ視点の分析の接続を試みた点は貢献といえるだろう。

　第4は，分析手法という方法論上の問題ではあるが，定量分析における問題点を乗り越えようと試みた点である。具体的には，以下の2点である。

　1つは，統計解析の前提（加算性の原則，因果対称性の想定など）に関する限界を乗り越えるために，ファジィ集合に基づく質的比較分析（fsQCA）を行うことで，統計解析では導くことができなかった知見を得ることができた点である（第6章）。

　fsQCAにより明らかになった顧客満足／不満足を生じさせる要因の多様な組み合わせは，消費者の選好が多種多様であることを示唆するものであった。消費者選好の多様性は，本書の議論の根幹を支える前提の1つであるため，この解析手法を導入した意義は大きかったといえるだろう。

　もう1つは，統計解析の実行に関する限界を乗り越えるために，これまでの流通研究ではあまり用いられてこなかったマルチレベル分析（階層モデルに基づく回帰分析）を行うことで，集団の影響と個人の影響を弁別した，より妥当性の高い知見を得ることができた点である（第9章）。

　マルチレベル・アプローチにより，店頭従業員の個人特性と能力の関係は各店舗が置かれた市場環境（＝集団要因）によって異なるという知見が得られた。このことは，チェーン・オペレーションを採用する小売業の店頭から得られた

データを解析する際には，店舗の市場環境という集団要因を考慮することの重要性を示唆している。

実務的貢献

　実務的貢献としては，定量分析から得られた知見が役に立つ可能性がある。1社のデータを解析した結果であるため，外部への適応可能性には慎重な姿勢が必要であるが，次の3点は実務への示唆となりうる。

　第1は，非トップランク小売業者の顧客満足に影響を与える要因を明らかにした点である。とくに第6章のfsQCAでは，高い顧客満足，非常に高い顧客満足，低い顧客満足を生じさせる要因の組み合わせはそれぞれ異なることが明らかにされたが，こうした知見は，小売ミックスの中のどの要因に注力するか，そのバランスをどうするか，といった小売業者の戦略的な意思決定に役立つ可能性がある。

　第2は，小売店頭での知識創造メカニズムを考察した点である。本書では現場からのボトムアップ方式の知識創造を論じただけであるが，第7章で提示した小売店頭の知識創造モデル（r-SECIモデル）は，現場の知をどのように生み，どのように伝播・波及させ，活用するかを考えるための実務的ヒントとなりうると思われる。

　第3は，店頭従業員の行動や能力に影響を与える個人・組織の要因を明らかにした点である。定量分析から得られた知見は，実務的には，組織設計や人材の配置，能力開発の意思決定のヒントとなりうると思われる。加えて，職場環境のマネジメントにも役立つ可能性がある。

　上記のほかにも，日本市場への参入を検討する外資系小売業者（とくに多国籍小売業者）に対して，日本市場においてはトップランク小売業者だけでなく非トップランク小売業者との競争対応も重要であることを示唆する点も，本書の実務的貢献といえるだろう。

政策への示唆

　政策への示唆も指摘しておこう。本書の主張では，グロサリー・カテゴリーの小売競争において，消費者選好の地域多様性を維持・再生産していくためには，中小零細規模を含む非トップランク小売業者の役割が非常に重要になる。

流通政策の主要な観点の1つは，中小商業をどのように扱うか（渡辺，2003；石原・加藤，2009ほか）だが，グローバル化した競争環境の下では，国際的な競争力をつけるためにトップランク小売業者を優遇して育成するという方向性も考えられる。

しかし，日本の小売市場は今のところ，外資系小売業者（とくに，総合的品揃えを行う多国籍小売業者）に対してロバストネス（頑健性）をもっていると考えられる。この点を考慮すると，国内消費者の多種多様な選好を再生産するためには，小売業者同士が多様な競争軸に基づく創造的競争を続けていくことが望ましく，そのためには，非トップランク小売業者はもちろん，中小小売商や零細小売商も競争に参加できるような制度が求められるだろう。

残された課題

以上の貢献や示唆はあるものの，残された課題も多い。ここでは代表的な課題といえそうな2つだけを指摘しておこう。

第1は，研究の焦点を絞っていく過程で十分に考慮できなかった側面があることである。

本書では，小売構造のダイナミクスを考察するために，現代日本の小売市場のマクロ構造を把握した上で，小売構造と消費市場の相互作用の重要性を指摘した。そして，小売構造と消費市場の相互作用を論じるために，小売構造内での事業者間の相互作用を検討する必要があることを指摘した。その上で，事業者間の相互作用を促すキー・プレイヤーとして非トップランク小売業者の存在の重要性を指摘した。

以上の議論を展開する中で，本書では，非トップランク小売業者は類似した条件の下で競争しているという前提を置いてきた。その理由は2つあった。1つは，グロサリー部門は卸売市場が比較的機能しているため，企業の規模等の影響は相対的に大きくはなさそうだからである。もう1つは，製造業から小売業へのパワー・シフトが生じた現代においては，非トップランク小売業者であっても，その独立性は以前よりも高まっており，小売構造に対する製造業者や卸業者の影響力は，従来と比べて小さくなっているからである。

しかし，たとえば小売構造に影響を与える流通政策などの制度はすべての小売業者に一律の影響を与えるものではないし，小売業者の戦略的行動を支える

バック・システム（田村，2008）も企業によって異なっている。第4章で指摘したように，顧客の店舗に対する評価はフロント・システム（小売ミックス）に集約されるため，バック・システムへの言及はそれほど必要ないと考えられるとはいえ，実務的な示唆という観点からは，こうした点も考察することが望ましいはずである。

第2は，本書の定量分析が1社から得られたデータを対象としていることである。第4章で詳細に論じたように，データを1社から得ることのメリットもある一方で，外部への適応可能性が低くなるというデメリットがある。

結果的には，第8章，第9章で論じた組織内の問題は，組織行動論の分野でしばしば見られるように，1社からのデータを分析するほうが妥当であったと考えられる。実際に，第9章では店頭従業員が所属する店舗の市場環境という集団要因が個人要因に影響を及ぼしていたが，このことは，データを狭い範囲から取得するほうが望ましいことを示唆している。

それに対して，第5章，第6章の顧客満足の分析については，消費者選好の多様性をより広範に観察するために，今後の課題として2つの方向性がありうると考えられる。

1つは，本書の調査対象とは別の企業（複数社）を「もっともよく利用する店舗」としている顧客から集めたデータを集計して分析すること，もう1つは，他企業（複数社）を「もっともよく利用する店舗」としている顧客から集めた顧客満足のデータをその企業ごとに解析し，結果を見比べて議論することである。

どちらのアプローチにおいても，集計バイアスのリスクを考えると，どの範囲からデータを収集するのが適切なのかについて慎重な姿勢が必要となる。具体的には，分析対象として，業態を横断して取得したデータで妥当なのか，特定業態だけから得られたデータが妥当なのか，特定業態内の特定の戦略グループに属する企業から得られたデータが妥当なのか，を慎重に判断しなければならない。

もちろん，集計単位を狭くすればするほど集計バイアスのリスクは小さくなるが，その分，外部への適応可能性は低くなる。この点は，研究者の個人の価値観や研究者コミュニティのコンセンサスに依存するところだと思われる。

いずれにしても，今後，より多くの研究が蓄積していくことで，本書の方法

の是非を含め,研究のさらなる進展が望まれる。

注──────────
1 そうした試みの例としては,石井(1996),石原(2000),田村(2008),峰尾(2010)などがある。

あとがき

本書の試みと初出一覧

　本書は，リーダー企業以外の小売業者に着目することで小売構造のダイナミクスを考えてみようという試みである。リーダー企業や中小小売商を対象とした流通の研究は多いが，マクロ視点で小売構造のダイナミクスを考える上では，トップランクではないが小規模零細でもない小売業者（非トップランク小売業者）の役割も非常に大きいのではないかと考えたからである。加えて，中小商業を一括りのカテゴリーで理解できるほど，「中」と「小」と「零細」は似ていないのではないかという思いもあった。

　そこで，これまでに発表してきた論考を再構成することで，一冊の流通論の研究書としてまとめてみようと考えるようになった。本書を構成する論文等の初出一覧は，以下の通りである。

第1章

　Yokoyama, N., "The Competitive Advantage of Regional Grocery Chain Stores in Japan," *Proceedings of the Asian Retailing and Distribution Workshop*, 1-18, 2012 の一部を大幅に加筆修正。

第2章

　Yokoyama, N., M. Takimoto, and M. Takemura, "Small and Medium-sized Retailers Compete against Global Giants by Local Adaptation: Market Structure of Grocery Distribution in Japan," *Proceedings of the 38th Annual Macromarketing Conference*, 218-229, 2013 を大幅に加筆修正。

第3章

　横山斉理「地域小売商業における大型店と中小店の創造的競争」『マーケティングジャーナル』29(4)，55-70頁，2010年を加筆修正。

第5章

　横山斉理「食品スーパーの顧客満足を規定する要因に関する経験的研究」『流通研究』（日本商業学会），17(4)，21-36頁，2015年を加筆修正。

第6章

　横山斉理「食品スーパーにおける顧客満足の規定要因――fsQCA アプローチ」

『組織科学』51(2), 14-27 頁, 2017 年を加筆修正。
第 7 章および第 8 章
 Yokoyama, N., M. Takimoto, and M. Takemura, "On-site Innovation in Japanese Local Grocery Chain Stores," *Proceedings of XXIV ISPIM Conference: Innovating in Global Markets: Challenges for Sustainable Growth*, 1-8, 2013.
 および
 横山斉理「市場志向が小売店頭従業員の行動に与える影響——知識創造モデルに基づく実証分析」『商学研究』(日本大学商学紀要) 32, 25-43 頁, 2016 年を再構成し, 大幅に加筆修正。
第 9 章
 横山斉理・尾形真実哉 (2018)「マルチレベル分析を用いた店頭従業員の能力獲得に関する実証研究」『組織科学』51(3), 69-86 頁, 2018 年を加筆修正。
序章, 第 4 章, 第 6 章補論, 終章は書き下ろし。

 これらの論考は科学研究費補助金 (18K01886; 18K01893; 15K03738; 26245051; 24730377) から支援を受けて行われたものであり, 本書の出版に関しては, 法政大学からは出版助成金をいただいている。
 初出論文を改めて一覧にして眺めてみると, 本書は 10 年以上にわたる研究の成果だということを実感する。長い年月がかかっており, 当初から全体像を見通せていなかったこともあって, すでに発表した論考を再構成して一冊の本にするには非常に苦労した。
 研究書としての体裁を曲がりなりにでも整えることができたのは, 石井淳蔵先生, 東伸一先生, 金雲鎬先生, 水越康介先生, 柳到亨先生, 松田温郎先生に草稿をお読みいただき, 建設的なコメントをいただいたおかげである。先生方には, 励ましの言葉をいただいたり, 草稿の段階で曖昧なところや間違ったところを鋭く指摘していただいたりしたが, 残されている誤謬はもちろん, 私の責任である。

本書執筆のきっかけ

 細々と続けていた研究を一冊の本にまとめてみようと思うようになった直接的なきっかけは, いま振り返ってみると, 次の 4 つであったように思う。
 第 1 は, 有斐閣から専門書出版のお声がけをいただいたことである。2016

年9月に尾崎大輔さん（今は有斐閣を退社されている）に企画を立ち上げていただいた。当初は，それまでの論考をまとまった著作にしたいという気持ちはあったが，このご時勢で専門書を出す必要があるのかという思いもあった。そんな中，尾崎さんには，本書の各章で用いられている解析方法（←細々と学会報告していた）に関心をもっていただき，学術研究を志す者にとって多様な方法を提示することは重要であると背中を押していただいた。

　第2は，ある研究会にて，日本の小売構造に関するデータを示しながら日本のグロサリー小売市場はなぜか海外有力小売業者の進出に対して頑健性をもっている，という主旨の報告をした際，Sternquist（2007）の翻訳者のお一人である崔容熏先生（同志社大学）から「私もそれをずっと疑問に思ってきた。なんでなんでしょうね」という感想をいただき，それはきちんと考えてみないといけないと思ったことである。飲み会の場での話だったと思うが（ちなみに，二人とも下戸である），このエピソードはなぜか印象に残っている。

　第3は，コミュニケーション研究者である配偶者の坊農真弓（国立情報学研究所）が，日本学術振興会（JSPS）の国際共同研究加速化基金を2017年度に取得し，当時5歳の一人娘を連れてオランダのMax-Prank-Institute of psycholinguisticsに留学したことである。一人で東京に残されて少しさみしかったが，結果として膨大な時間を作り出してくれたことで，本書にじっくり取り組むきっかけとなった。わが家では，子どもと暮らす家が本宅という定義になっているので，私はしばしばオランダを訪問し，そこで短期間ながら生活することになったが，その体験も日本の流通システムを考えるよい機会となった。

　第4は，余談めいていて恐縮だが，飲み会の場での松井剛先生（一橋大学）のご発言である。学生イベントの打ち上げの二次会の席の，それも遅い時間のことだったと思うが，松井先生が，「ゼミ生は結局，指導教員の書いた本を手に取りたいと思っている」というような主旨のことをおっしゃり，それがなぜか心に留まっていたことである（たぶん，研究と教育の関係について自分の中に葛藤があったからだと思う）。このときちょうど，松井先生は『ことばとマーケティング』（碩学舎，2013年）を執筆されていたはずである（ちなみに松井先生はこの日，深酔いして折り畳み傘を忘れて帰られた）。

　以上が，いま思い出せる限りでは直接的なきっかけとなり，苦労はしたが，一応，10年以上にわたる研究の成果を一冊の本にまとめることができた。

反　省

　しかし，流通を取り巻く環境変化の速さを考えると，10年の歳月を費やすというのはなんとものんびりした話であり，今ではそれを猛省している。

　猛省する理由は2つある。1つは，2007年に博士号をいただき特定分野の研究を推進する使命を負いながら，その成果がなかなか出せなかったことである（←大げさかもしれないが，大学院を修了する際に誰かエライ人からいわれた気がする）。もう1つは，研究を進めるためにお世話になった大勢の方々のご恩に報いるのが遅くなってしまったことである（←こちらは大げさではない）。ともあれ，本書を出版することができたのは，私にとって望外の喜びであることは間違いない。

　なぜ望外なのか。研究生活をスタートしたころには，査読誌に論文を掲載することや博士号を取得すること，研究職を得ること，書籍を出版することは，私にとって遠い別世界の出来事であった。師匠の石井淳蔵先生からは当時，修士論文で苦労した歴代ゼミ生トップ3に選出いただいたほどである（ちなみにトップ3の他のお二人の先輩は現在，研究者として活躍されている）。

　しかし，別世界の出来事だと思っていたことが実現してしまうのだから，人生わからないものだと思う。それが可能であったのは，周りの方々からのサポートがあったからだと断言できる。

　思えば，2007年3月に神戸大学大学院を修了する際，提出した博士論文には謝辞を掲載しなかった。そのときの感謝の気持ちを2，3ページ分の謝辞にしたためており，所収する気は満々だったのだが，博士論文にはそのようなものは不要だという意見（←誰がいったのかは忘れたが，たぶん副査の高嶋克義先生）と，博士論文はすぐに出版するので謝辞はそのときに載せればいいという意見（←たぶん主査の石井淳蔵先生）をいただいたので，迷った挙句，謝辞は所収しなかった。

　しかし，博士論文を提出してから，私自身にとって初の単著である本書を出版するまでに約12年が経ってしまった。しかも，本書の内容は博士論文の内容とはまったく異なっている（博士論文は商業者のまちづくり行動を商業研究の伝統に接続することを試みたものだった。いつか形にしなければと思う）。ということで，当時，博士論文に謝辞を掲載しなかったことを今では猛省している。

あとがき

そこで、この場をお借りして、本書が完成するまでにお世話になった皆さまに謝辞を述べさせていただきたい。10年以上にわたる研究の成果であり、お世話になった方は膨大な数に上るため全員のお名前を挙げることはとても叶わないが、それでもお礼を申し上げる方々がものすごく多くなってしまうことを前もってお詫びしておく。

謝　辞

まず、大学院時代の指導教官である石井淳蔵先生（神戸大学名誉教授）にお礼を申し上げたい。落ちこぼれ院生であった私を辛抱強く温かい目で見守っていただいた（「バカな子ほどかわいい」と思おうと努力してくださっていたのだろう）。

石井先生には、研究面でのご指導はもちろん、研究者としての姿勢も学ばせていただいた。既存研究のレビューの踏み込みが深い（認識論的前提にまで立ち返る）のが石井ゼミの伝統の1つだと個人的には思っているが、私の力不足により、本書では残念ながら、そこまで深く踏み込めていない。

個人的には、ゼミでの発表時によく地雷を踏んでしまい、シッカリご指導いただいたのは、今となってはいい思い出である（自分が指導する立場になって、真剣に向き合ってくださっていたということがわかった）。当時は震えあがり、定番のゼミ後の飲み会への参加も断ったほどだったが、先輩から「よこちん、こういうときこそ行かなあかん！」といわれ、仕方なく参加した。会場は確か、阪神新在家駅高架下の安い焼き鳥屋さんだったが、石井先生を含め、ゼミ参加者の皆さんから、そのときにいろいろとコメントをいただいた。参加しておいて本当によかったと思う。

石原武政先生（大阪市立大学名誉教授）、高嶋克義先生（神戸大学）には、2004年から大学院ゼミへの参加をお許しいただき、ご指導いただくとともに、両先生の研究者としての姿勢を学ばせていただいた。

石原先生には、大学院修了後も科研費のプロジェクトや教科書の分担執筆などにお声がけいただくなど、ずっとお世話になっている。ちなみに、私の研究スタンスは石原先生とはかなり異なっており、先生からは「めんどうな奴や」と思われているはずだが、大先生の懐の深さに感謝している。

高嶋先生には、博士論文の審査委員として、ゼミ中のみならず、神戸大学六甲台キャンパス兼松記念館の研究室にもお呼びいただき、懇切丁寧に指導して

いただいた。ご指導内容を自分の中で消化し理解できたと思えたのはその2週間後のことであったが，OBの小宮一高先生や猪口純路先生曰く，「当時の高嶋ゼミではよくあること」らしい。

南知恵子先生（神戸大学），栗木契先生（神戸大学）にも，神戸大学在籍時から今に至る長期にわたってご指南・ご指導等を賜っている。大学院在学中にはMBAのゼミに参加させていただいたり，在学中や修了後も研究会での報告機会をいただいたり，論文執筆の機会をいただいている。普段は気さくな両先生だが，研究のことになると，ときに別人にようになられる様には常に畏敬の念を抱いている。

ゼミの先輩である西川英彦先生（法政大学），坂下玄哲先生（慶應義塾大学），水越康介先生（首都大学東京），柳到亨先生（和歌山大学）には，公私ともども，ずっとお世話になり続けている。彼らは研究世界における兄として，2002年に出会ってからずっと，いろいろと面倒を見ていただいたりしている。公私にわたり長年お世話になっているので，いまでは私は先輩方の家庭のことまで精通しているほどである。

金雲鎬先生（日本大学），東伸一先生（青山学院大学）には，ちょっとした研究上のアイデアや，新たにトライしようとしている解析方法等をいつも相談させていただいている。彼らは同じゼミ出身の先輩ではないが，いつも温かく受け入れてくれている。私の発言や態度は，後輩としてはやや生意気なのは自分でも自覚しているが，両先生の包容力ゆえに，楽しく議論させていただいているし，共同研究にも加えていただき，仲良くしてもらっている。小野譲司先生（青山学院大学）や先輩の岸谷和広先生（関西大学）にも，研究や分析手法に関して，「自分で調べろよ」というようなことをいろいろとよく教えてもらっている（すみません）。

竹村正明先生（明治大学），滝本（金井）優枝先生（近畿大学），宮内美穂先生（中京大学），日髙優一郎先生（岡山大学）とは，国際会議に出かけるのをご一緒させていただいている（最近はご無沙汰している）。本書の核となる論考は，カナダ・トロントでのMacromarketing Conferenceやフィンランド・ヘルシンキでのISPIM Conferenceに提出したものだが，海外の研究者を意識することで主張する内容の日本的特徴がより鮮明になるという体験をすることができた。論文は共著のものもあり，本書への所収をご快諾いただいた竹村先生，滝本

（金井）先生に改めて感謝申し上げたい。

鈴木竜太先生（神戸大学），北居明先生（甲南大学）には，マルチレベル分析の手ほどきをいただいた。組織行動論をご専門とする両先生は，本書第9章のもととなった論文の共著者で，大学院時代の同期で，普段から愚痴を言い合う仲でもある尾形真実哉先生（甲南大学）を通じて親しくさせていただいているが，門外漢の私にもいつもやさしく接してくれて感謝している。与えてもらってばかりでは申し訳ないと思い，北居先生には本書で活用したfsQCAをお勧めしておいたが，現時点ではあまりお気に召されていないご様子である。

続いて，私がこれまでお世話になってきた研究機関にもお礼を申し上げたい。

大学院修了後，幸運にも職をいただいた流通科学大学（2007〜2011年度）では，向山雅夫先生，崔相鐵先生（現・関西大学），王怡人先生（現・琉球大学），東利一先生，山下貴子先生（現・同志社大学），清水信年先生，高室裕史先生（現・甲南大学），白貞壬先生，頭師暢秀先生（現・近畿大学），後藤こず恵先生，髙橋広行先生（現・同志社大学），秦洋二先生をはじめ，スタッフの皆さんに大変お世話になった。そして，学長として着任された石井淳蔵先生，特別教授として着任された石原武政先生には研究を推進しやすい環境をご提供いただいた。とくに，流通科学大学が幹事として開催してきたSARD（Society of Asian Retail and Distribution）のワークショップは，本書の根幹部分の着想に役立っている。国際色が豊かな流通科学大学での経験により，研究はグローバルなものであることを，身をもって知ることになった。

前任校の日本大学（2012〜2015年度）でも，相原修先生，嶋正先生，岩田貴子先生，金雲鎬先生，井上真里先生，戸田裕美子先生をはじめとする皆さんに大変お世話になった。諸先生方にフレンドリーに接していただき，いろいろとご指南いただいたことにより，東京での研究者生活をスムーズにスタートすることができた（学内外の事情や通用しにくい関西ノリなども教えていただいた）。日本大学在籍時に海外カンファレンスに数多く参加した体験は，本書の主張の日本的特徴を考える上で有益であった。日本大学ではまた，研究者として長期的なものの見方が重要であることを学ばせていただいた。

現任校の法政大学（2016年度〜）は，よい意味で放任主義であり，私にとっては快適な環境を提供してくれている。同僚である竹内淑恵先生，西川英彦先生，新倉貴士先生，田路則子先生，木村純子先生，長谷川翔平先生には，折に

触れて研究の相談をさせていただいているし、学務の面でもさまざまなサポートをいただいている。マーケティング・スタッフに限らず、周りの皆さんの研究に対するストイックさには少し気後れしないでもないが、それもまた研究を進める上でよい刺激になっている気がする。

日ごろからお世話になっている研究会にもお礼を申し上げたい。

KT研究会（通称「KT研」：誰かのイニシャルらしい）は、私にとっては、研究を趣味とする親切な研究者たちが集まって、タダでいろいろ新しいことを教えてくれたりアイデアをくれたりする場所である。本書で採用したマルチレベル分析やfsQCAは、この研究会で「ためしにちょっと解析してみました」という感じで軽く発表したことで興味をもってもらい、最終的に本書でも採用するに至っている。方法に関しては、（だいたい飲み会の場での雑談や他愛もないおしゃべりの場だが）小野晃典先生（慶應義塾大学）と久保知一先生（中央大学）によく相談させていただいた。

商業研究会（通称「弱小研」：ずっと尊敬してやまない畢滔滔先生が名づけたらしい）は、私の認識では、中小商業に対する熱い思いを共有するマニアックな人たちの集会である。幹事を引き受けてくださっている松田温郎先生（山口大学）のおかげで、たぶん10年くらい不定期開催で継続している。ここでの議論はとにかく長引きがちで、発表内容を用意していってもプレゼンする時間がなく研究会が終了してしまったことも2回あった。しかし、雑談を含めていろいろとおしゃべりしているうちに、不思議と自分のスタンスや物事の全体像が見えてきたりした。

日本商業学会主催の「マーケティング夏の学校」や、首都大学東京の研究ワークショップの参加者にも感謝を申し上げたい。両研究会では、2018年にゲストとして本書第6章で用いた解析方法であるfsQCAについて発表する機会をいただいた。研究会でのコメントにより、当初は所収する予定ではなかった第6章補論を本書に所収することにした。日本マーケティング学会「マーケティングカンファレンス2018」でもポスター発表の機会をいただき、ベストポスター賞まで授与いただいた。時間をかけてプレゼン用に仕込んだ『美味しんぼ』第9巻のハンバーガーのネタがほとんど受けなかったのは残念だったが、このネタは、fsQCAの方法論としてのエッセンスの1つを的確に表すものだといまでも確信している。

お世話になっている実務家の皆さんにもお礼を申し上げたい。

元・神戸市役所，現・神戸元町商店街連合会事務局長の中多英二氏には，主に大学院生時代を中心に，商店街や商業についてあらゆることを教えていただいた。本書の第3章の着想は中多氏のご示唆に基づくものである。

株式会社マルハチの中西正雄常務には，食品スーパーのイロハを教えていただけだけでなく，さまざまな調査もサポートしていただいた。研究者として駆け出しのころにはよく食事にも連れて行っていただいた（神戸牛のステーキを食べさせていただいたこともあった）。

日本マーケティング協会，アーチャー新社主催の「小売店と生活者の対話研究会」の皆さんにも感謝申し上げたい。両会には，定期的に話をする機会や司会をする機会等をいただき，実務界における新たな動きを理解するのを助けていただいている。ここでの仕事は，日ごろの自分の考えを内省するよい機会にもなっている。

有斐閣の柴田守さんには，本書の出版に関してあらゆる労をとっていただいた（何度，法政の研究室に足を運んでいただいただろう）。学術色の強い本書だが，少しでもわかりやすくなっているのだとすると，それは柴田さんのおかげである。記して感謝申し上げたい。

最後に，家族に感謝を申し上げることをお許しいただきたい。配偶者の坊農真弓は，文部科学省若手科学者賞受賞（2016年）を受賞するなど，優秀な研究者だが，家庭では普通に接してくれているし，多忙ながらも，私の研究生活をサポートしてくれている。娘の史栞（8歳）も，0歳のころから変化の激しい生活をしてもらっているが，元気に育ってくれている。

英文学の研究者であった父・横山茂樹は，本書の執筆を始めていた2017年5月に他界したが，幼いころから良くも悪くも研究者としての後姿を見せてくれていた。母・峰子はいつもあらゆる面でサポートしてくれている（最近はもっぱら子育て関係）。祖父母の山本逸作，操は，とくに大学院生時代の生活を全面的にサポートしてくれた。この場をお借りして感謝の意を表したい。

2019年1月

横　山　斉　理

参 考 文 献

Allen, N. J. and J. P. Meyer (1990), "The Measurement and Antecedents of Affective, Continuance, and Normative Commitment to the Organization," *Journal of Occupational and Organizational Psychology*, 63(1), 1-18.

Anderson, E. W. and C. Fornell (2000), "Foundations of the American Customer Satisfaction Index," *Total Quality Management*, 11(7), 869-882.

Anderson, J. C. and D. W. Gerbring (1988), "Structural Equation Modeling in Practice: A Review and Recommended Two-step Approach," *Psychological Bulletin*, 103(3), 411-423.

Anderson, J. R. (1983), *The Architecture of Cognition*, Cambridge, MA: Harvard University Press.

Argyris, C. and D. A. Schon (1978), *Organizational Learning: A Theory of Action Perspective*, Reading, MA: Addison-Wesley.

Bagozzi, R. P. and Y. Yi (1988), "On the Evaluation of Structural Equation Models," *Journal of Academy of the Marketing Science*, 16(1), 74-94.

Bagozzi, R. P. and H. Baumgartner (1994), "The Evaluation of Structural Equation Models and Hypothesis Testing," in R. P. Bagozzi (ed.), *Principles of Marketing Research*, Cambridge, MA: Blackwell, 386-422.

Bandura, A. (1977), *Social Learning Theory*, Englewood Cliffs, NJ: Prentice-Hall.（原野広太郎監訳『社会的学習理論――人間理解と教育の基礎』金子書房，1979年）

Bartel, C. A. and F. J. Milliken (2004), "Perception of Time in Work Groups: Do Members Develop Shared Cognitions About their Temporal Demands?" in S. Blound (ed.), *Research on Managing Groups and Teams: Time in Groups*, 6, Bradford, UK: Emerald Group, 87-109.

Bartko, J. J. (1976), "On Various Intraclass Correlation Reliability Coefficients," *Psychological Bulletin*, 83(5), 762-765.

Bliese, P. D. (2000), "Within-group Agreement, Non-independence, and Reliability: Implication for Data Aggregation and Analysis," in K. J. Klein and S. W. J. Kozlowski (eds.), *Multilevel Theory, Research, and Methods in Organization*, San Francisco, CA: Jossey-Bass, 349-381.

Boles, J. S., B. J. Babin, T. G. Brashear, and C. Brooks (2001), "An Examination of the Relationships between Retail Work Environments, Salesperson Selling Orientation-customer Orientation and Job Performance," *Journal of Marketing Theory and Practice*, 9(3), 1-13.

Boyatzis, R. E. (1982), *The Competent Manager: A Model for Effective Performance*, New York, NY: Wiley.

Burt, S., J. Dawson, and R. Larke (2006), "Inditex-ZARA Re-writing the Rules in Apparel Retailing," in J. Dawson, R. Larke, and M. Mukoyama (eds.), *Strategic Issues in International Retailing*, Abingdon, UK: Routledge, 71-90.

Bush, G. and T. Kaifu (1991), *First Annual Report on the U.S.-Japan Working Group on the Structural Impediments Initiative*, Tokyo, Japan.

Cameron, K. S. and R. E. Quinn (1999), *Diagnosing and Changing Organizational Culture: Based on the Competing Values Framework*, Reading, MA: Addison-Wesley.

Carmines, E. G. and J. P. McIver (1981), "Analyzing Models with Unobserved Variables: Analysis of Covariance Structure," in G. W. Bohrnstedt and E. F. Borgatta (eds.), *Social Measurement: Current Issues*, Thousand Oaks, CA: Sage, 65-115.

Coulter, R. A. and M. Ligas (2000), "The Long Good-bye: The Dissolution of Customer-service Provider Relationships," *Psychology & Marketing*, 17(8), 669-695.

Cronbach, L. J. (1987), "Statistical Tests for Moderator Variables: Flaws in Analyses Recently Proposed," *Psychological Bulletin*, 102(2), 414-417.

Cyert, R. M. and J. G. March (1963), *A Behavioral Theory of the Firm*, Englewood Cliffs, NJ: Prentice-Hall.（松田武彦監訳，井上恒夫訳『企業の行動理論』ダイヤモンド社，1967年）

Czinkota, M. R. and M. Kotabe (eds.) (2000), *Japanese Distribution Strategy: Changes and Innovations*, London, UK: Business Press.

Czinkota, M. R. and J. Woronoff (1986), *Japan's Market: The Distribution System*, New York, NY: Praeger.

Czinkota, M. R. and J. Woronoff (1991), *Unlocking Japan's Markets*, New York, NY: Praeger.

Davis, R. and T. Yahagi (eds.) (2000), *Retail Investment in Asia Pacific: Local Responses and Public Policy Issues*, Oxford, UK: Oxford Institute of Retail Management.（外川洋子監訳，矢作敏行編『アジア発グローバル小売競争』日本経済新聞社，2001年）

Dawson, J. A., R. Larke, M. Mukoyama (eds.) (2006), *Strategic Issues in International Retailing*, Abingdon, UK: Routledge.

Dawson, J. A and M. Mukoyama (eds.) (2013), *Global Strategies in Retailing: Asian and European Experience*, Abingdon, UK: Routledge.（向山雅夫，J.ドーソン編著『グローバル・ポートフォリオ戦略──先端小売企業の軌跡』千倉書房，2015年）

Day, G. S. (1990), *Market Driven Strategy: Processes for Creating Value*, New York, NY: Free Press.

Deshpandé, R., J. U. Farley, and F. E. Webster Jr. (1993), "Corporate Culture, Customer Orientation and Innovativeness in Japanese Firms: A Quadrad Analysis," *Journal of Marketing*, 57(1), 23-37.

Elg, U. (2003), "Retail Market Orientation: A Preliminary Framework," *International Journal of Retail and Distribution Management*, 31(2), 107-117.

Ellinger, A. E., D. J. Ketchen Jr., G. T. M. Hult, A. B. Elimadağ, and R. G. Richey Jr. (2008), "Market Orientation, Employee Development Practice, and Performance in Logistics Service Provider Firm," *Industrial Marketing Management*, 37(4), 353-366.

Fiss, P. C. (2011), "Building Better Casual Theories: A Fuzzy Set Approach to Typologies in Organizational Research," *Academy of Management Journal*, 54(2), 393-420.

Fornell, C. (1992), "A National Customer Satisfaction Barometer: The Swedish Experience," *Journal of Marketing*, 55(1), 6-21.

Fornell, C. and D. F. Larcker (1981), "Evaluation Structural Equation Models with Unobservable Variables and Measurement Error," *Journal of Marketing Research*, 18 (1), 39-50.

Frambach, R. T., P. C. Fiss, and P. T. M. Ingenbleek (2016), "How Important Is Customer Orientation for Firm Performance? A Fuzzy Set Analysis of Orientations, Strategies, and Environments," *Journal of Business Research*, 69(4), 1428-1436.

Frösén, J., J. Luoma, M. Jaakkola, H. Tikkanen, and J. Aspara (2016), "What Counts Versus What Can Be Counted: The Complex Interplay of Market Orientation and Marketing Performance Measurement," *Journal of Marketing*, 80(3), 60-78.

George, J. M. (1990), "Personality, Affect, and Behavior in Groups," *Journal of Applied Psychology*, 75(2), 107-116.

Grewal, R. and P. Tansuhaj (2001), "Building Organizational Capabilities for Managing Economic

Crisis: The Role of Market Orientation and Strategic Flexibility," *Journal of Marketing*, 65(2), 67-80.

Hackman, R. (2002), *Leading Teams*, Boston, MA: Harvard Business School. (田中滋訳『ハーバードで学ぶデキるチーム 5つの条件――チームリーダーの「常識」』生産性出版, 2005年)

Hair, J. F. Jr., W. C. Black, B. J. Babin, and R. E. Anderson (2014), *Multivariate Data Analysis*, 7th ed., Pearson New International edition, Edinburgh Gate Harlow, UK: Pearson Education.

Harris L. C. (2000), "The Organizational Barriers to Developing Market Orientation," *European Journal of Marketing*, 34(5/6), 598-624.

Harris, L. C. (2001), "Market Orientation and Performance: Objective and Subjective Empirical Evidence from UK Companies," *Journal of Management Studies*, 38(1), 17-43.

Harris, L. C. and N. F. Piercy (1999), "Management Behavior and Barriers to Market Orientation in Retailing Companies," *Journal of Service Marketing*, 13(2), 113-131.

Hayek, F. A. (1964), *The Meaning of Competition, Individualism and Economic Order*, London, UK: Routledge & Kegan Paul. (田中真晴・田中秀夫編訳『市場・知識・自由――自由主義の経済思想』ミネルヴァ書房, 1986年)

Heskett, J. L., W. E. Sasser Jr., and L. A. Schlesinger (1997), *The Service Profit Chain: How Leading Companies Link Profit and Growth to Loyalty, Satisfaction, and Value*, New York, NY: Free Press.

Ho, J., C. Plewa, and V. N. Lu (2016), "Examining Strategic Orientation Complementarity Using Multiple Regression Analysis and Fuzzy Set QCA," *Journal of Business Research*, 69(6), 2199-2205.

Hofmann D. and M. Gavin (1998), "Centering Decisions in Hierarchical Linear Models: Implications of Research in Organizations," *Journal of Management*, 24(5), 623-641.

Homburg, C., M. Artz, and J. Wieseke (2012), "Marketing Performance Measurement Systems: Does Comprehensiveness Really Improve Performance," *Journal of Marketing*, 76(3), 56-77.

Hult, T. G., D. J. Ketchen Jr., and S. F. Slater (2005), "Market Orientation and Performance: An Integration of Disparate Approaches," *Strategic Management Journal*, 26(12), 1173-1181.

Hunt, S. D. and R. M. Morgan (1995), "The Competitive Advantage Theory of Competition," *Journal of Marketing*, 59(2), 1-15.

James, L. R. (1982), "Aggregation Bias in Estimates of Perceptual Agreement," *Journal of Applied Psychology*, 67(2), 219-229.

James, L. R., R. G. Demaree, and G. Wolf (1984), "Estimating within-group Interrater Reliability with and without Response Bias," *Journal of Applied Psychology*, 69(1), 85-98.

Janz, B. D. and P. Prasarnphanich (2003), "Understanding the Antecedents of Effective Knowledge Management: The Importance of a Knowledge-centered Culture," *Decision Sciences*, 34(2), 351-384.

Jaworski, B. J. and A. K. Kohli (1993), "Market Orientation: Antecedents and Consequences," *Journal of Marketing*, 57(3), 53-70.

Kara A., J. E. Spillan, and O. W. DeShields Jr. (2005), "The Effect of a Market Orientation on Business Performance: A Study of Small-sized Service Retailers Using MARKOR Scale," *Journal of Small Business Management*, 43(2), 105-118.

Kirca, A. H., S. Jayachandran, and W. O. Bearden (2005), "Market Orientation: A Meta-analytic Review and Assessment of Its Antecedents and Impact on Performance," *Journal of Marketing*, 69(2), 24-41.

Kirzner, I. M. (1973), *Competition and Entrepreneurship*, Chicago, IL: University of Chicago Press. (田

島義博監訳・江田三喜男・小林逸太・佐々木實雄・野口智雄訳『競争と企業家精神——ベンチャーの経済理論』千倉書房, 1985年）

Kirzner, I. M. (1997), *How Markets Work: Disequilibrium, Entrepreneurship and Discovery*, London, UK: Institute of Economic Affairs.（西岡幹雄・谷村智輝訳『企業家と市場とはなにか』日本経済評論社, 2001年）

Klein, K. L., S. W. J. Kozlowski, F. D. Dansereau, M. B. Gavin, M. A. Griffin, D. A. Hofmann, L. R. James, F. J. Yammarino, and M. C. Bligh (2000), "Multilevel Analysis Techniques: Commonalities, Differences, and Continuing Questions," in K. J. Klein and S. W. J. Kozlowski (eds.), *Multilevel Theory, Research and Methods in Organization*, San Francisco, CA: Jossy-Bass, 512-533.

Kohli, A. K. and B. J. Jaworski (1990), "Market Orientation: The Construct, Research Propositions, and Managerial Implications," *Journal of Marketing*, 54(2), 1-18.

Kohli A. K., B. J. Jaworski, and A. Kumar (1993), "Markor: A Measure of Market Orientation," *Journal of Marketing Research*, 30(4), 467-477.

Krasnikov A. and S. Jayachandran (2008), "The Relative Impact of Marketing, Research-and-Development, and Operations Capabilities on Firm Performance," *Journal of Marketing*, 72(4), 1-11.

Lave, J. and E. Wenger (1991), *Situated Learning: Legitimate Peripheral Participation*, Cambridge: Cambridge University Press.（佐伯胖訳『状況に埋め込まれた学習——正統的周辺参加』産業図書, 1993年）

Lazer, W., S. Murata, and H. Kosaka (1985), "Japanese Marketing: Towards a Better Understanding," *Journal of Marketing*, 49(2), 69-81.

Levy, M. and B. A. Weitz (2012), *Retailing Management*, 8th ed., New York, NY: McGraw-Hill.

Lucia, A. D. and R. Lepsinger (1999), *The Art and Science of Competency Models: Pinpointing Critical Success Factors in Organizations*, New York, NY: Jossey-Bass.（遠藤仁訳『実践コンピテンシーモデル』日経BP社, 2002年）

Mägi, A. and C.-R. Julander (1996), "Perceived Service Quality and Customer Satisfaction in a Store Performance Framework: An Empirical Study of Swedish Grocery Retailers," *Journal of Retailing and Consumer Services*, 3(1), 33-41.

McCall, M. W. Jr. (1988), *High Flyers: Developing the Next Generation of Leaders*, Boston, MA: Harvard Business School Press.（金井壽宏監訳, リクルート・ワークス研究所訳『ハイ・フライヤー——次世代リーダーの育成法』プレジデント社, 2002年）

McCall, M. W. Jr., M. M. Lombardo, and A. M. Morrison (1988), *The Lessons of Experience: How Successful Executives Develop on the Job*, New York, NY: Lexington Books.

Megicks, P. and G. Warnaby (2008), "Market Orientation and Performance in Small Independent Retailers in the UK," *The International Review of Retail, Distribution and Consumer Research*, 18(1), 105-119.

Menguc, B. and S. Auh (2006), "Creating a Firm-level Dynamic Capability through Capitalizing on Market Orientation and Innovativeness," *Journal of the Academy of Marketing Science*, 34(1), 63-73.

Meyer, J. P. and N. J. Allen (1991), "A Three-component Conceptualization of Organizational Commitment," *Human Resource Management Review*, 1(1), 61-98.

Meyer-Ohle, H. (2003), *Innovation and Dynamics in Japanese Retailing*, London, UK: Palgrave Macmillan.

Miwa, Y., K. G. Nishimura, and J. M. Ramseyer (eds.) (2002), *Distribution in Japan*, Oxford and New

York: Oxford University Press.

Morita, M. K. (1991), "Structural Impediments Initiative: Is it an Effective Correction of Japan's Antimonopoly Policy?" *University of Pennsylvania Journal of International Business and Law*, 12(4), 777-809.

Murray, J. Y., G. Y. Gao, and M. Kotabe (2011), "Market Orientation and Performance of Export Ventures: The Process through Marketing Capabilities and Competitive Advantages," *Journal of the Academy of Marketing Science*, 39(2), 252-269.

Nahapiet, J. and S. Ghoshal (1998), "Social Capital, Intellectual Capital, and the Organizational Advantage," *Academy of Management Review*, 23(2), 242-266.

Narver, J. C. and S. F. Slater (1990), "The Effect of Market Orientation on Business Profitability," *Journal of Marketing*, 54(4), 20-35.

Natemeyer, W. A. and J. T. McMahon (2001), *Classics of Organizational Behavior*, 3rd ed., Long Grove, IL: Waveland Press.

Nunnally, J. C. (1978), *Psychometric Theory*, 2nd ed., New York, NY: McGraw-Hill.

Oliver, R. L. (1980), "A Cognitive Model of the Antecedents and Consequences of Satisfaction Decisions," *Journal of Marketing Research*, 17(4), 460-469.

Ordanini, A., A. Parasuraman, and G. Rubera (2014), "When the Recipe Is More Important Than the Ingredients: A Qualitative Comparative Analysis (QCA) of Service Innovation Configurations," *Journal of Service Research*, 17(2), 134-149.

Ostrof, C. (1992), "The Relationship between Satisfaction, Attitude, and Performance: An Organizational Level Analysis," *Journal of Applied Psychology*, 77(6), 963-974.

Öz, Ö. (2004), "Using Boolean- and Fuzzy-logic-based Methods to Analyze Multiple Case Study: Evidence in Management Research," *Journal of Management Inquiry*, 13(2), 166-179.

Panigyrakis G. G. and P. K. Theodoridis (2007), "Market Orientation and Performance: An Empirical Investigation in the Retail Industry in Greece," *Journal of Retailing and Consumer Services*, 14(2), 137-149.

Pettijohn C. E., L. S. Pettijohn, and A. J. Taylor (2002), "The Influence of Salesperson Skill, Motivation, and Training on the Practice of Customer-oriented Selling," *Psychology and Marketing*, 19(9), 743-757.

Piercy, N. F., L. C. Harris, and N. Lane (2002), "Market Orientation and Retail Operatives' Expectations," *Journal of Business Research*, 55(4), 261-273.

Podsakoff, P. M., S. B. MacKenzie, J.-Y. Lee, and N. P. Podsakoff (2003), "Common Method Biases in Behavioral Research: A Critical Review of the Literature and Recommended Remedies," *Journal of Applied Psychology*, 88(5), 879-903.

Podsakoff, P. M. and D. W. Organ (1986), "Self-reports in Organizational Research: Problems and Prospects," *Journal of Management*, 12(4), 531-544.

Polanyi, M. (1958), *Personal Knowledge towards a Post-critical Philosophy*, Chicago, IL: University of Chicago Press. (長尾史郎訳『個人的知識』ハーベスト社, 1985年)

Polanyi, M. (1966), *The Tacit Dimension*, London, UK: Routledge & Kegan Paul. (高橋勇夫訳『暗黙知の次元』筑摩書房, 2003年)

Porter, L. W., R. M. Steers, Mowday, and P. V. Boulian (1974), "Organizational Commitment, Job Satisfaction, and Turnover among Psychiatric Technicians," *Journal of Applied Psychology*, 59(5),

603-609.

Ragin, C. C. (1987/2014), *The Comparative Method: Moving beyond Qualitative and Quantitative Strategies*, Chicago and London: University of California Press.

Ragin, C. C. (2000), *Fuzzy-set Social Science*, Chicago and London: University of Chicago Press.

Ragin, C. C. (2008), *Redesigning Social Inquiry: Fuzzy Sets and Beyond*, Chicago and London: University of Chicago Press.

Ragin, C. C. and P. Fiss (2008), "Net Effects versus Configurations: An Empirical Demonstration," in C. C. Ragin, *Redesigning Social Inquiry: Fuzzy Sets and Beyond*, Chicago and London: University of Chicago Press, 190-212.

Raudenbush, S. W. and A. S. Bryk (2002), *Hierarchical Linear Models: Applications and Data Analysis Methods*, 2nd ed., Newbury Park, CA: Sage.

Rihoux, B. and C. C. Ragin (2009), *Configurational Comparative Methods: Qualitative Comparative Analysis (QCA) and Rerated Techniques*, Newbury Park, CA: Sage.（石田淳・齋藤圭介監訳，根岸弓・姫野宏輔・横山麻衣・脇田彩訳『質的比較分析(QCA)と関連手法入門』晃洋書房，2016年）

Ritzer, G. (1983), "The 'McDonaldization' of Society, " *Journal of American Culture*, 6(1), 100-107.

Ritzer, G. (1993), *The McDonaldization of Society,* Revised New Century edition, Newbury Park, CA: Sage.（正岡寛司訳『マクドナルド化の世界——果てしなき合理化のゆくえ』早稲田大学出版部，1999年）

Ritzer, G. (2004), *The Globalization of Nothing*, Thousand Oak, CA: Pine Forge Press.（正岡寛司監訳，山本徹夫・山本光子訳『無のグローバル化——拡大する消費社会と「存在」の喪失』明石書店，2005年）

Ritzer, G. (2011), *Globalization: The Essentials*, Malden, MA: Wiley-Backwell.

Robbins, S. P. (2005), *Essentials of Organizational Behavior*, 8th ed., Upper Saddle River, NJ: Prentice-Hall of India.（髙木晴夫訳『組織行動のマネジメント——入門から実践へ』新版，ダイヤモンド社，2009年）

Salmon, W. J. and A. Tordjman (1989), "The Internationalization of Retailing," *International Journal of Retailing*, 4(2), 3-16.

Slater, S. F. and J. C. Narver (1994), "Does Competitive Environment Moderate the Market Orientation-performance Relationship?" *Journal of Marketing*, 58(1), 46-55.

Spencer, L. M. Jr. and S. M. Spencer (1993), *Competence at Work: Models for Superior Performance*, New York, NY: John Wiley & Sons.（梅津祐良・成田攻・横山哲夫訳『コンピテンシー・マネジメントの展開——導入・構築・活用』生産性出版，2001年）

Sternberg, R. J. (1985), *Beyond IQ: Triarchic Theory of Human Intelligence*, New York, NY: Cambridge University Press.

Sternberg, R. J. and R. K. Wagner (1992), "Tacit Knowledge: An Unspoken Key to Managerial Success," *Creativity and Innovation Management*, 1(1), 5-13.

Sternquist, B. (1997), "International Expansion of US Retailers," *International Journal of Retail and Distribution Management*, (25)8, 262-268.

Sternquist, B. (2007), *International Retiling*, 2nd ed., New York, NY: Fairchild Books.（若林靖永・崔容熏ほか訳『変わる世界の小売業——ローカルからグローバルへ』新評論，2009年）

Takeuchi, H. and L. P. Bucklin (1977), "Productivity in Retailing: Retail Structure and Public Policy," *Journal of Retailing*, 53(1), 35-46, 94-95.

Tregear, A. (2003), "Market Orientation and the Craftsperson," *European Journal of Marketing*, 37(11/12), 1621-1635.

Triplett, N. (1898), "The Dynamogenic Factors in Pacemaking and Competition," *American Journal of Psychology*, 9(4), 507-533.

Vogel, E. F. (1979), *Japan as Number One: Lessons for America*, Cambridge, MA: Harvard University Press.

Wagner, R. K. (1987), "Tacit Knowledge in Everyday Intelligent Behavior," *Journal of Personality and Social Psychology*, 52, 1236-1247.

Wenger, E., R. McDermott, and W. M. Snyder (2002), *Cultivating Communities of Practice*, Boston, MA: Harvard Business School Press. (野村恭彦監修, 櫻井祐子訳『コミュニティ・オブ・プラクティス——ナレッジ社会の新たな知識形態の実践』翔泳社, 2002年)

Woodside, A. G. (2013), "Moving beyond Multiple Regression Analysis to Algorithms: Calling for Adoption of a Paradigm Shift from Symmetric to Asymmetric Thinking in Data Analysis and Crafting Theory," *Journal of Business Research*, 66(4), 463-472.

Yoshino, M. Y. (1971), *The Japanese Marketing System: Adaptations and Innovations*, Cambridge, MA: MIT Press.

淺羽茂（2001）「プロセスとしての競争研究に向けて」『組織科学』34(4), 15-25頁。

朝日KPMGヒューマンキャピタル（2000）『戦略的コンピテンシーマネジメント——人材発掘・活用・処遇のツール』生産性出版。

荒川祐吉（1962）『小売商業構造論』千倉書房。

池ヶ谷良夫（1998）「わが国の青果物流通の現状と課題」『農業機械学会誌』60(2), 180-188頁。

石井淳蔵（1996）『商人家族と市場社会——もうひとつの消費社会論』有斐閣。

石井淳蔵（2003）「競争の場を作り出す競争」『国民経済雑誌』188(4), 1-16頁。

石井淳蔵（2009）『ビジネス・インサイト——創造の知とは何か』岩波書店。

石井淳蔵（2012）『マーケティング思考の可能性』岩波書店。

石井淳蔵・栗木契・嶋口充輝・余田拓郎（2004）『ゼミナール マーケティング入門』日本経済新聞社。

石川淳（2013）「研究開発チームにおけるシェアド・リーダーシップ——チーム・リーダーのリーダーシップ，シェアド・リーダーシップ，チーム業績の関係」『組織科学』46(4), 67-82頁。

石田大典（2015）「先行型市場志向と反応型市場志向がパフォーマンスへ及ぼす影響——メタアナリシスによる研究成果の統合」『流通研究』17(3), 13-37頁。

石原武政（2000）『商業組織の内部編成』千倉書房。

石原武政（2007）「『市場』はいかに定義できるか？」『商學論究』55(2), 25-51頁。

石原武政・加藤司編著（2009）『日本の流通政策』（シリーズ流通体系5), 中央経済社。

井上達彦（2014）『ブラックスワンの経営学——通説をくつがえした世界最優秀ケーススタディ』日経BP社。

猪口純路（2012）「市場志向研究の現状と課題」『マーケティングジャーナル』31(3), 119-131頁。

今田聰（2008）「企業の教育と実践コミュニティの学習」吉田孟史編『コミュニティ・ラーニング——組織学習論の新展開』ナカニシヤ出版, 87-113頁。

岩永忠康・佐々木保幸編著（2013）『現代の流通政策』（シリーズ現代の流通3), 五絃舎。

太田伸幸（2007）『ライバル関係の心理学』ナカニシヤ出版。

尾形真実哉（2011）「クリティカル・インシデント・メソッドによる若年看護師の組織適応分析——キャリア初期の経験学習に焦点を当てて」『人材育成研究』6(1), 3-18頁。

小川進（2006）「流通システム論」神戸大学経済経営学会編『経営学研究のために』第9版, 245-250頁。
小野讓司（2010a）『顧客満足「CS」の知識』日本経済新聞出版社。
小野讓司（2010b）「JCSIによる顧客満足モデルの構築」『マーケティングジャーナル』30(1), 20-34頁。
勝原裕美子（2012）「看護師」金井壽宏・楠見孝編『実践知——エキスパートの知性』有斐閣, 194-221頁。
加藤司（2003）「『所縁型』商店街組織のマネジメント」加藤司編著『流通理論の透視力』千倉書房, 155-171頁。
加藤司（2006）『日本的流通システムの動態』千倉書房。
加藤司・石原武政編著（2009）『地域商業の競争構造』中央経済社。
金井壽宏（1997）「経営における理念（原理・原則），経験，物語，議論——知っているはずのことの創造と伝達のリーダーシップ」『神戸大学経営学部研究年報』43, 1-75頁。
金井壽宏（2002）『仕事で「一皮むける」——関経連「一皮むけた経験」に学ぶ』光文社新書。
鹿又伸夫・野宮大志郎・長谷川計二編著（2001）『質的比較分析』ミネルヴァ書房。
川端基夫（2000）『小売業の海外進出と戦略——国際立地の理論と実態』新評論。
川端基夫（2008）『立地ウォーズ——企業・地域の成長戦略と「場所のチカラ」』新評論。
岸本徹也（2013）『食品スーパーの店舗オペレーション・システム』白桃書房。
北居明（2014）『学習を促す組織——マルチレベル・アプローチによる実証分析』有斐閣。
北居明・鈴木竜太（2007）「組織文化と組織コミットメントの関係に関する実証研究——クロスレベル分析を通じて」『組織科学』41(2), 106-116頁。
金亨洙（2008）『小売企業のグローバル戦略と移転——小売ノウハウの海外移転の理論と実証』文眞堂。
楠木建（1996）「日本企業の組織能力と製品開発パフォーマンス——産業タイプによる比較分析」『ビジネスレビュー』43(4), 23-46頁。
楠見孝（2010）「大人の学び——熟達化と市民リテラシー」佐伯胖監修，渡部信一編『「学び」の認知科学事典』大修館書店。
楠見孝（2012）「実践知の獲得——熟達化のメカニズム」金井壽宏・楠見孝編『実践知——エキスパートの知性』有斐閣, 33-53頁。
小林哲（2016）『地域ブランディングの論理——食文化資源を活用した地域多様性の創出』有斐閣。
小宮一高（2003）「自己目的志向の小売業者と品揃え形成」『流通研究』6(1), 81-93頁。
斎藤修（1995）「青果物市場の再編と系統共販」日本農業市場学会編集『食料流通再編と問われる協同組合』筑波書房, 53-83頁。
坂爪浩史（1999）『現代の青果物流通——大規模小売企業による流通再編の構造と論理』筑波書房。
サービス産業生産性協議会編（2009）『サービス・イノベーション——サービス産業の生産性向上の実現のために』生産性出版。
清水裕士（2014）『個人と集団のマルチレベル分析』ナカニシヤ出版。
白武義治（1999）「中小青果物小売店の市場取引と卸売市場の公共性」『農業市場研究』8(1), 11-21頁。
進藤綾子・戸梶亜紀彦（2001）「小売戦略における地域性と顧客満足——東広島市の小規模店舗を例として」『地域経済研究』12, 81-92頁。
鈴木安昭・田村正紀（1980）『商業論』有斐閣。
鈴木竜太（2011a）「組織コミットメント」経営行動科学学会編『経営行動科学ハンドブック』中央経済社, 338-343頁。
鈴木竜太（2011b）「職場における創意工夫のマネジメント——関わり合う集団の研究開発者の進取的行動への影響に関するクロスレベル分析」『組織科学』44(4), 26-38頁。

鈴木竜太（2013）『関わりあう職場のマネジメント』有斐閣。
鈴木竜太（2014）「学習をもたらす職場――情報の開放性と職場の凝集性の学習行動への影響」『組織科学』48(2), 16-27頁。
鈴木竜太・北居明（2005）「組織行動論における集団特性の分析手法――マルチレベル分析に関する研究ノート」神戸大学大学院経営学研究科Discussion Paper Series 2005・45。
関根孝（2000）『小売競争の視点』同文舘出版。
高嶋克義（2013）「小売企業における革新的仕入行動の考察」『流通研究』15(1), 1-14頁。
高嶋克義（2015）『小売企業の基盤強化――流通パワーシフトにおける関係と組織の再編』有斐閣。
高橋郁夫（1998）「買物行動における消費者満足プロセス」『三田商学研究』41(1), 85-99頁。
高橋郁夫（2004）「小売マーケティング成果と買物行動」『三田商学研究』47(3), 229-245頁。
田島義博（1962）『日本の流通革命』日本能率協会。
田中堅一郎（2004）『従業員が自発的に働く職場をめざすために――組織市民行動と文脈的業績に関する心理学的研究』ナカニシヤ出版。
谷口智彦（2006）『マネジャーのキャリアと学習――コンテクスト・アプローチによる仕事経験分析』白桃書房。
田村正紀（1981）『大型店問題――大型店紛争と中小小売商業近代化』千倉書房。
田村正紀（1986）『日本型流通システム』千倉書房。
田村正紀（2001）『流通原理』千倉書房。
田村正紀（2006a）『バリュー消費――「欲ばりな消費集団」の行動原理』日本経済新聞社。
田村正紀（2006b）『リサーチ・デザイン――経営知識創造の基本技術』白桃書房。
田村正紀（2008）『業態の盛衰――現代流通の激流』千倉書房。
田村正紀（2011）『消費者の歴史――江戸から現代まで』千倉書房。
田村正紀（2015）『経営事例の質的比較分析――スモールデータで因果を探る』白桃書房。
筒井淳也・不破麻紀子（2008）「マルチレベル・モデルの考え方と実践」『理論と方法』23(2), 139-149頁。
寺島和夫（2007）「中小食品スーパーにおけるサービス・クオリティと顧客満足の因果関係に関する研究」『琉球大学経営学論集』47(3), 41-52頁。
寺島和夫（2008）「中小食品スーパーにおけるサービス・クオリティと顧客満足の因果関係に関する研究(2)――因果関係の普遍性の検証」『経営学論集』48(3), 28-47頁。
寺島和夫（2009a）「中小食品スーパーにおけるサービス・クオリティと顧客満足の因果関係に関する研究(3)――共分散構造分析による適合性の検証」『経営学論集』48(4), 38-53頁。
寺島和夫（2009b）「中小食品スーパーにおけるサービス・クオリティと顧客満足の因果関係に関する研究(4)――購買特性と顧客満足・店舗ロイヤルティとの係わり」『経営学論集』49(2), 19-32頁。
冨田健司（2015）『知識マーケティング』中央経済社。
中原淳（2012）「学習環境としての『職場』――経営研究と学習研究の交差する場所」『日本労働研究雑誌』618, 35-45頁。
成生達彦（1994）『流通の経済理論――情報・系列・戦略』名古屋大学出版会。
根本重之・為広吉弘編著（2001）『グローバル・リテイラー――日本上陸を開始した巨大流通外資』東洋経済新報社。
野中郁次郎・竹内弘高（梅本勝博訳）（1996）『知識創造企業』東洋経済新報社。
林周二（1962）『流通革命――製品・経路および消費者』中央公論社。
畢滔滔（2002）「広域型商店街における大型店舗と中小小売商の共存共栄――『アメ横』商店街の事例研究」『流通研究』5(1), 1-26頁。

藤村和宏（1993）「サービス企業における顧客の満足構造とマーケティング戦略」『企業経営戦略と国際化』地域経済研究推進協議会，71-110頁。
二村敏子（1982）「組織行動論の成立・特質・展開」二村敏子編『組織の中の人間行動──組織行動論のすすめ』有斐閣，1-19頁。
古川久敬（1988）『組織デザイン論──社会心理学的アプローチ』誠信書房。
風呂勉（1960）「商業における過剰就業と雇用需要の特性──一つの仮設的考察への展望」『商大論集』37・38・39，205-221。
洞口治夫（2009）『集合知の経営──日本企業の知識管理戦略』文眞堂。
堀洋道・山本真理子・松井豊編（1994）『心理尺度ファイル──人間と社会を測る』垣内出版。
牧野成史（2011）「マルチレベル分析の考え方」『組織科学』44(4)，14-25頁。
松尾睦（2006）『経験からの学習──プロフェッショナルへの成長プロセス』同文舘出版。
松尾睦（2013）『成長する管理職──優れたマネジャーはいかに経験から学んでいるのか』東洋経済新報社。
松田温郎（2017）『小売商のフィールドワーク──八百屋の品揃えと商品取扱い技術』碩学舎。
松本雄一（1998）「ファッションデザイナーのスキルの獲得──スキル獲得プロセスにおける『雑用』の持つ意味」『六甲台論集──経営学編』45(1)，1-20頁。
丸谷雄一郎・大澤武志（2008）『ウォルマートの新興市場参入戦略──中南米で存在感を増すグローバル・リテイラー』芙蓉書房出版。
丸山雅祥（1992）『日本市場の競争構造──市場と取引』創文社。
三浦展（2004）『ファスト風土化する日本──郊外化とその病理』洋泉社。
水越康介（2006）「市場志向に関する諸研究と日本における市場志向と企業成果の関係」『マーケティングジャーナル』26(1)，40-55頁。
南方建明（2005）『日本の小売業と流通政策』中央経済社。
南方建明（2013）『流通政策と小売業の発展』中央経済社。
南知惠子・小川孔輔（2010）「日本版顧客満足度指数（JCSI）のモデル開発とその理論的な基礎」『マーケティングジャーナル』30(1)，4-19頁。
峰尾美也子（2010）『小売構造変化──大型化とその要因』千倉書房。
三輪卓己（2013）「技術者の経験学習──経験と学習成果の関連性を中心に」『日本労働研究雑誌』639，27-39頁。
向山雅夫（1996）『ピュア・グローバルへの着地──もの作りの深化プロセス探求』千倉書房。
向山雅夫・崔相鐵編著（2009）『小売企業の国際展開』（シリーズ流通体系3），中央経済社。
矢作敏行（2007）『小売国際化プロセス──理論とケースで考える』有斐閣。
矢作敏行編著（2011）『日本の優秀小売企業の底力』日本経済新聞出版社。
山下裕子（2001）「商業集積のダイナミズム──秋葉原から考える」『一橋ビジネスレビュー』49(2)，74-94頁。
山本昭二（2001）「顧客の関係性からの離脱過程とその維持」『商学論究』48(3)，75-94頁。
山本博信（2005）『新・生鮮食料品流通政策──卸売市場流通政策の解明と活性化方策』農林統計協会。
横山斉理（2006）「小売商業集積における組織的活動の規定要因についての実証研究」『流通研究』9(1)，41-57頁。
渡辺達朗（2003）『流通政策入門──流通システムの再編と政策展開』中央経済社。
渡辺勉（2001）「社会運動の発生──国際比較分析への応用」鹿又伸夫・野宮大志郎・長谷川計二編著『質的比較分析』ミネルヴァ書房，95-112頁。

索　引

○ アルファベット

fsQCA（ファジィ・セットQCA）　117-120, 123, 124, 129, 130, 132, 134, 137, 138, 141, 144, 146, 225, 226
　——2.5　144, 145
HHI（ハーフィンダール・ハーシュマン・インデックス）　16, 17, 19, 33
ICC（1）　202, 207, 220
ICC（2）　202, 207, 220
JCSI　84, 92, 93, 95, 114, 115
nullモデル　210, 212
PRI整合性　130, 132, 139, 141, 144, 145
QCA　→質的比較分析
ROI（return of investment）　79, 104, 174
　——の変化　174, 176, 192
t検定　109, 186
W/R比率　27, 28

○ あ 行

暗黙知（tacit knowledge）　150, 155-161, 163-167, 170, 171, 178
閾　値（thresholds）　130-132, 138, 139, 141
一元配置分散分析　108, 109, 185, 186
因果関係の対称性（causal symmetry）　121
因果関係の唯一性（permanent causality）　121, 122
因果効果の一様性（uniformity）　121, 122
欧米先進国　18, 26, 35, 223
オーストリー学派　6, 7, 54, 55, 61

○ か 行

会員制ホールセール・クラブ　10, 32

回帰分析（モデル）　97, 120, 123-125, 139, 221, 225
回帰モデル　97, 114, 117, 118
外資系多国籍小売業者　13
解整合性（solution consistency）　133, 135, 136, 146
階層線形モデル（HLM）　4, 185, 208, 221
外的環境　2, 30, 31, 34-36, 50, 72, 75, 78, 224
解被覆度（solution coverage）　133, 135, 136, 146
画一化　3, 42, 44-47, 49, 89
　——の進展　46
確証的因子分析　106, 183, 204, 205
加算性（additivity）　121
　——の原則　225
家族従業　30, 37, 89
学校知（academic intelligence）　156, 157, 171
観察学習　171, 197
間接キャリブレーション法　130
完全所属（full membership）　130, 132
完全非所属（full non-membership）　130, 132
完備真理表　130, 132, 141, 142, 145
期待不一致モデル　92, 93, 95
　——の鍵概念　94
キャリブレーション（較正）　118, 130, 131, 139, 141, 144
境界点（cross-over point）　130, 132, 139
業種店　56, 57, 65, 67, 68
競争マイオピア　49, 55, 59, 61, 217
競争優位　3, 4, 6, 18, 30, 37, 40, 47, 49, 70, 78-82, 85, 91, 95, 97,

117, 149, 152, 153, 170, 173-175, 192, 195, 223
業態ライフサイクル　17, 18, 33
共同化（socialization）　160, 161, 163, 164
——プロセス　165, 171, 178
クロスレベル交互作用項　209-211, 213
グローバル小売業者　1, 8-10, 13, 51, 52
クロンバックの α 係数　106, 107, 184
経験学習　197
経済センサス　14, 15, 32
形式知（explicit knowledge）　150, 155-161, 163-166, 171, 178, 179
結果に関係ない条件（don't care）　146
結合因果（conjunctural causation）　121
現代的小売業態　41
現地適応化戦略の優位性　46
現地ニーズへの適応化戦略　45
コア条件（core condition）　146
交互作用項　87, 114, 123, 209-211, 213-215, 221
合成信頼性（CR）　106, 107, 184, 206
構造としての競争　54, 55
構造方程式モデル　4, 109, 125, 188, 191
購買頻度　29
小売業者の競争優位　225
小売競争　1, 3, 6, 15, 33, 34, 48, 49, 51, 53, 55, 56, 58-61, 70, 72, 77, 83, 127, 226
——環境　39, 40
——の現場　61
——の認識　6, 54
小売業態　15, 18, 89, 150, 151
小売業の競争優位　152, 153, 170
小売構造の相互作用　3, 35
小売構造のダイナミクス　2, 3, 6, 7, 32, 51, 54, 73, 75, 77, 83, 84, 174, 223-225, 227
——の検討　82

小売国際化　2, 9, 10, 12
——研究　13, 151
小売店頭の知識創造モデル　4, 149, 160, 163-165, 173, 178, 182, 193, 223, 226
小売ミックス要素　3, 78, 97-99, 101, 103, 105, 110, 112-115, 117, 118, 124-129, 131, 135-139, 176, 225
顧客維持率（customer retention）　79, 80, 104, 176, 192, 219
——の変化　104, 174, 176
顧客クラスター　39-42, 50, 74, 76, 125
顧客満足モデル　84, 92, 95
固定効果　209-211, 213
コモン・メソッド問題　104, 182, 206
固有被覆度（unique coverage）　133, 134, 136, 146
コンビニエンス・ストア（コンビニ）　11, 15-17, 33, 36, 42, 70, 114, 125
——業態　42

○さ　行

最簡解（parsimonious solution）　145, 146
サンプル・セレクション・バイアス　89
サンプルの代表性　7, 85, 87, 88
サンプルの独立性　7, 8, 85-89, 107, 108, 192, 202, 219
市場志向尺度（MARKOR）　181, 189, 191, 192, 194
市場集中度　16-18, 19, 21, 26, 33, 35, 41, 42, 47, 52, 75, 89, 223
市場ズレック（需給ギャップ）　29, 30, 75
市場占有率（シェア）　16, 20, 33
市場像　56, 57, 60, 73
実践共同体（community of practice）　166-170
実践知　101, 155-157, 165, 167, 170, 171, 196, 197

質的比較分析（QCA）　3, 117-119, 225
支配的な顧客クラスター　41
社会の画一化　42, 49
重回帰分析　120
重回帰モデル　114
就業構造　2, 30, 31, 34, 35, 37, 50, 72, 75, 78, 89, 224
集計水準　5, 8, 82, 83, 92, 104, 108, 150, 154, 185, 221, 225
集計バイアスのリスク　228
集合論的因果分析　117
十全的参加（full participation）　166
十全的参加者　167
収束妥当性（convergent validity）　107, 183, 193, 206
集団の合意指標（rwg(j)）　202
集団平均を用いたセンタリング（group mean centering）　209
十分条件　123, 124, 126, 134, 136, 140
周辺条件（peripheral condition）　146
商業集積　55-61, 65, 70, 71, 73
商業集積地　62
商業統計　14, 15, 28, 30, 32
状況に埋め込まれた学習（situated learning）　166
消費市場　1-3, 30, 31, 34-37, 40-47, 50, 53, 75, 78, 223, 224
　　──と相互作用　7
　　──の画一化　42, 46
　　──の規模　12
　　──の相互作用　2-4, 6, 32, 35, 44, 45, 49-51, 53, 76, 77, 82, 83, 224, 227
　　──の多様性　41, 42, 44, 45, 49
　　──の多様性の維持　49
消費者選好　3, 78, 89
　　──の多様性　3, 18, 42, 72, 83, 225, 228
　　──の地域多様性　52, 226
食品小売業の市場集中度　47

食品主力業態の市場集中度　42, 52, 75, 89
食品スーパーの市場集中度　17, 18, 26
職務記述書（job description）　175, 179
食料品カテゴリーの市場集中度　223
食料品購買頻度　93
食料品を扱う業態において市場集中度　35
進取的行動　4, 5, 173, 179, 181, 184-190, 192, 193
スーパーセンター　10, 11, 32
棲み込み（dwelling in）　47-49, 55, 60, 69-71, 74, 164, 165
整合性（consistency）　133-136, 139, 146
生鮮三品　38
生鮮食料品　18, 38, 48, 64, 112, 161
　　──を主力とする業態の市場集中度　41
正統的周辺参加（legitimate peripheral participation）　167
正統的周辺参加者　167
切片の集団間変動　210, 211, 213
宣言的知識（declarative knowledge）　155, 171
全体平均を用いたセンタリング（grand mean centering）　209
総合スーパー　15-17, 32, 33, 41, 59
総合量販店　10, 32, 40
創造的競争　3, 4, 53, 61, 69-73, 77, 223, 224, 227
組織能力　77, 81, 151, 152, 154, 170, 171, 180
素被覆度（raw coverage）　133-136, 146

○た　行

ダイナミクス　55, 56, 61
多元結合因果（multiple conjunctural causation）　121, 123
多国籍小売業者　1, 8-10, 12, 13, 43, 51, 226, 227
多重共線性　123

索　引　253

多重比較　108, 109, 185, 186
タスク環境　31, 34, 77, 79, 192, 198, 199
探索的因子分析　105, 182, 183, 203, 204, 207
地域多様性　7, 35, 37
地域適応化戦略のパフォーマンス　46
地域ニーズへの適応化戦略　39
チェーン・オペレーション　1, 14, 15, 18, 37, 38, 40, 41, 64, 80, 99, 108, 159, 161, 162, 167, 204, 225
知識スパイラル　163-165, 170, 223
知識創造メカニズム　82, 89, 226
知識創造モデル　4, 150, 156, 160, 163, 223
知識ダイナミクス　154
中間解（intermediate solution）　145, 146
中小小売商　30, 45, 48, 49, 51, 58, 59, 72, 73, 78, 89, 174, 227
直接キャリブレーション法　130
ディスカウント・ストア　10, 11, 125, 171
　——事業　33
適応化戦略　3, 35, 39, 42, 45, 46, 78, 83, 84
適合度　95, 109, 115, 220
手続的知識（procedural knowledge）　155, 156
店舗密度　27, 30, 196
統計的因果分析　3, 91, 117, 118, 120, 121, 130, 138, 139
等結果性（equifinality）　123, 124
同質化競争　3, 60, 61, 69-72, 74, 77
トップランク小売業者　3, 47, 51, 61, 73, 76, 83, 84, 226, 227
ドラッグストア　11, 15-17, 21, 33

○な　行

内面化（internalization）　160, 161, 164, 182
　——プロセス　163
能力獲得　4, 5, 170, 195-202, 204, 218, 220

○は　行

バイアス　7, 86, 104, 105, 115, 180, 182, 183, 207
売買集中の原理　56, 57
ハイパーマーケット　10, 11, 32, 33
バックシステム　64, 80, 81, 89
ハーフィンダール・ハーシュマン・インデックス　→HHI
必要条件　123, 124, 126, 127, 134, 136, 137, 139
否定（not）　129, 146
非トップランク小売業者　2-4, 7, 47, 49, 51, 61, 73, 76, 78-84, 89, 91, 117, 149, 173, 195, 223, 224, 226, 227
　——の競争優位　3, 81, 82
　——の競争優位の理解　79
非トップランク食品スーパーの競争優位　97
　——の源泉　174, 177, 195
百貨店　15-17, 27, 32, 33, 114
　——売上比率　27
表出化（explanation）　160, 161, 163, 164, 182
　——プロセス　165, 178
標準化戦略　3, 37, 39, 40, 42, 44-47, 50-52, 73, 74, 76-78, 83, 84, 89
　——の浸透　44
　——の徹底　44
標準化 - 適応化戦略　35, 42, 46
標準分析（standard analysis）　130, 141, 145
不完備真理表　130, 132, 141, 142, 144
複雑解（complex solution）　145, 146
不在条件（absent）　146
プッシュ要因　12, 32

プル要因　12, 32
プロセスとしての競争　54, 55, 73
フロントシステム　64, 80, 83, 89
分散成分（variance component）　210, 211, 213, 214, 221
平均分散抽出度（AVE）　107, 206
べき乗　20
ベン図　133
弁別妥当性（discriminant validity）　107, 185, 206
ホームセンター　11, 15-17, 21, 33, 98

○ ま　行

マクドナルド化　43, 44, 47, 52, 171
マクロ環境　29, 77, 79, 192, 198
マクロ視点　3, 5, 6, 82, 150
　──の分析　4-6, 225
マクロ流通構造分析　8, 26, 150
マルチ・メンバーシップ（多重成員性）　165
マルチレベル構造方程式モデル　185, 219
マルチレベル分析　89, 195, 225
ミクロ視点　5, 6, 82, 150, 151, 225
　──の分析　4-6, 85, 225

ミクロ流通行動分析　8, 26, 151
メゾ視点　5, 6, 82
メンバーシップ・スコア　130, 138, 141
モデルの適合度　110, 183, 188, 205
　──の指標　107

○ ら　行

ランダム効果（random effect）　209, 210, 212
リッカート・スケール　103, 131, 139
流通革命論　28, 75
流通システム　1, 2, 13, 14, 27-31, 36, 52, 223
零細小売商　29, 30, 37, 45, 49, 75, 227
連結化（combination）　160, 161, 163, 164, 182
　──プロセス　163, 165
ロングテール　20, 51
論理残余（logical remainder）　140, 144, 145
論理式　129, 132-136, 145, 146
論理積　129
論理和　129

◎著者紹介

横山　斉理（よこやま　なりまさ）
法政大学経営学部・経営学研究科教授
神戸大学大学院経営学研究科博士課程修了，博士（商学）
専門分野：流通・マーケティング
主要著作：「マルチレベル分析を用いた店頭従業員の能力獲得に関する実証研究」（共著）『組織科学』51(3)：69-86，2018年；「食品スーパーにおける顧客満足の規定要因——fsQCAアプローチ」『組織科学』51(2)：14-27，2017年；『1からのデジタル・マーケティング』（分担執筆）碩学舎，2019年；『1からの流通論』（分担執筆）碩学舎，2008年（第2版，2018年）など

小売構造ダイナミクス──消費市場の多様性と小売競争
Dynamics of Retail Structure in Japan

2019年2月25日　初版第1刷発行

著　者	横　山　斉　理
発行者	江　草　貞　治
発行所	株式会社　有　斐　閣

〔101-0051〕東京都千代田区神田神保町2-17
電話　(03)3264-1315〔編集〕
　　　(03)3265-6811〔営業〕
http://www.yuhikaku.co.jp/

組版・株式会社明昌堂／印刷・萩原印刷株式会社／製本・大口製本印刷株式会社
© 2019, Narimasa Yokoyama. Printed in Japan
落丁・乱丁本はお取替えいたします。
★定価はカバーに表示してあります。
ISBN 978-4-641-16544-1

|JCOPY|　本書の無断複写（コピー）は，著作権法上での例外を除き，禁じられています．複写される場合は，そのつど事前に（一社）出版者著作権管理機構（電話03-5244-5088，FAX03-5244-5089，e-mail:info@jcopy.or.jp）の許諾を得てください．